Procurement Risk Control and Compliance
采购全流程风险控制与合规

宫迅伟 刘婷婷 王维 著

机械工业出版社
China Machine Press

图书在版编目（CIP）数据

采购全流程风险控制与合规/宫迅伟等著．—北京：机械工业出版社，2020.1
（2024.6 重印）

ISBN 978-7-111-64175-9

I. 采… II. 宫… III. 企业管理 - 采购管理 - 业务流程 - 风险管理 IV. F274

中国版本图书馆 CIP 数据核字（2019）第 252895 号

    本书是"SCAN 专业采购四大核心能力"系列课程配套教材之三。

    本书借《荀子·礼论》中"天地合而万物生，阴阳接而变化起，性伪合而天下治"这句话，用"天地合"构建基础架构，从而衍生出一套 PRC"1+4+7"全流程、全方位、全员的采购风险控制与合规的方法论。采购过程中可能出现各种意外情况，从需求申请到最后验收付款全流程处处有风险，本书强调采购人员要对全流程的风险进行管控，强调"风险管理创造价值"理念。"风险、合同、合规、招投标"构成本书核心内容，它是内控的重点、审计的重点。

    希望通过这本书，提高采购专业能力，助力采购由行家变大家。

采购全流程风险控制与合规

出版发行：机械工业出版社（北京市西城区百万庄大街 22 号　邮政编码：100037）	
责任编辑：岳小月	责任校对：李秋荣
印　　刷：北京富资园科技发展有限公司	版　　次：2024 年 6 月第 1 版第 11 次印刷
开　　本：170mm×240mm　1/16	印　　张：17.5
书　　号：ISBN 978-7-111-64175-9	定　　价：69.00 元

客服电话：（010）88361066　68326294

版权所有·侵权必究
封底无防伪标均为盗版

供应安全是前提　合同合规是保障

PRC"1+4+7",提供一套
全流程、全方位、全员的采购风险控制与合规方法论

Preface
序言

PRC1+4+7，采购全流程风险控制与合规

我的第一本书《如何专业做采购》，自2015年出版以来，已印刷12次，2018年7月24日CCTV2的《第一时间》栏目专门做过推荐，这本书常年在京东、当当等网站位居畅销书榜单，很多公司的采购人员人手一册，有的大学更是将其作为辅助教材。一本采购书，为何如此受欢迎？我想，就是因为"专业"二字。

采购需要专业吗？这在以前需要画个问号，有人认为采购就是花钱买东西，还有人认为采购是个"肥差"。随着经济从高速到高质量发展、众多实践者的努力和专业讲师与咨询师等专家学者的推广传播，人们已经逐渐意识到，采购必须专业也必然专业。

中国采购商学院愿意成为其中的一分子，使命定位就是"推动中国采购专业化"，目标定位是世界第三。或许大家很好奇，你是第三，那谁是第一和第二？第一是专业的未来，第二是优秀的同行。我们向一切优秀的同行学习，学习同行优秀的一切，我们要对未来保持敬畏，对专业保持谦卑，这是我们的价值观。

欧美有专业的采购经理人认证培训，大学里也开设采购专业课程，国内的一些领先企业也开始投入预算开展采购培训、采购咨询。制造业是国民经济的主体，是立国之本。回顾历史，管理理论往往诞生在制造业、制造大国。毫无疑问，中国应该有人总结实践、萃取经验，搭建一套中国自

己的采购知识体系,创作出专业权威的采购书籍,很多同行在为此努力着。

《如何专业做采购》这本书,把采购的专业能力概括为四大核心能力,即专业的采购人必须有能力回答四个问题:

(1)为什么选择这家供应商?

(2)为什么是这个价格?

(3)如何控制合同风险与合规?

(4)如何进行一场双赢的谈判?

这四个问题,每个采购人每天都在面对,每位领导、每次审计都在询问,它写出了采购人的痛点。

回答这四个问题,必须具备四大核心能力,即:

(1)供应商关系管理与选择评估。

(2)成本分析与价格控制。

(3)合同风险与合规管理。

(4)双赢谈判技巧。

取其英文核心内涵概括为 SCAN:

- 供应商管理(supplier management)。
- 成本管理(cost management)。
- 合同协议管理(agreement management)。
- 谈判技巧(negotiation skills)。

这本书广受欢迎,是一本专业的畅销书,但如果想进一步提升其权威性,要有自成体系的理论架构,还要有更深度的理论阐释和创新。于是我想,是不是把这四大核心能力分别写一本书,形成一个系列,变成更具权威的书呢?很多读者也提过这样的建议,于是我起心动念决定把它写出来,供大家参考。

我给这套书做了这样的定位,描绘了这样一幅画像:系统全面、结构清晰、表达有力。

系统全面。希望它能涵盖市面上的各种权威论断,涵盖采购业务的方方面面,让大家"一册在手,全部拥有",节省大家的时间。为了突出"全",我斗胆在每本书的书名里都加了一个"全"字。希望它能兼收并蓄,博采众家之长,站在巨人的肩膀上,在此要感谢一切同行,尤其是写过书的同行。

结构清晰。希望它有一个好的逻辑架构。判断一本书的好坏,我特别喜欢看它的架构,就像看一套房子,特别喜欢看它的户型。如果缺少逻辑架构,只是简单的文字堆砌,那它就是一本杂记、一本文集,不能作为权威著作。

表达有力。希望它文笔流畅,可读性强,有读者才有影响力,不能变成一本死板的教科书,要让大家读起来轻轻松松,在不知不觉中掌握采购知识。

要完成立意这么高的一套书,我自己的时间有限、水平也有限。于是我组织官采道弟子,大家一起来打造这套书。他们都是在岗的优秀职业经理人,都是各自领域的专家,我们利用元旦、五一、中秋、国庆等假期数次在一起研讨,历时一年多,反复打磨,最终打造出这样一套书。

这套书由M1到M4,一共四本,即四个模块:

M1:《供应商全生命周期管理》

M2:《全面采购成本控制》

M3:《采购全流程风险控制与合规》

M4:《全情景采购谈判技巧》

期待这四本书与《如何专业做采购》,以及之后出版的《全方位采购领导力》组成一个整体,作为"三步打造采购专家"晋阶培训的配套教材,助力采购人"由行家变大家"。

读者拿在手上的这本书是M3,即《采购全流程风险控制与合规》。

在采购过程中可能会出现各种意外情况,包括人为原因、经济原因和自然原因。什么叫风险?就是影响目标达成的各种意外情况,也就是不确定性。从采购申请到验货付款、完成合同,全过程都充满各种不确定性,可能是供应商断货、交货不符合约定、价格异常,可能是采购的过程、采购的物品、供应商违法违规,也可能是其他失误、不诚实、不道德的行为,这些都严重影响采购目标的达成。正所谓"采购有风险,处处需谨慎"。毫无疑问,采购需要对这些风险进行管控,确保目标达成和合规。在采购全流程的所有工作中,**供应安全是前提,合同合规是保障。这是内控的重点,更是审计的重点对象**。

采购风险很多，有公司内部的运营风险，还涉及外部宏观环境和法律法规，更有众多管理标准。对各种采购风险，我们萃取出四个关键词——**风险、合同、合规、招投标**，它们构成了本书的核心内容。

用什么方法搭建本书的架构呢？我们想到了中国古人的智慧。"天地合而万物生，阴阳接而变化起，性伪合而天下治。"这句话出自《荀子·礼论》，意思是：天地和谐，万物才能生长；阴阳相接，世界才能变化；人的天性和后天的礼义结合，天下才能得到治理。对，就用"天地合"构建本书基础架构。**从"天地合"衍生出一套 PRC "1+4+7" 全流程、全方位、全员的采购风险控制与合规的方法论。**PRC 是采购风险与合规（procurement risk and compliance）的简写。1 是指一种文化，这是"天"；4 是指 OPPT 四个保障，这是"地"；7 是指七条主线，构成"合"。

这套方法论，是我们最为自豪的地方，是我们撰写本书最大的收获。

本书在中国机械工程学会指导下，出宫迅伟主导，宫采道弟子刘婷婷、王维执笔，尹汉斌、罗宏勇、李斌、汪浩参与讨论。参与讨论的还有合规专家 Evelyn Lu、可持续发展专家 Tommy Tang。最后由刘婷婷统稿，她对本书做出了非常大的贡献。

本书力求倾尽作者所能，让 CEO、COO、CFO、CPO 等高级管理者，让广大采购从业者乃至初学者，让咨询师、培训师、教师乃至其他一切对采购管理感兴趣的人，都可以轻松理解，快速掌握，拿来就用。

当然，限于时间和水平，本书一定有很多不足，还望读者包涵，请专家学者指正。

如有任何问题，请联系 gongxunwei@cipm-china.com。

本书已被纳入中国机械工程学会培训教材系列。

宫迅伟

Contents 目录

导图　供应安全是前提　合同合规是保障
序言　PRC1+4+7，采购全流程风险控制与合规

第一部分　天：一种文化，风险控制与合规创造价值

第一章　采购风险管理：从被动防御到主动控制 /2
　　一、交付是第一要务：管理供应中断风险 /2
　　二、采购处处有风险，不知不觉"出事儿了" /7
　　三、新时代新趋势：从"要我合规"到"我要合规" /12
　　四、PRC"1+4+7"，开启采购的价值增长之路 /16

第二章　文化是灵魂：风险管理关乎人人 /19
　　一、居安思危：培育风险意识与敬畏之心 /20
　　二、知行合一：将风险管理要求化为行为准则 /22
　　三、以身作则：领导带头，言传身教 /24
　　四、因地制宜：量身定制的培训 /25
　　五、包容开放：警惕群体思维 /26

第二部分　地：四个保障，风险控制与合规管理落地

第三章　组织保障：采购是第一道防线 /30
　　一、风险管理的三道防线 /30
　　二、采购不相容职务分离的四种情形 /33

三、集中采购风险管理 /36
　　四、授权是一种更高级的控制 /39
　　五、不要仅因为防止腐败而轮岗 /41
　　六、知识型采购组织：防止损漏，驱动成功 /43

第四章　流程保障：PDCA 管理采购风险 /47
　　一、将风险管理融入采购全流程 /48
　　二、用三个圈识别采购风险来源 /49
　　三、没有风险分析与评价，就没有敏感度 /55
　　四、化险为夷：采购风险管理的 4T 应对方法 /61
　　五、风险登记簿：要事上报，持续监控 /62
　　六、ISO31000：提供一套风险管理的原则、框架和过程 /63

第五章　人员保障：新形势下职业采购经理人的技能精进 /68
　　一、中国采购商学院"采购人能力素质模型" /69
　　二、采购必备的法律知识 /69
　　三、风险洞察新基因 /76

第六章　技术保障：引擎驱动，"预知"风险 /81
　　一、风险可记录：记录下来，呈现出来，实现全程可追溯 /82
　　二、风险可控制：有效控制，过滤风险，让违规无法发生 /83
　　三、风险可视化：路径透明，让管理者"看见"，让行动"及时" /85
　　四、风险可决策：风险洞察，挖掘规律，智能预警 /89

第三部分　合：七条主线，风险控制与合规知行合一

第七章　采购战略风险管理 /98
　　一、自制还是外包 /99
　　二、单源还是多源 /102
　　三、全球还是本土 /106
　　四、战略关系还是战斗关系 /108
　　五、联合采购可能造成联合垄断 /112
　　六、应急管理应成为战略的一部分 /116

第八章　采购运营风险管理 /124
　　一、从申请到付款：端到端的内部控制 /125

二、价值采购主动管理需求风险 /129
　　三、供应商风险管理：为什么是这个供应商 /133
　　四、成本风险管理：为什么是这个价格 /142

第九章　采购招标风险管理 /149
　　一、选对模式：招标还是非招标 /149
　　二、招标全过程风险控制 /154
　　三、招标采购不一定"阳光"：防止串标风险 /168

第十章　采购合同风险管理 /177
　　一、合同不成立，合同管理头号风险 /177
　　二、合同条款不严谨，执行易扯皮 /185
　　三、管理合同执行中的变更与偏离 /188
　　四、违约管理，让对方不违约 /194

第十一章　采购合规风险管理 /200
　　一、反贿赂合规：别让采购变成行贿的工具 /201
　　二、出口管制合规：弄清来源，做好标识 /206
　　三、知识产权合规：不侵权，不被侵 /208
　　四、供应商合规名单动态管理 /212
　　五、GB/T35770-2017/ISO19600：合规管理第一次有了国家标准 /213

第十二章　采购可持续性管理 /218
　　一、与地球共生：未来需要可持续采购 /219
　　二、可持续管理的领导力与成熟度模型 /225
　　三、影响整条供应链：管好一级，管住关键二级 /231
　　四、第三方审核：平台化成为趋势 /235
　　五、SA8000：全球首个企业社会责任国际标准 /237

第十三章　供应链安全管理 /242
　　一、实物流安全：保证从起点到终点的安全 /243
　　二、信息流安全：实现可信赖的供应链 /248
　　三、资金流安全：保证企业血液的正常循环 /257
　　四、ISO28000：一个可以认证的供应链安全管理标准 /262

参考文献 /264

宫老师

帅大叔，低调，经历丰富。脑子里干货满满，心里有许多故事，随便掉一个出来都是天然段子。重实战，擅长深入浅出地把枯燥的知识用活泼的形式呈现出来。业余时间喜欢和太太一起旅游，尤其喜欢爬山，是爱妻号好男人。

学霸

双子座，男生，高冷，爱读书、爱做笔记、爱总结，时不时掉个书袋。虽然掉书袋的时候让人觉得有点烦，但是很大方，总是把自己的笔记无私地分享给大家，人缘很不错。

小师妹

双鱼座，女生，爱八卦、爱零食、爱逛街、爱插嘴，大大咧咧、没心没肺、偶尔犯个小迷糊，有时候伶牙俐齿，是无可救药的乐天派，是全班的开心果。

第一部分

天

一种文化，风险控制与合规创造价值

供应安全是前提，合同合规是保障。
以文化为核心，以风险和合规管理体系为抓手，
开启采购风控与合规之路。

Chapter1
第一章

采购风险管理
从被动防御到主动控制

学习目标

1. 理解供应链的脆弱性与供应中断带来的影响
2. 了解采购风险的七个重要领域
3. 了解采购合规管理的趋势及其重要性
4. 了解 PRC "1+4+7" 管理框架的内容

一、交付是第一要务：管理供应中断风险

21世纪以来，世界发生了巨大的变化，新的机遇与挑战层出不穷。经济一体化、全球化进程不断加速，国际贸易和资本迅速扩张，推动了全球供应链的高速发展。现代企业与企业之间的竞争，甚至是国与国之间的竞争，已经演变成供应链与供应链、产业链与产业链之间的竞争。可以说，21世纪本质上是一场供应链的角力。

在供应链的世界里，没有谁可以单枪匹马，唯有连接才可以制胜。很多世界一流的企业通过出色的全球供应链运营，不仅得到了丰厚的利润回报，还获取了领先的技术优势。例如，苹果公司的成功，很大一部分原因取决于其强大的供应链体系：来自全球100多个国家的零部件被运送到苹果公司的各个工厂里，经过组装之后再无缝连接地销往世界各地。苹果公

司也因此曾在 Gartner 的全球供应链 25 强榜单上连续 8 年蝉联榜首。

然而，当企业在享受全球化带来的巨大好处时，供应链似乎变得比以往任何时候都更加脆弱不堪。跨越不同国家和地区的全球供应链，可能会因为来自几千公里以外的地震、一次突然的恐怖袭击或一项法规的发布而无法运转。美国海关与边境保护局在《2020 年愿景和战略》中 29 次提到全球供应链，将加强全球供应链安全列为主要目标，并且指出，全球供应链相互关联的性质意味着任何中断都可能在数千里之外产生重大影响。

让我们来看看一组案例：

- 2001 年，"9·11"事件发生后，由于发动机和动力传动系统无法从加拿大运到美国，福特公司的五家北美工厂被迫停产，通用汽车公司约 1 万辆汽车和卡车的生产被推迟。
- 2003 年，美国新墨西哥州飞利浦公司第 22 号芯片厂发生火灾，采用单一供应商的爱立信因芯片的断供，损失了 4 亿美元的销售额。
- 2010 年，冰岛火山爆发，对航运和陆运的正常运营造成了严重影响，导致宝马被迫停止部分生产。
- 2011 年，日本受到地震和海啸的双重冲击，由于国内供应源不足，日本一些汽车制造商不得不关闭海外的生产基地，使得整个汽车供应链遭受了巨大的损失。
- 2017 年，因为博世零件的供应问题，导致宝马在德国、中国和南非等地的工厂停产。
- 2018 年，福特汽车的一家零部件供应商 Meridian 在美国密歇根州的工厂发生火灾，直接导致福特三家公司工厂停产，约 3400 名工人暂时停工。

类似的事件似乎每天都在上演，采购人可以闭目思考下，你的公司是否可能会面临这些风险？当然，你可能会说，这些事情不一定会发生。什么叫风险？"风险就是不确定性，对公司经营目标有影响的不确定性"，这是 ISO31000《风险管理指南》对风险的解释。"风险"是不一定会发生的事情，一定会发生的事情不是风险。

供应链不仅面临越来越多的天灾人祸，而且贸易保护主义、地缘政治等因素使得供应中断的风险进一步加大（见图1-1）。不断升级的中美贸易争端可能会推动全球供应链、产业链发生新的重组。

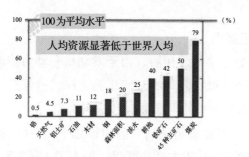

图1-1　2025年供应中断风险加剧

资料来源："采购2025"主题演讲。

此外，根据麦肯锡全球研究院的预测：到2030年，世界对能源的需求量将增加70%，食品需求将翻番。这意味着未来采购对资源的抢夺会愈演愈烈，原材料的短缺日益凸显。

更严格的法律法规将让污染环境者付出更大代价。考试变严格了，学习差的考生便会被淘汰，一些工厂不得不关门。

在供应中断面前，很多采购与供应链的管理者似乎显得无能为力。中断带来的影响远比原材料涨价带来的影响大。据美国佐治亚理工学院的一项研究表明：当一家公司宣布由于生产或供货延迟导致供应链中断之后，这家公司的股票通常在当天就会下跌8.62%，如果这一情况一直延续，那么这家公司的市值在半年内会下降20%；如果不能以较快的速度恢复，并且恢复至健康的运营水平，那么很有可能会改变企业的命运和产业链的竞争格局。

根据德勤咨询2018年全球CPO调研报告，位居采购战略前三位的分别是：成本节约、新产品/市场开发和风险管理。过去，很多企业的采购领导把关注的焦点都放在降低成本上。如今，**采购不得不面对一个事实：保证供应安全是采购的前提，在此基础上才能开展降低成本等工作**。

（一）要精益还是要韧性

过去很长一段时间，精益供应链（lean SCM）的管理思想非常流行，它强调消除浪费或非增值活动，保证成本最小化。然而，当采购、生产、运输等某个环节过于精益时，供应链的脆弱开始暴露出来，绩效出现偏离，供应中断，甚至发生灾难。

2011年的日本地震，造成福岛核电站严重泄漏，很多工厂因为关键零部件的短缺而停产。在中断后的恢复阶段，丰田的生产恢复慢于同行，很大原因来自丰田的精益模式，好在丰田不只有精益，还有持续改善的基因。从此，丰田把提升供应链的弹性作为一项重要策略，其要点在于两个方面：第一是加强对二级供应商和三级供应商的管理；第二是对供应商的库存和相互备份关系进行改善，以保证出现异常的时候，用最小的代价保证供应的连续性。

因此，企业需要在精益和安全之间进行权衡，在风险控制与成本效益之间进行平衡，以可持续的方式来创造价值。

（二）供应链安全被升级为"国家战略"

2012年，美国时任总统奥巴马签发了《全球供应链安全国家战略》，将供应链安全上升到国家战略的高度，其核心是要保证其所建立的全球供应链体系是"稳定、安全、高效、有弹性"的。

近年来，供应链在我国也受到了高度重视：

- 2016年《政府工作报告》中首次提出要"重塑产业链、供应链、价值链"。
- 2017年8月，商务部办公厅、财政部办公厅联合发布《关于开展供应链体系建设工作的通知》。
- 2017年10月13日，国务院办公厅发布的《关于积极推进供应链创新与应用的指导意见》提出：提高全球供应链安全水平，鼓励企业建立重要资源和产品全球供应链风险预警系统，利用两个市场两种资源，提高全球供应链风险管理水平。制订和实施国家供应链安全计划，建立全球供应链风险预警评价指标体系，完善全球供应链风险预警机制，提升全球供应链风险防控能力。

可见，提升供应链的安全已经被大国升级为"国家战略"。随着世界格局不断调整，供应链的韧性与安全性从未像现在这样显得如此重要。

对于企业来说，供应链的安全关系着其生死存亡，**风险管理能力已经成为领导者与跟随者的关键区别因素。企业的管理者不得不去思考，如何提升供应链的弹性与韧性，如何以比竞争对手更好的态势来应对不断变化的风险，如何从危机中快速恢复过来。**

（三）灰犀牛与黑天鹅：控制颠覆性的供应风险

米歇尔·渥克在《灰犀牛：如何应对大概率危机》一书中描述：灰犀牛体型笨重、反应迟缓，你看见它在远处，毫不在意，可一旦它向你狂奔而来，定会让你猝不及防，把你直接扑倒在地，它并不神秘，却更危险。"灰犀牛"事件的特点是：大概率、大冲击。

与之相对的另外一类风险是"黑天鹅"。纳西姆·尼古拉斯·塔勒布在《黑天鹅》一书中描述了"黑天鹅"事件的几个特征：小概率、大冲击、不可预测。

不管是"灰犀牛"还是"黑天鹅"，都有一个共同的特征，就是一旦发生，冲击力非常大，往往会造成颠覆性的影响。最近几年，这两个概念不仅在学术界被广泛提及，也引起了国家层面的重视。

2019年1月21日，习近平总书记在省部级主要领导干部"坚持底线思维着力防范化解重大风险专题"研讨班开班式上发表重要讲话，就防范化解政治、意识形态、经济、科技、社会、外部环境、党的建设等领域重大风险做出深刻分析，提出明确要求：既要高度警惕"黑天鹅"事件，也要防范"灰犀牛"事件；既要有防范风险的先手，也要有应对和化解风险挑战的高招；既要打好防范和抵御风险的有准备之战，也要打好化险为夷、转危为机的战略主动战。

大量的企业太热衷于鸡毛蒜皮的小事，例如为了控制所谓的"采购腐败"风险，不断地增加流程的控制节点，最终却变成了流程的奴隶。真正决定成败的往往是那些具有重大影响的风险，而采购需要有所预判与准备。比"我不知道我知道的"更可怕的是"我不知道我所不知道的"，也许中断这头灰犀牛正向你扑面而来，而比这更可怕的是，黑天鹅正在悄然靠近，而你却浑然不知它会是什么。

然而，风险的本质是不确定性，这种不确定性可能给企业带来损失，也可能意味着机遇。诺基亚从飞利浦火灾事件中获益、戴尔从1999年的台湾地震中获益、联邦快递从UPS的罢工中获益。很多"灰犀牛"式的风险并非毫无征兆。假如你的关键供应商开始拖欠工资，交付出现大范围延迟，并且对客户需求的反应变得迟钝了，从这些迹象中，你是否能洞察出可能的财务危机？

采购管理者要从被动防御风险转变为主动管理风险的价值创造者。我们要做的是：**不要忽视风险，尤其是对于大概率的风险，发现它、正视它，并制订好计划来掌控它**。万一不幸被风险击中，也能立马重整旗鼓。正如尼采所言："那些杀不死你的，终将使你更强大。"

二、采购处处有风险，不知不觉"出事了"

【引入案例】采购腐败不等于采购人员腐败

很多企业老总都认为"采购是黑洞，是高危岗位"，并且把这句话常挂在嘴边，动不动就"敲打敲打"采购人员，让这些做采购人员心里很不舒服。

无锡一家企业请我去培训，我问培训什么内容，他们说："如何预防采购腐败？"

我开玩笑说："是讲如何预防采购腐败，还是讲如何腐败呢？"

对方人事主管困惑地问我："宫老师，您是什么意思？"

我说："这两个我都会！"对方大笑。

河北一家企业邀请我去讲课，该企业是上市公司，年销售额100多亿元，课前老板亲自打电话给我，千叮咛万嘱咐，要我讲讲采购人员的职业操守。

开课致辞时，这位老总一半以上的内容，都是叮嘱采购人员对企业要忠诚。

其实我经历这些事情已经不是一次两次了，经常有老总问我这个问题。

在此我先讲一件我遇到的真实事情：当时我们企业正在搞流程再造，所有采购业务归并到采购部，也是一种集中采购，于是纪委书记找到我，警示道："采购是黑洞……"

我问："为什么说采购是黑洞呢？！"

她说："现在把所有采购业务都归到采购部，我作为纪委书记，想找你谈一下，提点要求，敲敲警钟。"

我回答说："其实所有部门都是黑洞……"

我说："仓库不是黑洞吗？"

她问："仓库怎么是黑洞呢？"

我说："一个车企老总和我讲，每月库存盘点都亏空几百万元，后来门卫发现了问题，供应商送货一车，只卸货半车，拉走半车，与仓库管理员合伙把它卖给路边维修点。"

我工作过的公司也出现过这种仓库与供应商内外勾结现象，准确地说是供应商送货司机与仓库保管员内外勾结。

我说："质量部门不是黑洞吗？"

纪委书记说："那怎么可能，我们都是选择非常认真的人负责质量。"

我说："一次质量部门给我电话，说供应商质量有问题。我马上打电话给供应商，供应商说不可能，我说质量部门刚给我打过电话。他说你先把电话放下。10分钟后，供应商说质量没问题，我说不可能，他说不信你问问。我再问，就没问题了。这10分钟到底发生了什么？！"

我说："销售不是黑洞吗？"

纪委书记说："销售跟采购怎么有关系？"

我说："供应商来公司，不找采购，不找开发，而是直接找销售，让销售将客户要求直接写进与客户的技术协议里去，变成客户指定。"

我又说："财务不是黑洞吗？"

纪委书记说："财务怎么会是黑洞？"

我说："供应商找采购要钱，采购只好去找财务，财务回答没钱。采购人不敢再问，因为问多了，财务就会说，你们采购怎么总是替供应商要钱呢（这句话对采购最具杀伤力），并且很可能把这句话说给老总，老总听后通常会很生气。所以，采购只好把情况说给供应商。但为什么过了周六、周日，到周一就有钱了呢！"

纪委书记："照你这样说法，到处都是黑洞了？！"

我说："对呀，所以才需要书记！"

书记大悦！（那个表情我一辈子忘不了，哈哈。）

很多亲身经历告诉我，只要管理不好，处处是黑洞！

曾听到几个采购人员跟我讲："领导总是说采购是黑洞，我不黑，人家也不信，还不如黑了呢。"

一家企业的人事部门搞定岗定编，人事部问老总："采购的岗定几级呀？"老总说："采购不需要定那么高的岗，因为他们不靠工资。"

采购人员听说后，心里特别郁闷，想向老总解释，但估计很难说通，最后大家心里想："还是按老总的意见办吧——不靠工资。"心理学中的"暗示效应"在这里得到了充分体现。

其实，采购的流程设计、权责分工是关键，如果没有流程保证，所有部门都是黑洞！

总结起来就是，组织保证、流程保证、人员保证！现在应该再加一项，就是"系统保证"，用IT信息系统保证。组织（organization）、流程（process）、人员（people）、技术/工具（tool），我把这四项第一个英文字母集合，总结为OPPT，人员只是其中之一。

采购处处是黑洞，这印证了ISO31000《风险管理指南》引言中的描述："组织的一切活动都涉及风险。"

浩瀚宇宙中的黑洞极难捕捉，但是采购的风险黑洞处处可见。从采购战略到采购运营，从采购需求到采购付款，从采购合规、可持续到供应链安全，无处不蕴藏着风险。所谓"采购处处有风险，小心别入坑"，还真不是危言耸听。

（一）采购战略风险

随着采购职能从"辅助支持"转变为"战略决策"，采购战略成为很多管理者首先需要考虑的问题。一个好的采购战略，要建立在充分的环境分析和风险评估的基础上，并且能有效支撑企业的愿景和战略。如果采购的领导者在制定战略时没有将风险考虑进去，或者说没有将风险管理作为战略的一部分，那么就可能会导致方向性错误。方向错了，后面的一切努力都是枉然。为什么很多采购的工作都是在忙于救火？问题很有可能出现在战略上：

- 你的外包战略，有可能导致核心能力丧失的风险。
- 你的单一来源采购战略，有可能因核心部件过于依赖供应商而面临断供的风险。
- 你的全球采购战略，或许会拉长你的供应链，带来总成本的上升。
- 由于战略中缺少风险管理的战略，危机来临时，你无从应对。

（二）采购运营风险

采购组织通过流程、制度、系统来规范和管理日常运营，从采购需求的提出，到交付验收后的付款，如果控制不当，每个环节都有可能产生风险。

- 在采购需求环节，模糊不清的需求、倾向性的需求、指定的需求会给采购工作带来严重困扰，如果不去主动管理需求，可能会让采购处于水深火热的境地。
- 如果供应商引入不当，可能会给企业带来输入型风险。
- 如果成本控制不当，就会对公司利润造成直接的影响。
- 如果质量控制不当，付款不讲诚信，那就随时会带来供货风险。

（三）采购招标风险

招标从形式上来讲最合规，但往往很多问题就出在招标环节。低价中标带来一连串的质量问题，串标与围标等招标违规现象会直接带来采购成本的上升。

如果你浏览新闻，就会经常看到"不规范招标"产生的腐败问题、质量问题。到百度搜索一下"招标"，有超过 1 亿条搜索结果。

（四）采购合同风险

风险的本质是不确定性，而合同是将不确定性变成确定性的一种重要手段。在现实中，合同不成立、条款不严谨、合同不能被充分履行、违约无法索赔的情况比比皆是。合同风险控制不当可能会让企业陷入法律纠纷，置企业于不利的位置。

（五）采购合规风险

采购面临众多的法律法规要求，不仅要保证自身采购业务的合规，同时也要保证供应商的合规。如果你的供应商恰好处于商业贿赂的重灾区，那么在与他们打交道时，你需要格外谨慎。当然，合规不仅仅是不出现商业贿赂。

（六）采购可持续性风险

随着公众消费意识的巨大转变、资源的日益稀缺，以及监管机构要求的不断加严，可持续成为采购的必然趋势。也许采购的眼中只有降成本、保交付，但是"不负责任"的采购不仅让企业面临很大的风险，也会对社会造成很大的伤害。可持续的采购在避免损失的同时，也可为企业带来新的竞争优势。

（七）供应链安全风险

在美国，供应链安全是一项"举国战略"，已经上升为《供应链安全国家战略》。我国国务院也提出了供应链安全的指导意见。采购的货物或者供应商所提供的货物有可能在运输过程中发生被盗或损伤的风险，而原本安全的产品也有可能因遭受到非授权的侵入而变得不再安全，供应商的财务危机也可能导致链条的断裂。供应链的管理者想要保证全球供应链的安全，必须保证"三个流"的安全，即"实物流安全""信息流安全"和"资金流安全"。

采购风险已成为任何一个采购组织和公司管理层都无法回避的问题，一个成熟且有远见的组织往往会将采购风险控制作为公司治理的关键要素。本书将采购的风险分为以上七个重点领域,本书第三个部分会详细展开来讲。

这七个领域相互之间存在联系与交叉,但是又各有侧重。例如,合同、招标可以归为运营风险,但是为了突出这两个环节的重要性,所以独立成章。合规、可持续、安全也存在交叉之处,但是又各有侧重。我们努力让每个领域对应一个或几个不同的法律或标准,这样可以更好地指导实践活动,其中的区别如表 1-1 所示。

表 1-1 采购风险七大领域

领 域	重 点	主要对应的法律 / 标准 / 管理体系
采购战略风险管理	基于风险评估的战略选择	ISO31000《风险管理指南》 《中华人民共和国反垄断法》 《中华人民共和国反不正当竞争法》 《中华人民共和国政府采购法》
采购运营风险管理	内部运营风险,端到端流程控制	《企业内部控制基本规范》
采购招标风险管理	招标风险	《中华人民共和国招标投标法》
采购合同风险管理	合同风险	《中华人民共和国合同法》
采购合规风险管理	法律法规风险(出口管制、反商业贿赂、知识产权风险)	ISO19600:2014《合规管理体系——指南》 美国《出口管理条例》(EAR) 美国《反海外腐败法》(FCPA) 美国《知识产权法》
采购可持续性风险管理	社会责任风险	SA8000《社会责任标准》
供应链安全风险管理	实物流、信息流、资金流安全风险	ISO28000《供应链安全管理体系》

三、新时代新趋势:从"要我合规"到"我要合规"

全球化时代,企业面临的风险已经不再局限于传统的商业风险,合规风险已经成为企业风险管理的重中之重。强化企业合规管理,不仅有助于企业化解合规风险,减轻或免于处罚,还有利于帮助企业完善管理体系,并带来新的商业机会。

(一)新时代,企业合规是趋势

"合规"由英文 compliance 翻译而来,就是要合乎法律、规制和规范,按照国际标准 ISO19600 提出的合规解释，即企业要履行合规义务，具体包含两个方面：合规要求（compliance requirement）与合规承诺（compliance commitment）。合规要求往往是法律法规的强制性要求，而合规承诺则是组织自愿的对外承诺。

1. 外在的压力

近年来，美英等国不断加大合规的执法力度，无论是从处罚的金额还是从处罚的数量来看，都有上升的趋势。

根据《2017—2018 中国年度合规蓝皮书》发布的信息显示：在全球范围内，至少还有超过 132 家全球跨国公司正在接受美国《反海外腐败法》的相关调查，比 2017 年同期翻了近一倍，涉及约 45 个行业。

随着国际执法力度的不断加强，国内很多企业开始意识到不合规带来的严重后果，巨额的罚款、品牌声誉的受损、刑事处罚，甚至企业面临倒闭的风险。

2. 内在发展的需要

2017 年 5 月 23 日，习近平总书记在中央全面深化改革领导小组第三十五次会议上强调：加强企业海外经营行为合规制度建设，逐步形成权责明确、放管结合、规范有序、风险控制有力的监管体制机制，更好地服务对外开放大局。

2018 年是中国企业合规的元年，国内关于合规的各项标准与政策密集出台：

- 2018 年 7 月 1 日，中国国家质量监督检验检疫总局和国家标准化管理委员会起草的 GB/T 35770—2017《合规管理体系——指南》[⊖]生效。
- 2018 年 11 月 2 日，为推动中央企业全面加强合规管理，加快提升依法合规经营管理水平，国务院国有资产监督管理委员会（简称"国资委"）颁布实施《中央企业合规管理指引（试行）》。
- 2018 年 12 月 26 日，国家发展和改革委员会（简称"国家发改委"）等七部委联合发布实施《企业境外经营合规管理指引》。

⊖ 等效采用 ISO19600:2014。

此外，地方政府也在加强专项合规领域的标准建设。2014年深圳市纪委牵头成立反贿赂管理体系标准化研制工作小组，并于2017年正式发布了《反贿赂管理体系》深圳标准。

国家层面为什么如此重视合规？对内，合规是企业可持续发展的基石；对外，合规是中国企业"走出去"的必需物。

3. 合规跟所有企业都有关系，不论大小

合规跟所有企业都有关系，这是毋庸置疑的。不只是大型跨国公司需要遵守国际监管体系下的合规要求，许多有兴趣与西方公司做生意、开展跨国业务的中小企业也需要熟悉并遵从合规的要求。在建立具体合规管理制度时，要与自身实际相称，不能"贪大求洋"，不切实际会导致无法落实。

中国合规网2017年的《中国企业合规管理调查报告》显示：2017年，有更多的公司选择增加合规培训的次数，这是一个可喜的变化，大部分公司员工的合规意识和合规表现，相较之前有了一定程度的提高。

加强合规管理已经成为全球企业发展的新潮流。目前不是要不要做合规的问题，而是如何合规、深入理解合什么规、怎么做才能合规的问题。

（二）采购是企业风险与合规管理的"重头戏"

1. 采购是企业业务流程的重要部分

ISO19600《合规管理体系——指南》在第4.1条"领导作用和承诺"中指出：治理机构和最高管理者应确保合规管理体系融入组织的业务流程。

采购是企业业务流程的重要部分，它自然是企业风险管理和合规管理的重头戏。企业风险与合规管理体系建设不能是纸面工程，要与业务完美结合。在复杂的国际形势下，深入研究各个重点业务领域的具体问题，做好风险的微观分析也更为必要，对于想要合规或者正在推进合规的企业更具有参考意义。

2. 采购是腐败高风险岗位

腐败是各个国家都存在的问题，根据美国注册舞弊审查协会（ACFE）

《2016年各国舞弊调查报告》显示：单个舞弊案件造成的损失平均金额为15万美元，而23.2%的单个舞弊案件造成的损失大于100万美元，而且舞弊欺诈所造成的损失占到了公司年销售收入的5%左右。

近年来，一些国内知名大公司也频频爆出贪污腐败案。由于欠缺有效的合规管理，在采购环节往往会出现塌方式腐败。在人们心中，采购一直被认为是"油水丰厚"、腐败高发的领域。

3. 采购环节涉及众多法律法规要求

采购面临的合规要求非常多，招标环节要遵守招标法的要求，签合同要遵守代理法、合同法、国际贸易法，与供应商的合作过程中要注意反腐败、反垄断、知识产权保护等。此外，还需要做负责任的采购。

因此，采购人员必须要懂相关的法律知识，并能将其灵活运用在工作之中。而采购管理者，更应该精通相关知识，将法律法规要求植入采购流程和采购规章制度。

4. 供应商不合规，企业来承担

企业仅保证自身合规是不够的，还必须延伸到整条价值链。如果所选择的供应商不合规，其后果可能会殃及企业自身，造成品牌、声誉以及财务上的损失。例如，苹果公司的"血汗工厂"事件、麦当劳的"福喜腐肉"事件等。

在合规面前，采购所肩负的使命不仅是保证自身业务的合规，还要保证供应商的合规。把合规作为选择供应商的首要条件，与供应商建立有效的合规管控机制，这能在很大程度上避免或者减少因违规给企业造成的损失。

如果供应商的经营是合规的，生产是安全、环保、可持续的，也就保住了双方长期稳定的合作关系。这有助于企业自身战略目标的实现。

5. 采购能帮企业堵住合规漏洞

随着各国政府对商业贿赂的打击不断加强，一些企业由直接行贿转变为由供应商来行贿。从世界银行的黑名单来看，大多数被罚的企业都是违反了《世界银行贷款项目的采购指南》中的"欺诈和腐败"条款。典型的如葛兰素史克行贿事件，正是药企销售勾结公司旅行社供应商，以采购合同形式掩盖行贿事实的例子。

其实，采购腐败不等于采购人员腐败。例如，某互联网公司市场部员工利用职务便利向供应商索要700万元的好处费，某安全网络公司知识产权部的资深总监收受多家代理商的贿赂，某互联网金融公司的商务经理和数据业务专家利用平台规则与手中权限受贿超过1400万元。有权力的地方就有可能存在腐败，采购权是企业的重要权力之一。腐败风险有可能来自营销、研发、生产等各个环节，只不过风险可能会通过采购环节显现出来。

因此，采购有必要承担起责任，帮公司堵住其他环节的合规漏洞，防止采购变成贿赂的工具。

四、PRC "1+4+7"，开启采购的价值增长之路

"风险管理创造并保护价值"，这是开启风险管理前需要凝聚的共识。ISO31000《风险管理指南》的引言部分列举了风险管理的17项好处：

- 提高实现目标的可能性；
- 鼓励主动性管理；
- 让整个组织意识到识别和处理风险的需求；
- 改进机会和威胁的识别能力；
- 符合相关法律法规要求和国际规范；
- 改进强制性和自愿性报告；
- 改善治理；
- 提高利益相关方的信心和信任；
- 为决策和规划建立可靠的根基；
- 加强控制；
- 有效地分配和利用风险处理的资源；
- 提高运营的效果和效率；
- 增强健康安全绩效，以及环境保护；
- 改善损失预防和事件管理；

- 减少损失;
- 提高组织的学习能力;
- 提高组织的应变能力。

合规是企业的金色盾牌,GB/T 35770—2017/ISO19600:2014《合规管理体系——指南》的引言指出:建立有效的合规管理体系并不能杜绝不合规的发生,但是能够降低不合规的风险。**在很多国家或地区,当发生不合规时,组织及其管理者以组织已经建立并实施了有效的合规管理体系作为减轻甚至豁免行政、刑事或民事责任的抗辩,这种抗辩有可能被行政执法机关或司法机关所接受。这对于中国企业,无论是在国内还是境外发展都尤为重要。**

基于风险与合规管理体系方法论的指导,结合本书作者在采购领域多年的实践经验,还有十多名全球知名企业的成本专家、供应商管理专家、企业社会责任(corporate social responsibility,CSR)专家、贸易合规专家、风险管理专家等智囊团的输入,以及全球30多家一流企业的最佳实践,我们总结出采购风险控制与合规的PRC"1+4+7"管理框架。"PRC"代表"采购风险和合规","1+4+7"分别代表一种文化、四个保障和七条主线(见图1-2)。本书以风险与合规管理理论为基础,以PRC"1+4+7"为框架,以采购实际业务为主体,将风险控制、合规与采购业务、流程融为一体。

1. 一种文化

文化是"天",是采购风险控制与合规的核心和灵魂,是风险与合规管理具有生命力的保障。采购组织可以通过行为准则约束、领导承诺、持续的培训与沟通,让风险与合规文化深入采购全员。

图1-2 PRC"1+4+7"模型

2. 四个保障

OPPT,即组织、流程、人员、技术/工具,是"地",是采购风险控制与合规得以落地的有力保障。

3. 七条主线

对于采购，每个环节都可能产生风险，只有将风险与合规要求植入采购业务，其政策才不会变成空中楼阁。

本书以采购战略、采购运营、采购招标、采购合同、采购合规、采购可持续、供应链安全七大重点风险管控工作为主线，详细分析其中存在的风险点，并探索解决方案，为企业管理提供参考。

PRC"1+4+7"管理体系并不是脱离公司层面的风险与合规管理另起炉灶，而是在公司整体风险与合规管理的指导下，更深层次地思考采购自身管理体系的问题，将风险与合规落到实处。

思考题

1. 什么样的风险可能给企业带来颠覆性的影响？
2. 采购风险与合规管理的价值有哪些？
3. 采购从战略到执行，面临哪些风险？

第二章

文化是灵魂
风险管理关乎人人

学习目标

1. 理解为什么文化是风险与合规管理的核心
2. 掌握构建风险与合规文化的方法和手段

微软为什么要建立合规体系呢？第一是因为公司的价值观，第二是因为公司的愿景和目的，第三才是监管要求。要把企业的目标、愿景与合规管控体系结合起来，形成优秀的合规文化。

——微软大中华区合规总监李近宇

文化是企业的灵魂，是企业发展的原动力。**一个好的风险与合规文化能激发全员的使命感和责任感，使得人人都有风险意识，促进全员主动合规。**

ISO31000《风险管理指南》的引言指出：组织制定、实施和持续改进一个框架，将风险管理过程整合到组织的整体治理、战略和规划、管理、报告过程、方针、价值观和文化中。也就是说，要将风险意识和风险偏好植入组织，不仅是在政策程序层面，还要在价值观和行为准则层面。

国际标准 ISO19600《合规管理体系——指南》对合规文化的定义是：合规文化是贯穿整个组织的价值观、道德规范和信念，与组织的结构和控制系统相互作用，产生有利于合规成果的行为准则。合规管理一流的企业都将合规视为企业的价值观。

企业要建立风险与合规的文化，传播新的价值观和信仰，并且鼓励员工践行。

一、居安思危：培育风险意识与敬畏之心

【引入案例】缺失风险意识，假药致人死亡

某制药有限公司用带强烈毒性的"二甘醇"充当"丙二醇"生产出带有毒性的"亮菌甲素注射液"，经过重重貌似严密的质量审查关卡后流向市场，65名患者注射后，致13人死亡。该厂的采购员、化验室主任、主管采购的副总、主管生产技术的副总以及总经理涉嫌"重大责任事故罪"，三位老总获刑。

有毒的二甘醇进入该药厂，第一道关卡应该由采购员负责，按照该厂的GMP（药品生产质量管理规范）认证而制定的采购制度规定，负责物料采购的采购员应对新的原材料供应商进行实地考察，并要求供货方提供样品进行检验，以防范质量风险的产生。实际上是如何做的呢？

在法庭上，该采购员说：我向分管采购的副总请示去现场考察的事，但领导说现在通信发达，电话联系就行了。我只觉得质量不合规的最严重后果就是消费者被骗、影响生产，但致人死亡这种后果我做梦也没想到。

而采购副总诡辩道："丙二醇只是制药的一种小小的辅助材料，只有大宗的和重要的原材料才有必要进行考察。"他甚至在法庭上比喻说："消费者买猪肉，也一定要去猪场考察，看看那头猪吗？"

按照国家规定，供应商应该提供相关资质证书和检验证书。采购员说："供货商寄给我厂的都是复印件，这些复印件看不出有什么问题。而且我觉得货到厂里还要通过检验，应该不会有什么问题。"至于后面检验环节的问题，在此不做详述。

药品的质量问题是"人命关天"的大问题，也关系到药厂的生死存亡。对于这样一个重大风险，采购员和采购副总作为风险的源头部门，头脑中竟然没有风险这根"弦"，采购责任心严重缺位，最终带来"人死、厂关、坐牢狱"的恶果。

资料来源：摘自高立法著的《企业全面风险管理实务》。

风险意识与敬畏之心的缺乏，往往会带来可怕的后果。以前从未发生过或者没见到过，认为不会发生在自己身上，从而忽视它，风险事件往往就是这么产生的。在实践中，有以下几种常见的风险意识缺失的情况。

（一）不知道有风险

不具备识别风险的知识与能力，从而"看不见"风险。例如：
- 不清楚合同成立的条件，与不具备主体资格的对象签订了合同。
- 开展全球寻源时，由于不了解当地法律与政策，忽略了隐性成本。
- 与另一家企业进行联合采购，一不小心造成了垄断行为。

针对不知道有风险的情况，首先企业要有明确的指引和规范，其次是要加强培训，让其具备相应的知识与能力，避免由于制度不清晰、培训不到位导致悲剧的发生。

（二）知道但是不重视

有句俗话：上有政策，下有对策。虽然知道政策是什么，但是总会有人为了各种目的，千方百计地钻制度的空子，找流程的漏洞，做一些违规的事情。敬畏之心的缺乏，往往会带来非常可怕的后果。例如：
- 由于采购时未对插座的品质进行严格地把关，导致人员的触电伤亡。
- 知道厂房不可以抽烟，但是抵挡不住烟瘾，最终一根烟点燃了工厂。
- 知道供应商没有相应资质，但由于价格低廉而购买，本是安全环保产品却出了事故。

之所以不重视，很大原因是不清楚风险带来的严重后果。针对重点的风险与合规领域，尤其是涉及人身安全的领域，要有明确的红线要求，并且高层要重视。

（三）明知故犯

为了获得不正当的利益而明知故犯。例如，进口时擅自改写海关编码，美其名曰"合理避税";再如,由于获得了供应商的好处,向供应商透露了采购的底价。此类例子不胜枚举。

针对明知故犯的情况,企业要有违法必究的决心,确保言行一致,让冒险者知道违规的代价。

二、知行合一:将风险管理要求化为行为准则

一家企业有没有风险与合规管理的文化,首先可以观察其行为准则有没有体现风险与合规管理的要求。行为准则体现了组织的价值观和风险偏好,它是根据法律要求、公司管理要求转换而来的,倡导员工按正确的方式行事,其地位高于其他一切内部规范与流程。

行为准则一般由公司层面制定,有的采购组织也会将公司的行为准则进一步转换为采购的行为准则、高压线或红线。在通常情况下,其内容一般包括以下方面:

(1)企业的核心价值观,比如诚信、公平、可持续。
(2)所倡导的做事方式,比如"做专业的采购"。
(3)采购合规的内涵,比如遵守法律法规和道德规范的要求。
(4)对风险与合规管理的态度,比如"对腐败的零容忍"。
(5)触犯红线的后果与应对方式,比如"违规必究"。

将这些行为准则以简洁清晰的方式表达出来,并方便员工获取,在无形之中可以影响员工的风险与合规意识以及行为举止。以下是中国采购商学院所制定的采购行为准则。

【知识链接】《中国采购商学院采购 8D 行为准则》

1. 做专业的采购,用专业创造价值。
2. 做重信守诺的采购,按合同履行买方义务。
3. 做道德高尚的采购,公平对待供应商。
4. 做遵纪守法的采购,确保采购行为合规。
5. 做自律的采购,拒绝不正当利益。

6. 做主动服务的采购，管理需求并提供增值解决方案。
7. 做不断精进的采购，追求卓越与持续创新。
8. 做积极倡导社会责任的采购，优先选择履行社会责任的供应商。

 小师妹插嘴

这里的 8D 说的是质量管理领域的 8D 问题解决方法吗？

 学霸掉书袋

这里的 8D 是指 8 个"DO"，是中国采购商学院向全体采购人倡议的 8 个方面。

我们来看看敏实集团的道德与行为指南：当我们中的任何人发现或怀疑存在一些不合理或不道德的事情时，都有义务采取行动并勇敢说出。但是，怎样确定何时勇敢说出或确定某种行为是否得当呢？图 2-1 所示流程可以作为简要准则，帮你进行判断。如果你不能对所有问题都给出肯定答案，那么就应该勇敢说出，寻求帮助！这表明了该公司提倡发现问题、鼓励举报的态度。

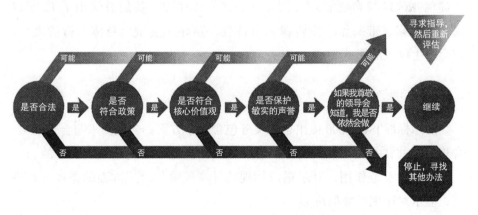

图 2-1　敏实集团的道德与行为指南

行为准则规定"应该做什么"，而高压线和红线往往规定"不能做什么"，如果违反，需要接受严厉的处罚。

> 【拓展阅读】

浙江省财政厅、监察厅 2007 年发布的《浙江省政府采购行为规范和责任追究暂行办法》，给政府采购单位和工作人员划定了 15 条不能逾越的"红线"，部分内容摘录如下：

- 不得先采购后确认，或者化整为零规避公开招标和政府采购监管；
- 不得利用政府采购业务委托职权向采购代理机构索取不正当利益；
- 无正当理由不得改变候选供应商顺序或者在候选供应商之外确定中标成交供应商；
- 无正当理由不得拖延或拒绝与中标成交供应商签订合同；
- 不得签订有悖于采购结果的合同或补充协议等。

在行为准则的基础上，采购可以制定更加具体的政策和制度，如礼品与招待政策、产品质量责任政策等。

三、以身作则：领导带头，言传身教

新版的 ISO31000:2018《风险管理指南》将"领导力与承诺"放到了体系框架的中心位置，可见，领导力是风险管理成功实施的核心因素。领导如何在风险与合规管理方面发挥好带头作用呢？我们总结出了 12 字口诀：重承诺、带头做、投资源、亲自教。领导一旦做出身体力行的表率，将会产生巨大的影响。

（一）重承诺

国际标准 ISO19600 提出合规义务包含两个方面：合规要求与合规承诺。合规要求往往是法律法规的强制性要求，而合规承诺则是组织自愿的。

领导起示范作用，其承诺应体现领导在风险与合规方面的态度和重视度，显示对违规必究的决心。

（二）带头做

有很多企业规定了行为准则，领导也做出了承诺，但最后变成纸上谈兵，没有得到很好的执行。只有确保言行一致，才能让风险与合规文化得以落地。例如，承诺了要合规，那么领导自己的行为要合规，不能有例外；承诺了对腐败零容忍，便要严格执行。

（三）投资源

风险与合规的管理需要资源的投入，包括人员的投入和资金的投入。领导重不重视，往往体现在投入上。如果在关键时刻迟迟不肯投入资源，说明管理上不重视，那么执行的情况可想而知。

（四）亲自教

好的引导方式需要通过言传身教，如果领导能亲自担任风险与合规方面的讲师来教导员工，那么课程的权威性便会得到提升，员工也会更加重视。

四、因地制宜：量身定制的培训

培训是风险与合规文化传播的重要手段，想要有效开展，就必须与企业其他通用类的培训区别开来。

（一）定制化

应根据采购的业务特点和业务场景，因地制宜地开发出采购相关的培训课程，只有贴合业务实际，才能让采购人员有深刻的体会，让培训更有价值。例如：

- 剖析采购过去发生过的舞弊案例，违反了什么法律，受到了怎样的处罚。
- 介绍发生在同行企业的供应中断事件，造成了什么样的损失。
- 采购的原材料出现过什么质量问题，通过什么措施来解决的。
- 知识产权合规对采购的具体要求是什么，有什么标准动作。
- 采购在合同签订时经常犯的错误是什么，哪些案例给公司造成了损失。

(二) 持续进行

由于风险是动态的,合规要求也在不断变化,所以企业必须持续更新风险与合规的知识。尤其国内很多企业的合规项目才刚刚起步,不能期望通过一次培训就能到位。一些合规管理领先的企业,也仍然在不间断地宣导合规的价值观。**如果某件事对企业来讲是至关重要的,那么就需要不断重复。**

【案例】中集集团:与检察院联合开展廉洁从业警示教育

中国国际海运集装箱(集团)股份有限公司(简称"中集集团")定期对内部晋升人员和外部招聘人员进行"中集干部的护身宝典——廉洁从业警示集"的培训,对新员工进行"企业内部控制与风险管理"培训,培训内容包括结合销售、采购等典型舞弊案件进行剖析和警示。近年来,集团下属重点企业会邀请所在地检察院开展廉洁从业专题培训,集团还以在线学习、在线答题的方式开展廉洁从业制度的宣讲,集团及成员企业相关高管全部参加。

在中集集团的销售、采购等敏感岗位的人员名片上,都印有廉政举报热线。在新入职员工和新经理任职的培训教材里面,详细列举了"红线"和"黄线"内容。在《中集集团责任事件问责办法》中,列出了9大类30小项责任事件清单,其中一类就是廉洁合规管理。

"我们就是要把丑话讲在前面,把规矩立在那里,这也是在保护我们的干部。"中集集团纪委书记刘震环说,得知你是大公司的采购人员,有一些企业会主动送东西,公司的这一招儿就是为了避免干部犯错误。刘震环认为,企业推行反贿赂管理体系标准就是设置一道防线,及时有效地管控外部贿赂风险,避免由于培训教育不到位、制度设置不规范,导致员工因贪腐入狱的悲剧。

五、包容开放:警惕群体思维

(一) 成事之要,关键在人

风险管理强调全员参与的理念,美国反虚假财务报告委员会的发起人委员会 COSO 发布的新版《企业风险管理框架》指出,"每一个人都是风险管理者"。

很多公司的文化是命令式的,员工不太可能开诚布公地讨论存在的问题,这对风险管理极为不利。公司文化应更加具有包容性,鼓励员工发现问题与缺陷,融入他们的知识、观点和看法,有利于组织全面掌握风险。

(二)保护举报者

很多采购组织为了推行阳光采购,都设有举报的路径,但是举报者寥寥无几。其中很重要的原因,就是安全措施不到位。举报者心中最大的疑虑:我会不会遭受到打击和报复?如果 A 举报 B,结果转了一圈举报信原封不动地传给了 B,那么以后估计没人敢再冒险。因此,保护举报者的文化很重要,要让员工理解举报对于公司的价值,将其视为帮助公司成长的一种机会。在这一点上,中西方在文化上存在较大差异。

(三)对"事前预防"进行奖励

人们都知道预防比救火更重要,但在现实社会中,我们经常会去嘉奖"救火英雄"或"抢险战士",而忽略了对事前发现的奖励,即便事前预防的成本可能远远小于事后补救的成本。管理者应该重新审视组织的奖励机制,想办法驱动"主动识别风险""风险应对提案"等事前行为。

(四)"群体思维"不利于风险管理

如果组织内所有人的意见总是一致的,对风险管理反而不是什么好事。人们不喜欢唱反调的人,但往往是那些敢于说"不"的人最先感知到了风险。在丰田就有"坏消息优先"的文化。

一些企业为了打破"群体思维",在决策层中增加了女性的比例,以期减少单一性别思维带来的风险。米歇尔·渥克在《灰犀牛:如何应对大概率危机》中提到:让女性在决策中占有一席之地,不仅能帮助我们发现并承认存在的风险,而且当风险越来越大的时候,让我们的决策纳入一些理性成分是十分必要的。

在创作本书的过程中，我们多次邀请不同领域的专家进行思想的碰撞，就是为了综合不同行业、不同企业、不同领域的特点，力求达到"系统全面"的目的。

写到此处，需要帮助大家厘清几个概念：风险、合规、法律，它们之间的关系如图 2-2 所示。

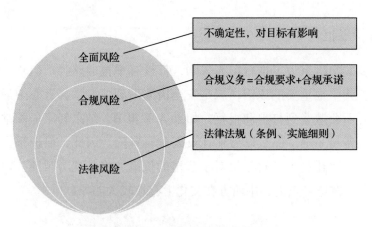

图 2-2　风险、合规与法律之间的关系

思考题

1. 请为你所在的采购组织设计一份《采购行为准则》。
2. 策划与"采购风险"和"采购合规"相关的年度培训计划。
3. 思考采购组织在哪些方面存在风险意识不足的问题，并制订改进计划。

第二部分

地

四个保障,风险控制与合规管理落地

组织、流程、人员和技术是让采购风险控制与合规得以落地的保障,这四个保障相辅相成,不可或缺。

Chapter 3
第三章

组织保障
采购是第一道防线

学习目标

1. 了解风险管理的三道防线理论
2. 了解采购部门在风险管理中的职责定位
3. 掌握不相容职务分离原则在采购风险管理中的应用
4. 了解组织形式、岗位轮换对风险控制的影响
5. 理解知识管理对于风险管理的作用,并了解如何开展知识管理

风险与合规的管理,要在组织上有所保障。首先,要有风险与合规管理的组织,确保相关职责落实到各个岗位中;其次,在采购组织设计时,要用好不相容职务分离原则。还有采购组织的形式、授权机制、岗位轮换机制等,都与风险管理有着密切的联系。此外,在知识经济时代,开展知识管理,形成学习型采购组织对于风险的防范也起着至关重要的作用。

一、风险管理的三道防线

提到风险控制与合规,很多采购人员认为是公司层面的事,责任在风险管理部门、合规管理部门或内控管理部门,采购只需要配合、支持就可以了。这是对风险控制与合规管理的一种严重误解。

国资委出台的《中央企业全面风险管理指引》第十条指出：企业开展风险管理工作应与其他管理工作紧密结合，把风险管理的各项要求融入企业管理和业务流程中。具备条件的企业可以建立风险管理的三道防线，即各有关职能部门和业务单位为第一道防线；风险管理职能部门和董事会下设的风险管理委员会为第二道防线；内部审计部门和董事会下设的审计委员会为第三道防线。

国资委印发的《中央企业合规管理指引（试行）》第十一条提出：业务部门负责本领域的日常合规管理工作，按照合规要求完善业务管理制度和流程，主动开展合规风险识别和隐患排查，发布合规预警，组织合规审查，及时向合规管理牵头部门通报风险事项，妥善应对合规风险事件，做好本领域合规培训和商业伙伴合规调查等工作，组织或配合进行违规问题调查并及时整改。

可见，无论是"风险管理指引"还是"合规管理指引"，都将业务部门放在了第一道防线的位置。

（一）第一道防线

企业应该对采购的风险与合规管理工作正确定位：采购部门作为第一道防线，需要对该项工作负首要责任。在设计采购组织职能的时候，要将风险与合规管理的职责考虑进去，让职能显性化。除了支持和配合风险管理部门、合规管理部门的工作，采购通常需要主导哪些职责呢？

首先，需要对采购组织的风险进行持续的识别、分析、评估、应对与改进。梳理采购相关的法律法规要求、道德规范要求，并结合组织的对外承诺，明确采购合规义务。

由于采购最了解自身的业务，所以要将风险控制与合规要求嵌入流程与系统中，并根据风险的动态变化持续进行流程改进和业务优化。

此外，采购的绩效不仅是质量（Q）、成本（C）、交付（D），还应将风险控制与合规因素纳入其中。监督与审计不仅是公司审计部门的职责，采购作为第一道防线，往往能最先感知到风险，处理风险的成本也最小，因此采购也有义务对内部进行及时的监督与考核，以提前发现问题，帮助改进。

(二) 第二道防线

公司的风险管理部门、内控管理部门、合规管理部门等部门作为第二道防线可提前介入采购风险工作的指导，事前对采购的主要风险事项进行审核，比如对可疑供应商的资质情况进行审核，事中监督采购风险管理工作的开展，事后评估采购风险管理的效果。

(三) 第三道防线

公司审计、纪检、监察部门作为第三道防线，对采购业务的真实性、合规性进行监督，发现采购存在的问题及风险，并督促整改。

通过三道防线的组织架构，让采购的风险控制与合规工作形成全生命周期的闭环管理（见图3-1）。风险与合规管理领先的企业不仅设有首席风险官（CRO），还单独设有首席合规官（CCO），他们可以跨越不同防线，进行穿透式管理。

图3-1　风险管理的三道防线

小师妹插嘴

第一道防线就好像比赛场上的球员，球员的表现直接影响了比赛的结果；第二道防线则扮演着教练员的角色，负责指导和辅助球员；第三道防线就像裁判员，检查和监督球员是否遵守了比赛规则。

【案例3-1】大众汽车合规管理的三道防线

大众汽车的企业风险管理、内部控制和合规管理体系遵从"三道防线"的原则。这三道防线中每道防线的责任都落在具体部门，每道防线都有清晰的工作重点。

第一道防线关注大众汽车集团业务部门中的业务风险和应对措施。在这一层面上，业务部门和每个个体都对业务风险管理/内部控制（RMS/ICS）和合规业务行为负责。他们需要遵守相应的合规要求，定期或根据需求向相关管理人员提供报告。大众汽车的风控与合规部门建立风控策略和工具，必要时提供帮助来支持各业务部门。

第二道防线通过 GRC 常规流程，由风控与合规部门共同整合并推进风控与合规管理体系建设。GRC 常规流程利用 IT 系统记录集团相关的风险（包括合规风险），并评估 RMS/ICS 的有效性。第二道防线负责制定标准、测试风险管理体系和内部控制体系的有效性。

第三道防线着重于监测 RMS/ICS 的组织和实施是否有效。集团内部审计是第三道防线。

二、采购不相容职务分离的四种情形

不相容职务分离是企业内控管理的一个非常重要的手段。

《企业内部控制基本规范》第二十九条提出：不相容职务分离控制要求企业全面系统地分析、梳理业务流程中所涉及的不相容职务，实施相应的分离措施，形成各司其职、各负其责、相互制约的工作机制。

《企业内部控制应用指引第 7 号——采购业务》提出：重要和技术性较强的采购业务，应当组织相关专家进行论证，实行集体决策和审批。企业不得由同一机构办理采购业务全过程。

在采购组织设计时，需要应用好这一基本的方法论。一般来讲，分离的原则包括以下四种类型。

（一）职务分立，相互制衡

"采"侧重于供应商的寻源、成本的管控以及品类的策略，偏战略层面；"购"侧重于订单管理、合同执行，偏操作层面。现在，越来越多的企业开始推行采与购的分离，还有采购与验收、付款的分离，一方面可以减少因"一条龙"式管理带来的腐败风险，另一方面也可以提升采购的专业性。很多领先的企业，还单独设有采购技术的职能，形成相互制衡的"铁三角"。

（二）执行与决策分离

执行与决策的分离意味着针对特定的采购活动，一个人不能既是执行者又是决策者。例如，采购经理必须经过采购总监的批准才能给供应商下达采购订单。

（三）审批权分离

审批权的分离有多种形式。例如，将采购的审批权授予一个角色，再由另一个角色进行审查；或者由不同的角色共同审批，如"研发领导＋采购领导"；或者授予一个采购控制委员会来进行决策。

（四）业务与审计分离

采购的审计要保持独立性。一个人不能既负责采购业务处理，同时又负责采购审计工作。审计部门不能与采购部门一样，向同一个老总汇报。要保证审计工作的客观与公正。

从防止腐败的角度来看，无论是"三权分立"还是"五权分立"，本质上都是把大权化小，靠人盯人的手段来减小腐败风险。权力分得再细，也不能保证完全不出问题。我们认为，组织保障不能孤立使用，需要将其与流程保障、人员保障、技术保障结合起来，系统性地解决问题。

另外，考虑实施职务分离时，不要仅从防止腐败的角度出发，应更多地从专业角度出发。采购人员的时间应该更多地分配到战略性工作上，这部分工作的贡献是最大的。实际上在很多公司里，采购人员花在战略性工作上的时间很少，而花在日常行政事务性工作上的时间很长。如果采购人员大部分时间在忙于救火，便会很少去思考策略性问题，提前去做风险的预防。因此，一些战略采购组织往往会将策略性的岗位和事务性的岗位区分开来。

【案例3-2】华为的采购组织架构

1. 基于物料族的组织结构

华为采购部的组织架构将采购策略与采购订单（PO）履行分离开来，如图3-2所示。其内部建立了物料专家团（CEG），各CEG负责采购某一类/一族的物料满足业务部门、地区市场的需要。按物料族进行采购运作的目的是在全球范围内利用采购杠杆。每个CEG都是一个跨部门的团队，通过统一的物料族策略、集中控制的供应商管理和合同管理提高采购效率。

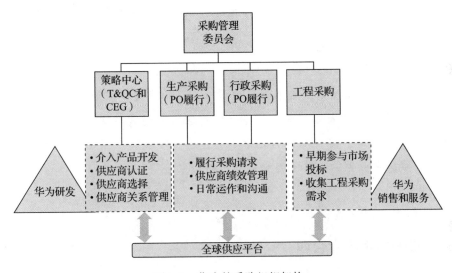

图3-2 华为的采购组织架构

2. 主动的组织：早期介入产品开发和市场投标

CEG和华为的技术与认证中心在华为研发与供应商之间架起了沟通的桥梁，推动供应商早期参与公司的产品设计来取得双方的技术融合，以及在成本、产品供应能力和功能方面的竞争优势。

华为的工程采购部门与华为销售和服务部门一起积极地参与客户标书的制作。参与市场投标将使采购部了解到客户配套产品的需求，在订单履行过程的早期充分了解华为向客户做出的承诺，以确保解决方案满足客户需求并能够及时交付。

3. 采购需求履行

生产采购和行政采购负责日常采购运作以及与供应商和内部客户的沟通，及时处理采购请求和解决双方的问题，从而提高供应商的表现和内部客户的满意度。同时，华为也关注不断提高采购履行流程的自动化程度，让采购执行人员有更多的机会积极地参与物料族采购策略的制定。

4. 供应商选择

供应商选择由相关专家团主任组建团队来进行，成员包括采购和内部客户的代表。小组的使命是制定报价邀请书/方案邀请书（RFQ/RFP），确定能够按照华为要求提供所需产品或服务的现有合格供应商名单。这个团队管理供应商选择流程，参与评估供应商的回复以及选择供应商。

5. 单一接口

每个物料专家团内部都有供应商接口人，负责与供应商的接口和沟通，处理供应商与华为来往过程中可能碰到的任何问题和疑问。相应地，供应商应通过这一单一接口与华为接触。通过这一渠道，专家团会将所有可能影响到供应商业务的采购策略和计划传达给供应商。

资料来源："采购与供应链专栏"整理。

三、集中采购风险管理

【引入案例】中国中车集中采购比例低，国资委发出警示

《中国经营报》报道，中国中车集团有限公司（简称"中国中车"）在国资委2018年采购对标评估管理总分排名中，位列13家装备制造业央企第六，其中集中采购（简称"集采"）排名更是靠后。

国资委巡视组指出，中国中车存在集中采购比例低，招标采购没有统一管理，相同物资采购价格悬殊，招标采购、公开招标比例低，独家采购占比大，未对供应商进行严格管理等6项问题。

国资委要求，集中采购首先要实现对采购管理的集中，要对原有采购管理体系进行重构；严格落实依法招标，规范采购管理，建立物资、工程和服务等集中采购机制。

虽然国资委在集中采购管理上也允许进行二级集中采购，但界定十分严格，二级集中采购的采购方只能截止到总部直属的小集团层面，不能再下降到主机厂层面，而中国中车所谓的二级集中采购基本都为主机厂自行采购。

有的主机厂没有招标平台，规避专家库，评委固定几个人，评标人员与供应商串通分配标的、围标、串标；更有主机厂采购全凭领导习惯和经验，临时拍板决定；还有的主机厂规避招标，仅采取竞争性谈判、询价采购或议价招标等人为因素更大的采购方式。

就上述采购腐败问题，中国中车召开了由副总裁和纪委书记参加的专题会议，提出了整改要求，对各类违规违纪问题零容忍，重拳整治。

资料来源：《中国经营报》。

从中国中车的案例可以看出，中国中车名义上由总部统一管理，但是其名下的子公司并没有与其步调一致。每个工厂都有自己的供货体系，按自己的规则行事，无法形成规模经济，增加了采购成本，同时也滋生了腐败问题。

《企业内部控制应用指引第 7 号——采购业务》提出：企业的采购业务应当集中，避免多头采购或分散采购，以提高采购业务效率，降低采购成本，堵塞管理漏洞。

（一）集中还是分散需要考虑什么因素

集中和分散其实各有其优缺点，集中可以从一定程度上控制风险，但集中不是万金油，要根据实际情况灵活考虑（见表 3-1）。在决定集中还是分散型组织架构时，应至少考虑到以下几个因素：

- **需求的通用性**。一般需求的通用性越高，集中采购带来的好处就越多。
- **潜在节约的大小**。如果通过批量购买获得的折扣越多，对成本节约的贡献越大，那么就越适合集中。
- **技术门槛的高低**。一些品类对采购的专业性要求很高，分散到各个经营单元风险会比较大，需要集中起来，专业的人做专业的事。
- **灵活性**。采购不能仅从成本节约的角度出发一味地追求集中，如果集中使客户获得产品的时间变长、服务变差，并且无法满足客户差异化的合理需求，引发了客户的强烈不满，那么可能需要重新定位。

- **企业战略**。采购组织架构应该支撑公司的战略,如果企业是多元化或差异化的战略,可能分散型组织会更加匹配,战略需要从企业经营角度来考虑。
- **地域因素**。如果组织有多个工厂,并且地域上非常分散,可能需要考虑地域因素,选择最佳的组织形式。
- **企业的管理能力**。管理能力越强,越适合集中。管理能力弱,集中就很难做起来。

表 3-1 集中型组织与分散型组织的优缺点分析

组织形式	描述	优点	缺点
分散型	• 与采购相关的职责和工作由不同的部门来执行	• 灵活 • 响应快	• 资源无法有效利用 • 无法形成规模优势,不利于组织整体降低成本 • 存在合规风险
集中型	• 将与采购相关的职责和工作集中在一个部门执行 • 各个子公司的采购决策集中到集团	• 归一化管理 • 成本降低 • 资源共享 • 实现规范与透明	• 效率低 • 灵活性不足

(二) 集中采购怎么管

集中采购管起来并不容易,想要提升集中采购的效果,我们建议如下"4+1"的管理方法,即同一种语言、同一种流程、同一种系统、同一种文化,再加上专业的集中采购管理人员。

1. 同一种语言

同一种语言,是指管理语言要统一,管理用的表格要统一,表格里的内容也要统一。例如,同一种岗位,有的部门叫"采购员",有的部门叫"寻源经理";或者同一种物料,有的叫"电脑设备",有的叫"笔记本"。此外,还有指标算法的不一致。如果语言不同,便难以实施统一的管理。

2. 同一种流程

我们看到,全世界麦当劳的做法都一样,全世界不同地方吃到的味道也一样。麦当劳的供应商是福喜,给世界各地的麦当劳供货,用的是同样的工艺流程,所以做出来的味道都一样。

企业管理如果特色太多，效率会变低，需要同一种流程来规范，这体现在采购业务的流程、降低成本的方法、质量控制的手段、供应商管理的机制等。

如果固定资产的采购汇报到生产的老总，销售的服务类采购汇报到营销的老总，那么便没法实现真正意义上的集中。集中本质上是对流程的管理，通过重新设定新的审批和授权机制，来避免多头管理。

3. 同一种系统

集中采购需要有统一的系统平台，数据标准不一致、信息不能打通，就无法实现高效的集中。同一种系统确保了跨部门、跨事业部步调的一致性和规范性，所有人都在同一个平台上操作，过程透明，风险可控。

4. 同一种文化

人们的价值观念、思维方式等，都以其所在国家、民族、区域、行业、企业的文化背景为基础。文化相同，习惯、做事情的方法是一样的，沟通起来就容易。现代企业跨行业整合、全球化的经营举措越来越多，文化风险是我们必然会遇到的问题。

同一种文化并不是只允许有一种文化，而是在充分理解和尊重现存各种文化的基础上，通过沟通、交流，相互学习和吸收各自文化的优点，使彼此相互适应，最终形成一种普遍认可的文化体系。

5. 专业的集中采购管理人员

除了四个"同一"外，负责集中采购的部门需要有专业的采购管理人员，以及较强的跨部门、跨事业部的协同能力，如果能力不足，则难以服众。

四、授权是一种更高级的控制

《企业内部控制基本规范》第三十条指出：授权审批控制要求企业根据常规授权和特别授权的规定，明确各岗位办理业务和事项的权限范围、审批程序和相应责任。

在实际的采购业务中，授权不清晰的情况十分常见。

【案例 3-3】

小张是 A 公司研发部门的一名研发人员，与 A 公司合作的 B 供应商，其销售人员经常直接给小张免费提供新样品试用，小张对 B 供应商的支持力度非常认可，并以该品牌的参数为标准进行新产品的设计。当产品量产需要大批量采购时，小张才发现针对该设计要求，只有 B 供应商生产的物料才能满足需求，从而造成了 B 供应商的独家供应。

【案例 3-4】

某民营企业的工厂老总看中了一套生产设备，当场与供应商签订了合同，供应商很快就将设备安装到位。但是，当供应商找财务付款时，财务却告之没有经过采购部门的部长签字，合同未生效。

【案例 3-5】

某外企在中国有一个模组代工项目，其供应商需要从该外企的海外工厂购买芯片，然后加工成模组卖给该外企在中国的工厂。由于芯片购买使用美元，模组销售使用人民币，所以供应商面临着美元汇率波动的风险。美元升值，供应商会有一定的汇兑损失。通常对于汇率的变化，由采购和供应商双方谈判，根据报价的要求，确定基准汇率及触发价格调整的汇率变动区间。但是，在采购人员还没有和供应商达成一致意见之前，该公司的销售人员就口头承诺该供应商，"如果在该项目上有任何汇兑损失，公司会考虑在其他项目上给予一定的补偿"。在该项目量产交付期间，美元在短短的半年内升值10%，供应商在用于购买芯片的美元上产生了不少汇兑损失，于是就找到采购人员，要求从其他项目上得到补偿。但是，由于销售人员的口头承诺无法得到公司的授权，并不是正式的商务条款，所以该供应商最终未能得到汇兑补偿。

以上案例来自三个不同的岗位，即研发、生产和销售，他们都在未经授权的情况下对外承诺，给企业带来合同纠纷、成本上升等风险。企业应对采购的授权机制进行合理的设计：

- 谁可以对外承诺？
- 谁签的合同是有效的？

- 谁可以进行采购申请？
- 谁可以接受供应商的样品？

授权，其实是一种更高级别的控制。尤其是在 VUCA ⊖时代下，当组织面对的商业环境越来越充满不确定性时，如果坚守原来的控制权不放，那么会丧失对一线的敏感度，也会造成效率的低下。

很多企业，表面上设计了严密的控制系统，什么类型的采购业务都需要经过好几级领导的审批，事实上，单据一多，审核便流于形式，有审批等于没有审批，风险更大。人人都是风险的管理者，发挥员工的主观能动性，对其赋能，才能在复杂多变的时代真正驾驭好风险。

企业可以结合风险敞口，对业务场景进行区分，灵活设计组织的授权与审批机制。例如，一个10万元的采购合同相比一个1000万元的合同，审批的层级可以适当简化，而一个指定的需求相比一个正常提出的需求应适当加严审批。因此，企业应该对采购风险进行分级分类，在此基础上再来进行授权机制的设计。表3-2是一个合同分级授权管理的示例。

表 3-2 合同分级授权管理

岗 位	合同金额（万元）	最长期限（年）	预付款（万元）
采购员	<10	<1	不允许
采购经理	<50	<2	不允许
采购总监	无限制	<5	<30

五、不要仅因为防止腐败而轮岗

为了控制腐败风险，不少公司的采购组织都有定期轮岗的机制。很多采购人员叫苦连篇，刚刚熟悉业务，就被调走了。轮岗不合理，不仅不能控制风险，反而还容易带来更大的风险。在此，我们不是反对轮岗，而是提醒在轮岗设计时需要考虑以下几个要点。

（一）要符合员工的职业发展规划

采购是门专业活，而专业度的提升需要一定时间的积累与磨炼。因此，

⊖ VUCA 是易变性（volatility）、不确定性（uncertainty）、复杂性（complexity）、模糊性（ambiguity）的缩写。

需要遵循"先熟练，后轮换"的原则。除了要考虑职位本身的发展规律，还要考虑个人的职业规划。有的员工对自己的工作产生了强烈的兴趣，并且期望成为这一领域的专家，如果把这样的员工转到毫无关联的其他岗位，那么会造成员工的反感和抵触情绪，也会给新工作的质量带来风险。

（二）要考虑业务的连续性

在没有完善的备选计划或继任计划时进行轮岗，可能会对业务造成灾难。组织知识没有积累，经验没有传承，一切需要从头来过，这实则是一种低效与倒退。在轮岗前开展继任计划也非常重要。

（三）不要仅因为反腐而轮岗

很多企业的采购仅仅因为反腐而轮岗，轮得太频繁，反倒有风险，甚至有的采购因为看不到清晰的职业前景而不尊重岗位。因为从做采购工作的那一天起，职业生涯便进入了倒计时。

（四）并不是所有岗位都适合轮岗

一些企业做内控，容易走入一个误区，就是事无巨细地管。实际上，采购的岗位有很多，一个采购文秘类岗位并不会造成多大的腐败问题，并不需要频繁轮岗；采购的品类有多种，有的品类所属的商业环境本来就很透明，也没有必要频繁更换。另外，采购也需要有一些特定领域的专家，如采购技术类的专家，专家库需要保持相对稳定。

（五）让采购价值被"看见"

在与很多企业的采购管理者交流的过程中，我们发现很多管理者内心并不认同企业的轮岗制度，但是难就难在说服不了相关方。采购需要做的是：一方面要对"相关方"进行培训，让其意识到"采购必须要专业"；另一方面要努力提升采购的专业水平，让采购价值被"看见"。

从大环境来看，越来越多的企业开始意识到"采购是门专业活儿"，这种强制轮岗的情况会逐渐有所改观。

（六）试着从"培养"的角度来设计轮岗

过去一段时间 T 型人才比较流行，这些人的知识面很广，同时在某个领域有很深的研究，而在当今知识型时代，"跨界人才""梳子型人才"成为热点，拥有多个领域的专长的人才会更受青睐。

拉姆·查兰在《高潜》一书中写道：时至今日，很多公司的高潜人才培养，仍然沿袭着传统：按部就班地让高潜人才在同一业务部门或同一职能部门，一步一步地向上爬。在这种方式下，即便是像扎克伯格这样优秀的年轻人，估计也很难脱颖而出。

针对高潜人才，如果继续采用传统的培养方式，可能导致某些重要的岗位青黄不接。一些领先的企业开发出新型培养模式，让高潜人才加速成长，使其具备公司各个职能的视角，这样的人才会更有大局观，更能胜任高层级的岗位。

因此，是否需要轮岗应更多地考虑组织人才发展的需要。不懂供应链的采购不是好采购，一个有着宽阔视野的采购有着更好的风险洞察力。**如果员工知道组织是为了"培养"他而让他轮岗，不是对他"不放心"而让他轮岗，那么轮岗将会受到广泛的接纳与认可。**

六、知识型采购组织：防止损漏，驱动成功

知识管理与企业的风险降低有着密切的联系，很多采购管理者往往精于业务的管理，而疏于对知识的管理。培训是无计划的，知识是陈旧的，查找起来也无比困难，这会给组织带来很大风险。

- 由于没有系统化的指导，基层采购人员的能力达不到要求，造成人为风险。例如，未能掌握基本贸易术语知识，在合同中使用了不利的贸易术语，造成成本的上升。
- 知识未能共享，风险事件重复发生。例如，某个供应商来料时经常发生混错料的问题，采购经理虽然解决了供应商的问题，但因为没有将经验进行总结与推广，组织依然面临同样的质量风险。
- 关键人才流失，未能保留其知识资产，给业务造成影响。采购组织内部存在各种专家或有专长的人，有的采购人员善于谈判，有的能

灵活运用各种成本分析工具，有的对行业发展有着深刻的洞察。如果没有知识管理，能力便得不到复制，关键人才的流失会让采购组织遭受很大的损失。
- 知识泄露或对知识不加以信息安全的保护，很有可能造成核心优势的丧失。
- 在知识型时代，知识的更新换代速度很快，如果不能及时跟上，则无法保证组织的领先地位。

（一）知识管理的 DIKW 模型

DIKW 模型是一个关于数据（data）、信息（information）、知识（knowledge）、智慧（wisdom）的模型，呈金字塔形（见图 3-3）。开展知识管理首先需要理解知识与数据、信息的区别。最底层的是数据，如果脱离了一定背景，数据本身可能不具有任何意义。但是，如果把数据与人类的解读相结合，就赋予了数据背景和含义，生成了信息。利用信息，加上人类经验、先进的范例、才能和决策，沉淀出可以被复制和利用的知识。处于金字塔最顶层的智慧，是对知识反复实践、升华的结果。

图 3-3　知识管理的 DIKW 模型

一个组织的管理者不应该假设自己知道了一切该知道的东西，也不应该假设对于任何有用的知识均已进行了确认和管理。

（二）知识管理的过程

知识管理的过程一般分为：识别、收集、调整、记录、应用、分享和创造七个活动（见图 3-4）。
- **识别**：识别出哪些知识对于组织的经营效果至关重要。对于采购，我们经常讲到"SCAN 专业采购四大核心能力"，对于这些核心领域需要具备的知识要充分识别出来。

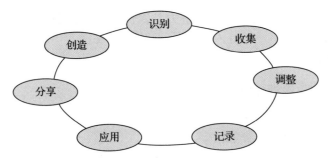

图 3-4　知识管理的过程图

- **收集**：针对识别出的核心知识模块，利用内外部的渠道，开展知识收集活动。例如，参与采购和供应链管理相关行业协会的活动，获取外部专业机构的建议，参加培训机构的主题培训，产学研的结合，内部开展数据分析，专题调研，等等。
- **调整**：经过活动收集来的知识不一定可以直接利用，需要加以分析和整理。
- **记录**：组织应对知识的存储进行管理，以便于后续的应用、分享与创造。
- **应用**：知识只有被应用在组织的业务活动中，才能发挥其最大的价值。例如，应用《全面采购成本控制》中的降低成本（COST DOWN）模型来开展降成本的工作，应用卡拉杰克模型来进行供应商关系的定位。
- **分享**：要将合适的知识传递给合适的人，鼓励员工和团队成员进行知识分享活动，分享的形式可以多样化，如会议、培训、公告等。
- **创造**：通过上述活动，可能会产生出新的知识。例如，发明一项新的专利、开展业务流程的变革等。

（三）知识萃取，将隐性知识显性化

美国著名心理学家麦克利兰于 1973 年提出著名的"冰山模型"，将人员个体素质划分为"冰山以上的部分"和深藏的"冰山以下的部分"，寓意为有大量的隐性知识未被挖掘。

知识管理 1.0 主要聚焦在显性知识上，而知识管理 2.0 和 3.0 则侧重于隐性知识的挖掘，激发个体的创造力。隐性知识的挖掘可以通过多种方式来开展，例如：
- 采购项目经验与教训的总结。
- 对采购专家进行访谈。
- 构建品类的成本模型。
- 开展知识分享与社群活动。

（四）最关键的还是文化

分享并不符合人的本性。据研究数据表明，企业实施知识管理的成功率不足15%，其中最为关键的因素还是文化。在这一点上，国内企业与国外企业有着明显的差异。

在IBM，有一个非常强大的在线学习平台，进入平台学习可以获得学习积分，达到一定分值才有资格进行岗位晋级，IBM通过这种积分制度来驱动组织不断学习。此外，IBM鼓励分享，对领域专家会发放荣誉勋章，在一个"持续学习、乐于分享"的组织文化氛围中，员工的创造力不断被激发。

思考题

1. 风险管理的三道防线分别对应企业的哪些部门？每道防线的核心职责是什么？
2. 评估你所在组织的授权机制是否清晰，现有的组织形式是否存在风险。
3. 为了打造学习型的采购组织，你将从哪些方面开展工作？

第四章

流程保障
PDCA 管理采购风险

学习目标

1. 了解风险管理的流程
2. 掌握采购风险识别的方法
3. 学会利用风险矩阵、FMEA 工具评估采购风险
4. 了解采购风险应对的方法
5. 了解风险登记簿及其使用

组织的所有活动都涉及风险。组织通过识别、分析和评定是否运用风险处理修正风险以满足它们的风险准则来管理风险（ISO31000《风险管理指南》）。

美国内部审计师协会的《内部审计实务国际标准》指出：内部审计活动必须评价风险管理流程的效果并促进风险管理流程的改进。

采购风险与合规的流程保障包括两层含义：第一，要将风险控制与合规的要求融入采购的全流程中，通过流程来控制风险，确保合规；第二，采购需要建立一套风险管理的程序，对风险进行识别、分析、排序，根据不同等级采取相应的风险策略。在此过程中，需要对采购工程师、采购主管、采购总监、首席采购官（CPO）等不同职位层级的人员赋予风险管理相关的责权利，以保证采购风险管理战略的落地。

一、将风险管理融入采购全流程

国资委出台的《中央企业全面风险管理指引》第十条规定指出：企业开展风险管理工作应与其他管理工作紧密结合，把风险管理的各项要求融入企业管理和业务流程中。

业界一些领先企业的首席合规官、首席风险官以及风险与合规管理专家几乎达成了一个共识：只有将风险与合规管理的要求融入流程中，才能确保相关要求的落地。

那么该如何融入呢？通常有以下四种常见的控制方法。

（一）一票否决控制

对于一些重大的风险领域，如果企业决定采用风险规避的策略，那么流程中需要设置相应的红线要求。有的企业在新供应商的准入门槛中增加了企业社会责任（CSR）的一票否决制，未达标则不予以引入；有的企业在供应商产品来料检验时，增加了检验的判断准则，针对严重的不符合情形坚决不予放行；有的企业在与供应商的合作中时刻监测供应商的诚信水平，一旦出现违反诚信的行为，就终止合作。这些都是一票否决控制的例子，它显示了组织的风险偏好与容忍度。

（二）评审控制

对于一些复杂类型的风险，往往需要融入团队的集体智慧，在流程中可以增加评审控制的机制。例如，招标前的策划，不仅需要考虑到商务因素，还需要考虑到技术因素、需求因素等，在批准前可能需要纳入多种角色的评审意见。

（三）审批控制

审批控制可能是企业最常见的一种流程控制方法，但是经常被滥用。企业应根据风险的不同等级差异化地设计审批机制。此外，审批要有依据，要给审批提供必要的信息输入。

(四)集体决策控制

对于重大的风险,可以让相关方的领导集体参与决策。一方面可以从不同视角来评估风险,另一方面也可以减轻单方面决策带来的影响。在有的企业,是否购买的决策,不单单由采购方领导决定,需求方的领导也参与其中。

本书第三部分会针对"如何融合"这个主题进行详细阐述,因此本章对此不做详细介绍,后面几节主要围绕采购风险管理的流程来展开。

 小师妹插嘴

为了控制风险,我们公司的流程越来越长,效率越来越低。

 学霸掉书袋

流程控制并不是什么都要控制。下面会讲到风险评估的过程,每家企业的风险偏好不一样,每个风险敞口也不一样,需要差异化地设计。另外,随着企业的发展,需要考虑的风险越来越多,流程往往也会变得越来越长,这时候要考虑利用数字化的手段来提升效率,减少手工的重复操作,同时为决策提供有效的数据与信息支撑。在数字化时代,更多的是由数据来驱动流程变革,以使流程提效。

二、用三个圈识别采购风险来源

风险管理流程的第一步是识别风险,只有在正确识别组织所面临风险的情况下,企业才能采取适当而有效的方法进行处理。为了全面识别出采购风险,应对采购所处的环境进行大扫描。采购活动离不开宏观、中观、微观三种环境,每一个环境圈都有可能成为风险的来源(见图4-1)。

(一)宏观圈

宏观环境是指公司运营所处的外部市场和社会环境,包括经济、政策、法律、文化、社会、技术发展和环境等。它也包括与政府、媒体、非政府组织(NGO)之间形成的关系。

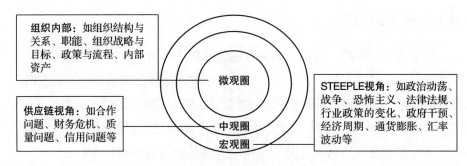

图 4-1 采购风险来源的三个圈

宏观环境一般不处于采购组织的控制之下，但是采购可以通过分析与预测，来识别出可能的威胁或机会点。宏观风险的识别有两个常用的模型：一个是 STEEPLE 模型，识别社会（S）、技术（T）、经济（E）、环境（E）、政治（P）、法律（L）和道德（E）风险（见表 4-1）；另一个是 PESTEL 模型，识别政治（P）、经济（E）、社会（S）、技术（T）、环境（E）和法律（L）风险。

表 4-1 STEEPLE 模型识别宏观风险

社会因素（S）	• 消费趋势、消费观念 • 社会道德、价值观 • 文化差异 • 性别差异 • 人口统计因素 例如：欧盟委员会雇用及社会事务所总部支持的"公司社会责任网"（CSR Europe）进行的消费者态度调查表明，在 12 162 名接受访问的消费者中，44% 的人回答他们愿意为社会责任和环保产品多付一些钱，这意味着可持续采购成为一种趋势
技术因素（T）	• 智能制造促进劳动力优化或裁员 • 数字化改变了组织的用工需求 • 颠覆性技术改变了原材料的需求 例如：很多公司以前通过采购外包服务来开展电话接听业务，但随着人工智能的发展，开始使用智能机器人来替代人工接线员
经济因素（E）	• 经济指标（如 GDP、通货膨胀率）的变化等 • 市场稳定性 • 利率和税收 • 国际市场的汇率、贸易协定 • 人员薪资、人才流动 • 资本的转移 例如：目前全球供应链的产能正在发生新的迁移，很多制造企业将工厂搬迁到东南亚国家

（续）

环境因素（E）	• 自然资源面临的短缺 • 公众对环保产品的消费需求 • 环境方面的法律法规，如污染、碳排放和废弃物管理 • 新出现的或当地优先考虑的绿色生态问题，如水资源的管理、森林砍伐、气候变化和温室气体排放 • NGO 对环保要求的监督 例如：中国生态文明论坛年会上提到，2019 年新一轮环保督察将全面启动，计划用 4 年时间开展第二轮中央生态环保督察工作，这预示着国内环保政策不断收紧，很多工厂可能面临倒闭风险
政治因素（P）	• 国际贸易政策 • 政府支持性政策，如对地方发展提供的资助和补贴 • 地缘政治 • 战争或恐怖主义 例如： （1）2019 年日本对韩国多种芯片制造材料实施出口限制，存储芯片价格一周内猛涨 15% （2）越南工业贸易部 2019 年发布了"越南制造"（原产地）的标准，越南制造可以是：原产于越南的农产品和资源；最终在越南完工的产品，根据国际 HS 代码标准，必须至少包括 30% 越南本地附加值，也就是说，100% 海外进口原料，必须在越南新增 30% 的附加值，才能以越南制造的标签出口，要想合法借道越南，需要满足越南原产地最新政策
法律因素（L）	• 反腐败 • 用工权利与义务 • 政府采购程序 • 环境保护法 • 数据保护 • 网络安全 例如：欧盟出台了史上最严的《通用数据保护法规》（GDPR），万豪酒店因未能充分保护客户数据而面临英国信息专员办公室（ICO）的 1.24 亿美元罚款
道德因素（E）	• 公平定价 • 可持续采购 • 利益相关方发布的道德准则和标准 • 供应链上不道德行为的曝光所产生的信誉风险 • 供应链合作伙伴的"雇主口碑" 例如：苹果公司的"血汗工厂"事件

（二）中观圈

中观环境是指对运营产生直接影响的供应商、客户等，可以简单理解为供应链。在中观圈，企业需要与供应商协作与交互。供应商是企业资源的一部分，需要"关心"和"关注"供应链上合作伙伴的风险，避免他们给企业带来输入型风险。下面介绍几种常用的分析方法与技术。

1. 供应链分析法

供应链分析法通过展示供应链经营活动的全过程，对过程的每一个阶段和环节进行逐项分析，以识别风险和脆弱点。企业可以绘制从供应商所在地的原材料开始到成品送到用户为止的流程图，甚至扩展到供应商的供应商，延伸到整条价值链，来发现薄弱环节和风险点。

【案例】爱立信的供应链风险识别

爱立信通过画出上游供应链的图形来识别风险，通过供应链风险结构图（见图4-2），可以清楚地看到所有的供应商、产品与服务之间的对应关系，定义出关键的零部件和风险源，更好地理解风险发生的概率及影响。爱立信把每一种零部件按照供应源的数量分成四类：

- 产品从多于一个被认可的供应源采购。
- 产品从一个被认可的供应源采购，其他渠道得到认可并可以使用，但没有使用。
- 产品从一个被认可的供应源采购，其他渠道得到认可并可以使用，但现场没有装备配套必需的工具、设备。
- 产品从单一供应商采购，没有其他可以利用的渠道。

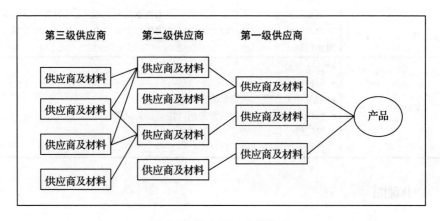

图4-2 供应链风险结构图

2. 问卷调查法

可以通过问卷调查来识别供应商的风险，核心在于设计一套完整、清晰的问题。表 4-2 是一份供应商风险调查问卷的示例。

表 4-2　供应商风险调查问卷表

供应商风险调查问卷	
供应商名称：	供应商代表：
问题：	答复：
你认为贵组织面临的关键风险有哪些？	
产生这些风险的主要原因是什么？来自内部还是外部？	
针对这些关键风险，贵公司是否制订了相关的风险处理计划？如果有，实施效果如何？	
贵公司是否有正式的风险管理流程？请说明流程与要求。	
贵公司是否有风险管理的专员？组织架构是如何的？	
贵公司是否有应急计划、业务连续性计划以及灾难恢复计划？	

3. 波特五力模型

迈克尔·波特在《竞争优势》一书中提出了"五力模型"的方法论，波特认为，在每一个产业中都存在五种基本竞争力量，即潜在进入者、替代品、购买者、供应商、现有竞争者之间的抗衡。采购可以针对这 5 个维度，对供应商进行持续的监控，识别出潜在的威胁与机会点（见图 4-3）。

（三）微观圈

微观环境是指组织内部环境，包括公司战略、组织结构、流程、财务、人事、文化、技术和合规等。对于企业所处的微观圈，风险识别的方法有很多种，例如：

- 关键事件的调查、历史风险事件的回溯。
- 召集专家进行头脑风暴。
- 情景分析。
- 流程分析。
- 过程审计。
- 聘用第三方风险顾问。

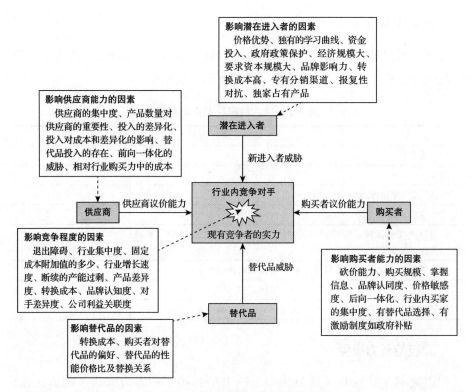

图 4-3　波特五力模型分析供应风险

1. 德尔菲法

德尔菲法又称"专家意见法"，在进行风险识别时，特别是原因比较复杂的重大风险，德尔菲法非常有效。其过程包括：

- 采购风险管理人员制订风险调查方案和计划，调查内容的设计尽量结构化，确定调查的风险领域和内涵，避免发散。
- 邀请相关内外部专家，以调查表的方式向专家提出问题。
- 专家反馈问题，风险管理人员汇总整理专家的意见。
- 将不同意见及其理由反馈给每位专家，让他们第二次提出意见。
- 多次反复循环，得到基本趋于一致的结果，最后进行汇总分析。

在使用德尔菲法或头脑风暴法来识别风险前，最好提前做好采购风险列表的顶层设计，这样可以提升讨论的效率。

2. 情景分析法

情景分析法最初作为一种战争博弈的手段，被美国空军所采用。经过

30多年的发展，情景分析法有了很多创新的应用，它被证明是一种有效处理企业各种不稳定性因素的工具。

情景分析法可以由一系列的"头脑风暴"开始，挖掘出影响采购绩效表现的关键因素，如经济因素、技术因素或者内部的战略、运营等因素；通过关键因素来描绘出各种场景；对描绘出的未来场景进行分析，理解它们对采购提出的新要求。通过这种方法，将采购暴露在一些未来预期的情景之下，可以挖掘出很多现有和潜在的风险因子。

3. 历史事件分析法

通过对历史上出现过的风险事件进行总结，识别将来可能发生的潜在风险。例如，采购可以针对过去发生的质量事故，分析导致质量问题的原因，评估是否得到了有效解决，未来是否还会存在同样的风险。

4. 故障树分析法

故障树法是分析问题的常用方法，在识别采购风险时，可以利用图解的形式将大的风险分解成若干小的风险，也可以将产生风险的原因层层分解，找到真正产生影响的风险和原因。例如，对采购成本上涨的原因进行层层分解，主要原因包括定价策略不当、供应商管理不当等。其中供应商管理不当又可以分解为供应商结构不合理、供应商绩效管理不到位等。

5. 流程图分析法

通过绘制流程图，对流程图中的每个环节和步骤进行风险分析。图4-4是某公司通过采购流程来识别风险的例子。

三、没有风险分析与评价，就没有敏感度

企业面临各种各样的风险，如果不加以区分，那么资源的投放便没有重点，也会降低组织对重大或颠覆性风险的敏感度，进而招致严重的后果。

风险分析与评价是将风险进行量化的过程，以确认它的风险敞口（指一个风险在多大程度上会使组织暴露在危险当中）。

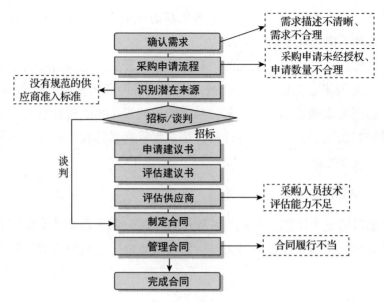

图 4-4　流程图分析法识别采购风险

(一) 分析风险发生的可能性和后果

风险影响（也称强度）是指对组织造成的可能损失。对影响的严重程度也需要量化，如用"1~3"或"高、中、低"来表示，风险的影响程度越大，优先级越高。表 4-3 是风险影响度准则的示例。

表 4-3　风险影响度准则

等　级	影　　响
高	对业务战略目标的实现有很大影响，例如，造成生产停线 10 天以上，或者给公司造成 500 万元以上的损失
中	对业务战略目标的实现有中度影响，例如，造成生产停线 5~10 天，或者给公司造成 200 万~500 万元的损失
低	对业务战略目标的实现有轻微影响，例如，造成生产停线 5 天以下，或者给公司造成 200 万元以下的损失

风险可能性（也称"频度"）是指风险发生的概率，通常用分值（如 1~3）或等级（如高、中、低）来表示，风险事件发生的可能性越高，优先级也就越高。表 4-4 是风险可能性准则的示例。

风险的影响度、可能性的设定并没有固定的标准，企业规模不同、风险偏好不同，标准也会有所差异，具体要根据各个公司的实际情况而定

（见表4-4）。

表4-4 风险可能性准则

等 级	影 响
高	发生概率大于80%
中	发生概率在30%~80%
低	发生概率在30%以下

采购在设定相关风险标准时，应考虑组织的风险偏好。例如，500万元以上的损失对于有的组织来说属于高风险，而有的组织却将其归为可以接受的低风险。

小师妹插嘴

"黑天鹅"类的风险能否预测？

学霸掉书袋

"黑天鹅"类的风险是无法预测的。斯派罗斯·马克利达基斯和米歇尔·海本经过多年的学术研究，得出了一个令人沮丧的结论：统计学上的复杂模型不一定能比简单模型提供更为精确的预测。"黑天鹅之父"纳西姆·尼古拉斯·塔勒布也认为，罕见事件的发生概率根本是无法计算的，我们对百年一遇洪水的了解远低于5年一遇的洪灾，其模型的误差在涉及小概率事件时会成倍增长。虽然不可能计算出重要的罕见事件的风险，但事物对波动性所致危害的敏感性是可观察的，我们需要走出对随机事物的无视甚至无知。

（二）利用风险矩阵评估风险

风险矩阵是风险管理学科中最基本的理论之一，也是企业用来评估风险大小的常用方法。可以通过两个指标来衡量风险的程度，即风险的可能性和风险影响。用公式表示

$$风险敞口 = 风险可能性 \times 风险影响$$

风险矩阵根据不同的风险准则，可以划分为2×2、3×3、5×5等不同

的模式。图4-5是一个3×3风险矩阵的例子。

(三) 利用FMEA评估风险

如果只考虑风险发生的概率和影响的大小，还不足以概括出风险的全景图。根据麻省理工学院（MIT）的尤西·谢菲（Yossi Sheffi）教授的研究，风险还有第三个特性指标，即可检测性提前期。正如地震一样，如果能更容易地提前检测出来，造成的后果也就会更小。

	中风险(3分)	高风险(6分)	高风险(9分)
影响	低风险(2分)	中风险(3分)	高风险(6分)
	低风险(1分)	低风险(2分)	中风险(3分)

可能性

图 4-5 风险矩阵图

与这个理念有异曲同工之处的是FMEA分析法。FMEA是一种可靠性设计的重要方法，最早是由美国国家航空航天局形成的一套分析模式，后来被广泛应用于质量管理领域。

借用FMEA来评估风险，是想强调采购风险管理重在"事前预防措施"，它对各种可能的风险进行评价、分析，以便在现有技术的基础上消除这些风险，或者将这些风险的影响减小到可接受的水平。

FMEA评估的三个核心要素包括风险发生的概率、后果的严重程度、风险在产生重大影响前能够得到补救的可能性，将三者相乘，从大到小排序，越大则越需要得到管理者的重视。

【案例】某汽车零部件公司的S项目采购风险评估

某汽车零部件公司为了评估S项目的采购风险，首先对风险评估的准则进行设定，包括严重度评价准则（见表4-5）、可能性评价准则（见表4-6）和探测度评价准则（见表4-7）。

表4-5 FMEA严重度评价准则

后　　果	评定准则：后果的严重度	严重度
无警告的严重危害	在没有任何失效预兆的情况下，影响到物资采购开发的完成，或者不符合政府的法规	10
有警告的严重危害	在具有失效预兆的前提下所发生的，影响到物资采购开发的完成，或者不符合政府的法规	9
很高	物资采购开发勉强完成（项目开发基本失败）	8
高	物资采购开发完成，但无法满足客户要求，客户非常不满意	7

(续)

后　果	评定准则：后果的严重度	严重度
中等	物资采购开发完成，但质量、交付、成本综合不符合要求，客户不满意	6
低	物资采购开发完成，但质量、交付、成本某些方面不合理，客户有些不满意	5
很低	质量、交付、成本某些方面不合理，大多数客户（75%以上）能感觉到不足	4
轻微	质量、交付、成本某些方面不合理，50%的客户能感觉到不足	3
很轻微	质量、交付、成本某些方面不合规，有辨识能力的客户（25%以下）能感觉到不足	2
无	无可辨识的后果	1

表 4-6　FMEA 可能性评价准则

失效发生的可能性	可能的发生概率	频　度
很高：持续性失效	每 100 个项目中有 85~100 个	10
	每 100 个项目中有 71~84 个	9
高：经常性失效	每 100 个项目中有 46~70 个	8
	每 100 个项目中有 36~45 个	7
中等：偶然性失效	每 100 个项目中有 26~35 个	6
	每 100 个项目中有 11~25 个	5
	每 100 个项目中有 6~10 个	4
低：相对很少发生的失效	每 100 个项目中有 3~5 个	3
	每 100 个项目中有 2 个	2
极低：失效不太可能发生	每 100 个项目中有 1 个	1

表 4-7　FMEA 探测度评价准则

探测的可能性	准则：设计控制可能探测出来的可能性（探测能力）	探测度
绝对不能	管理控制不能够辨识风险	10
很微小	管理控制只有很微小的机会能辨识风险	9
微小	管理控制有微小的机会能辨识风险	8
很低	管理控制有很低的机会能辨识风险	7
低	管理控制有较低的机会能辨识风险	6
中等	管理控制有中等的机会能辨识风险	5
中上	管理控制有中上的机会能辨识风险	4
高	管理控制有较高的机会能辨识风险	3
很高	管理控制有很高的机会能辨识风险	2
几乎确定	管理控制几乎确定能够辨识风险	1

根据评价准则，该公司对采购全流程的风险进行了评估，表4-8列出了部分风险。

表4-8 管理流程风险FMEA分析表

流程要素	潜在风险模式	潜在风险后果	潜在风险原因	严重度	频度	探测度	风险顺序数	建议措施
产品开发输入	项目需求波动大	需求下滑引起成本上涨	市场行情不如预期	5	3	4	60	与客户签订报价协议
产品开发输入	产品图纸外泄	企业知识产权受到侵害，竞争对手得到关键产品信息	图纸发布渠道过多，供应商未对图纸进行管控	6	5	4	120	（1）图纸发放走电子系统，加密处理（2）与供应商签订知识产权保护协议与保密协议
产品开发输入	产品设计频繁变化不能锁定	产品开发节点延误	客户端的输入要求发生变更	7	5	2	70	前期与客户锁定设计需求
供应商准入	未能正确地评审供应商的开发能力	产品开发无法满足公司的技术、质量要求	技术部门的图纸设计有误	7	2	4	56	供应商前期参与产品设计，增加设计审核
供应商准入	未能正确地评审供应商的开发能力	产品开发无法满足公司的技术、质量要求	审核标准无法满足公司实际需求	7	4	4	112	改进供应商审核评价体系
成本分析	物料后期发生较多质量成本	产品竞争力不足	采购策略问题，成本分析工具不足	6	2	5	60	（1）建立全成本最优战略（2）建立总拥有成本（TCO）模型

四、化险为夷：采购风险管理的 4T 应对方法

> 停止一个项目虽然把风险降到了最小，但是也丢掉了回报。
>
> ——詹姆斯·麦高第

（一）风险回避

风险回避（terminate）是在风险事件发生之前，主动放弃或拒绝实施某项可能导致风险的方案。通常在风险很大并且不可能减轻时，企业可考虑不参与这项活动。例如：

- 某个地区地缘政治不稳定，采购放弃在该地区进行寻源。
- 某个供应商产能跟不上，采购决定不再继续与该供应商合作。

风险回避貌似规避了风险的发生，但是也意味着失去了潜在的收益和机会，因此被认为是一种消极的做法。

（二）风险处理

通过积极主动地采取风险处理（treat）的措施，减少风险发生的可能性和风险损失的严重性。例如：

- 与供应商开展战略合作，进行信息共享，减少库存与交付风险。
- 提升采购专业能力，减少人为风险。
- 提前制订应急计划，以减少风险发生后的不良影响。
- 将质量管理嵌入产品设计、原材料采购、生产等各个环节，以提升产品质量。
- 建立多个工厂，相互备份，提升供应的柔性。

（三）风险接受

风险接受（tolerate）是一种企业决定自行承担风险损失的处理方式。一般来说，企业经过风险评估后认为风险的可能性或者影响可以忽略不计，那么可以选择不采取进一步的处理措施，而仅仅对风险进行登记与监控即可。例如：

- 在供应商引入时，审核标准上的某项要求供应商不达标，但是经过

整体评估，该风险可以接受，最终决定引入该供应商。
- 虽然非核心岗位的人员存在一定比例的流失，但是对业务的影响很小，可以不采取风险处理的措施。

（四）风险转移

风险转移（transfer）指企业将风险损失通过合同或保险等方式转移给更有能力或者愿意处理风险的另一方承担。例如：
- 通过缴纳保费来补偿高价值物料发生货损的风险。
- 利用合同条款，确保风险事件的成本由对方来承担。
- 当原材料价格波动较大时，通过期货等金融工具来锁定成本，规避价格波动风险。
- 对不擅长的领域开展采购外包。
- 风险共担，与劣后级供应商建立风险共担的机制。

风险转移减少了企业发生风险后的损失，但无法消除风险，并且企业也要为此承担一定的成本代价。

五、风险登记簿：要事上报，持续监控

组织面临的风险通常有很多，并且不断地发生变化。为了便于跟踪与管理，需要用到一个记录的工具——风险登记簿。

风险登记簿创建的过程如图4-6所示，一般包括：
- 识别潜在风险事件；
- 对风险事件进行分类；
- 识别风险发生的原因；
- 指派风险责任人；
- 测算风险发生的可能性；
- 测算风险发生的后果；
- 判断对企业的经济影响；
- 制定风险管理策略；
- 定期更新风险登记簿。

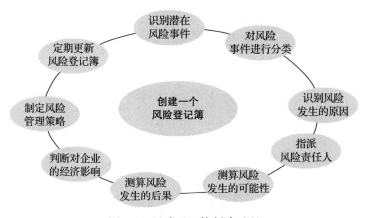

图 4-6 风险登记簿创建过程

风险登记簿可以通过 Excel 表格来跟踪，也可以实现电子化，通过系统来登记风险。表 4-9 是风险登记簿的一个示例。

六、ISO31000: 提供一套风险管理的原则、框架和过程

国际标准 ISO31000《风险管理指南》是风险管理的一个纲领性指导文件，适合于任何组织、任何时候、任何活动的风险管理工作。自 2009 年发布以来，得到了全球各个国家的支持和响应。该风险管理标准的顶层设计由三个部分组成：原则、框架和流程（见图 4-7）。

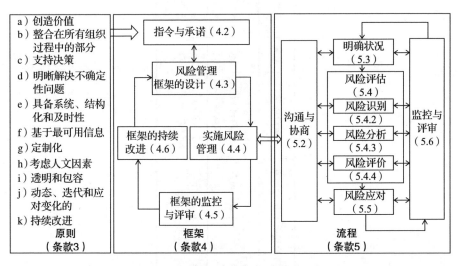

图 4-7 风险管理的原则、框架与流程

表 4-9 风险登记簿示例

风险编号	风险类别	风险描述	影响	可能性	等级	策略	行动计划	风险责任人	风险监督人	风险状态	登记时间	更新时间
001	缺货风险	需求激增可能导致××材料1 000K的供应缺口	3	5	15	高层会谈协调产能、紧急调货	8月3日组织高层会谈	Jack	Lucy	已解决	2019年8月1日	2019年8月15日
002	成本上涨风险	中美贸易争端导致输美产品关税上涨	4	5	20	短期：提前备货 长期：生产基地转移	对××物料备货1000个	Nick	Bob	进行中	2019年8月15日	2019年8月18日

（一）风险管理的原则

- **创造价值**：风险管理有助于目标的实现和绩效的改进。例如，在人员的健康安全、法律合规性、公众接受性、环境保护、产品质量、项目管理、运营效率、治理和声誉方面。
- **整合在组织所有过程中的部分**：风险管理不是与组织的主要活动和过程分开的孤立活动，它是管理职责的部分和整合在所有组织过程中的部分，包括战略规划、所有项目、变更管理过程。
- **支持决策**：风险管理可以帮助决策者做出明智的选择、确定优先的措施和辨别行动方向。
- **明晰解决不确定性问题**：风险管理明确地阐述不确定性、不确定性的性质以及如何加以解决。
- **具备系统、结构化和及时性**：系统、结构化和及时性的风险管理方法有助于提高效率，以及取得一致、可衡量和可靠的结果。
- **基于最可用信息**：风险管理过程的输入基于信息源，如历史数据、经验、利益相关方的反馈、观察、预测和专家判断。然而，决策者应考虑到数据或所使用模型的局限性，或者专家之间分歧的可能性。
- **定制化**：风险管理是与组织的外部和内部状况以及风险状况相匹配的。
- **考虑人文因素**：风险管理要认识到可以促进或阻碍组织目标实现的内部和外部人员的能力、观念和意图。
- **透明和包容**：利益相关方，尤其是组织各层级的决策者适当、及时地参与，确保了风险管理保持相关性和先进性。参与过程也允许利益相关方适当地发表意见，并将其观点考虑到风险准则的确定中。
- **动态、迭代和应对变化的**：风险管理持续察觉和响应变化。由于外部和内部事件的发生、状况和知识的改变、新的风险的出现，所以一些风险在变化，而另一些风险却消失了。
- **持续改进**：组织也要制定和实施战略，协调组织的其他方面，共同改进风险管理的成熟度。

（二）风险管理的框架

- **指令与承诺**：风险管理的引入和确保其持续有效需要组织强有力的和持续的承诺，以及为实现承诺在所有层面的严密策划。
- **框架设计**：在开始进行风险管理框架设计时，首先应理解组织内外部的状况，在制定风险管理方针时宜清楚阐明组织风险管理的目标和承诺，并确保分配了管理风险的职责和资源，建立内外部沟通和报告机制，将风险管理嵌入所有组织的实践和过程中。
- **实施风险管理**：制订适当的计划，将计划作为组织实践和过程的一部分。
- **框架的监测与评审**：为了确保风险管理框架的有效性，组织应根据其目标、实施计划、指标来定期衡量风险管理框架的绩效情况。
- **框架的持续改进**：基于监测和评价的结果，做出如何改进的决策。

（三）风险管理的流程

- **沟通与协商**：目的是协助利益相关方理解风险，确保风险被充分地识别，并且获取相关的反馈和信息来支持决策。
- **明确状况**：通过明确状况，帮助组织明确目标，界定管理风险要考虑的外部和内部参数，确定风险管理过程的范围和风险准则。
- **风险评估**：风险评估是风险识别、风险分析和风险评定的总过程。
- **风险应对**：选择和实施应对风险的方式，包括制订和选择风险处理方案、实施方案、评估应对的有效性和剩余风险，并反复优化的过程。
- **监控与评审**：组织的监测和评审过程应包含风险管理过程的所有方面，以确保控制措施的有效性，并获取进一步改进风险管理的信息。
- **过程记录**：风险管理的活动应确保可追溯，并保证记录的质量、保密性、期限要求和法律遵从。

时隔近10年之后，国际标准化组织于2018年2月发布了ISO31000的修订版，新版有一个明显的变化，就是将"价值的创造和保护"放到了原则的中心位置，并将"领导力与承诺"放到了框架的中心位置。可见，风险管理最重要的目的是更好地帮助企业创造和保护价值，而领导力与承诺是保证风险管理成功实施的核心要素。

思考题

1. 风险管理流程包括哪些关键环节？
2. 采购风险识别的"三个圈"分别代表什么，有哪些风险因子？识别你所在组织面临的采购风险。
3. 针对你所识别出来的采购风险，分别利用风险矩阵、FMEA 的方法来进行风险评估。
4. 设计一个风险登记簿来记录风险。

Chapter 5
第五章

人员保障
新形势下职业采购经理人的技能精进

 学习目标

1. 了解采购需要具备的核心能力
2. 熟悉采购需要掌握的法律知识
3. 了解采购需要恪守的道德规范
4. 了解风险环境下采购的新技能要求

近几年,"大采购"和"战略采购"的概念非常火,很多企业开始了由传统采购向战略采购的转型。但是,在转型的过程中,采购管理者普遍感觉到人员能力上的欠缺。不专业的采购给组织带来诸多风险:不懂合同法基本知识的采购,很有可能会给公司带来合同纠纷;不具备成本分析技能的采购,直接造成了成本的上升;对行业变化不敏感的采购,根本无法捕捉到潜在的供应风险。

在未来,风险管理关乎每个人,我们需要明白,所有的事情都是人做的,人是决定性因素。在复杂多变的国际新形势下,面对不断增加的贸易争端和地缘政治等风险,采购必须掌握所需的法律法规知识,恪守道德规范,并在专业技能上不断精进。

一、中国采购商学院"采购人能力素质模型"

中国采购商学院基于采购、供应链、心理学、管理咨询等领域16位专家的洞察和200多位采购与供应管理从业者的实践，自主研发了"采购职业经理人综合能力素质测评系统"（简称"TA测评系统"），其中包含不同层级、不同部门、不同维度的评估模型，可以帮助企业选对人，也能帮助个人做好职业生涯规划，从而驱动组织成功。该模型主要基于四大专业核心能力和六项通用技能。

四大核心能力，即有能力回答四大核心问题：
- 为什么选择这家供应商？
- 为什么是这个价格？
- 如何控制采购风险与合规？
- 如何进行一场双赢的谈判？

六项通用技能，即职业经理人应具备的工作胜任能力：
- 学习能力，包括学习规划、学习心态、学习方法、学习应用。
- 冲突管理能力，包括沟通能力、提出建设性方案的能力、合作能力。
- 变革管理能力，包括变革策略、愿景管理、激励、个性化关怀。
- 创新能力，包括创新思维、创新特点、创新方式、创新人格。
- 管理决策能力，包括理性决策、灵活性、创新性、决策方式。
- 心理资本，包括具有良好的适应性、韧性、专注度、乐观意识。

中国采购商学院TA测评系统可以用于员工能力的盘点、竞聘、选拔、领导力评估及领导梯队建设，图5-1是测评报告的示例。

二、采购必备的法律知识

作为高风险的采购岗位，对个人最好的保护方式就是合规。首先，合规要了解法律规定；其次，如果发现违规行为，应该及时上报。如果有拿捏不准的合规问题，也应该及时请教专业人士。注意，保留好沟通记录，关键时刻可以自证清白。再次强调一下，保存好记录，如本书前面所述，根据相关管理标准和政府规定，它有可能让你免于或减轻处罚。

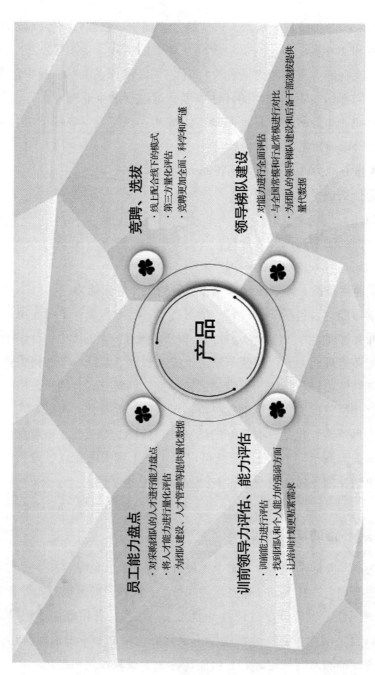

a）测评产品

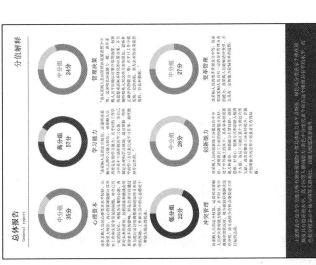

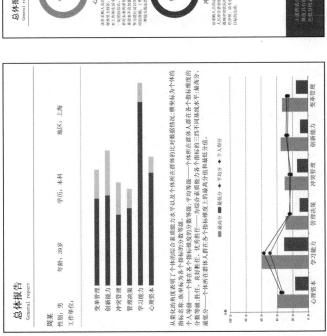

- 详细个人报告——自动即时
- 对关键员工和团队能力的全息评估——延迟
- 有效服务于人力资源部门对员工的管理

b) 总体报告

图 5-1 测评报告示例

资料来源：中国采购商学院。

（一）反腐败相关法律法规

1. 美国《反海外腐败法》

美国《反海外腐败法》（FCPA）规定：严禁美国公司贿赂外国政府公职人员以及非政府组织（NGO）成员，不能为了获取或保留业务而给予外国政府公职人员"任何有价值的事物"，以期对他们施加影响。

有的采购人员可能会有疑问，这部法律似乎是针对销售人员的，实际上，了解该法律能让你帮助公司堵住其他环节的合规漏洞。想想你跟第三方服务供应商签订的合同，供应商真的提供了服务吗？支付的款项是到了供应商那里，还是被转了手？

而且，这里面是有模式可循的，有些国家和地区是这种风险的高发地，有些行业（如医药行业）屡屡出现问题，而有些部门需要频繁地与政府部门打交道。

作为采购方，可以反向思考，如何从甲方的角度避免这种风险。例如，在合同中增加严格的反贿赂条款，要求供应商签订反贿赂的承诺，等等。

2. 英国《反贿赂法》

英国于2010年制定并通过了《反贿赂法》，该法案相对于美国的FCPA，又增加了新的合规要求，除了禁止向官员行贿，还禁止向私人或私营部门行贿，而且任何直接或通过关联人不当付款的，都会引发公司的法律责任。

该法案第七条规定：如果与公司有关联的人员，在为公司从事商业活动时，以获得或者维持业务机会或交易优势而去行贿他人的，即使公司对该行贿行为毫不知情，这家公司也要承担"商业组织未能预防贿赂"的法律责任。可见，英国反贿赂法案涵盖的场景更为广泛，要求也更为严格，由此也被号称为"世界上最为严厉的反腐败立法"。

3. 中国《反不正当竞争法》

在我国，关于反贿赂相关的立法是分散式的，目前并无统一的反贿赂法典。国内立法主要集中在行政法下的《中华人民共和国反不正当竞争法》（简称《反不正当竞争法》）《中华人民共和国关于禁止商业贿赂行为的暂行规定》和《中华人民共和国刑法》（简称《刑法》）的相关规定中。

《刑法》第一百六十四条规定，对非国家工作人员行贿罪：为谋取不正当利益，给予公司、企业或者其他单位的工作人员以财物，数额较大的，处三年以下有期徒刑或者拘役，并处罚金；数额巨大的，处三年以上十年以下有期徒刑，并处罚金。

《反不正当竞争法》第八条规定：经营者不得采用财物或者其他手段进行贿赂以销售或者购买商品。在账外暗中给予对方单位或者个人回扣的，以行贿论处；对方单位或者个人在账外暗中收受回扣的，以受贿论处。

（二）贸易相关

1.《出口管理条例》（EAR）

美国 EAR 针对敏感的军民两用产品和技术，提供出口控制法定权限。采购很有可能没有意识到，自己也会涉及出口业务，比如把美国物料的图纸发给国外的供应商，有可能是被美国出口管制法律所限制的。

采购在确保出口管制合规中的一个重要职责是弄清楚原材料的来源，如果属于美国出口管制范畴，就需要对一系列的信息进行收集，如原材料的出口管制分类编码（ECCN），并做好标识，以便确保经过采购、生产、加工过程，公司出口的包含该原材料的产品在出口时的合规性。

2.《联合国国际货物销售合同公约》（CISG）

CISG 是约束参加国的经济实体之间的货物销售的国际公约。CISG 不是法律主体，而是管理合同解释的一组规则，包含关于合同成立、卖方和买方在货物销售交易中的责任、卖方或买方违约的补救措施和传递损失风险。截至 2015 年 12 月 29 日，CISG 获得了 84 个国家的批准，这些国家占世界贸易量的 3/4。

3. 国际贸易术语解释通则（Incoterms）

由国际商会控制的国际运输条款可以确定：①哪一方支付运费；②哪一方负责关税；③哪一方承担货物损失风险。详细内容可以登录网站 www.iccwbo.org 来进一步了解。采购人员应熟悉每一种贸易术语的风险划分、责任以及费用的负担（见表 5-1）。

表 5-1 各类贸易术语对应的风险划分与责任界限

贸易术语	交货地点	风险划分界限	运输责任	保险责任	出口清关的责任	进口清关的责任	卸货费支付
EXW	产品产地或所在地	货交买方处置	买方	买方	买方	买方	买方
FCA	出口国内地或港口	货交承运人	卖方	买方	卖方	买方	买方
FOB	装运港口	货交装运港船上后	卖方	买方	卖方	买方	买方
FAS	装运港口	货交船边	卖方	买方	卖方	买方	买方
CFR	装运港口	货交装运港船上后	卖方	买方	卖方	买方	买方（默认，除非合同约定为卖方）
CIF	装运港口	货交装运港船上后	卖方	卖方（最低险别）	卖方	买方	买方（默认，除非合同约定为卖方）
CPT	出口国内地或港口	货交承运人	合同约定	买方	卖方	买方	买方（默认，除非合同约定为卖方）
CIP	出口国内地或港口	货交承运人	合同约定	卖方（最低险别）	卖方	买方	买方（默认，除非合同约定为卖方）
DAP	进口国国内	货交买方处置	卖方	卖方	卖方	买方	卖方
DAT	进口国国内	在指定目的港或目的地的运输终端上货交买方处置	卖方	卖方	卖方	买方	买方（默认，除非合同约定为卖方）
DDP	进口国内指定地点	进口国内货买方处置	卖方	卖方	卖方	卖方	买方（默认，除非合同约定为卖方）

(三) 反托拉斯和贸易法规

1.《谢尔曼反托拉斯法案》

凡以托拉斯形式订立契约、实行合并或阴谋限制贸易的行为，旨在垄断州际商业和贸易的任何一部分的垄断或试图垄断、联合或共谋犯罪，均属违法。违反该法的个人或组织，将受到民事的或刑事的制裁。

2.《克莱顿法案》

与《谢尔曼反托拉斯法案》相比，《克莱顿法案》主要起到一种预防垄断的作用，即凡是那些可以合理地预见可能会对竞争产生损害的行为，即使其实际未产生损害，也是违法的，包括搭售安排（卖方为了获得产品 A，要求买方购买产品 B），这些行为都是不合法的。

3.《罗宾逊－帕特曼法案》

要求参与州际商业交易的供应商以同样的价格向所有的顾客出售同样的商品。一些例外情况可以允许较低的价格：①购买量大且供应商可以通过低成本来降低价格；②处理过时的或廉价抛售的商品；③在一定的地域范围内遇到低价竞争者。

4.《联邦贸易委员会法案》

1914 年通过的《联邦贸易委员会法案》授权建立联邦贸易委员会，并禁止欺诈和不公平贸易活动，如虚假广告。

(四) 知识产权保护

知识产权可以有多种表现形式，如专利（发明、实用新型、外观设计）、商标（商品商标、服务商标、集体商标、证明商标）、版权和商业秘密。很多国家都制定了涉及知识产权的法律，我国陆续出台了《中华人民共和国商标法》(简称《商标法》)、《中华人民共和国专利法》(简称《专利法》)和《中华人民共和国著作权法》(简称《著作权法》)等法律法规文件。

采购在与供应商合作的过程中，要弄清楚谁是真正的知识产权所有人，并且在合同中明确知识产权的条款和保密条款。此外，还有合同法、招标投标法、环境法等，全球采购面临的法律法规范围非常之广，本节无法予以完整介绍。在既定的企业环境下，采购应熟练掌握与工作相关的法律法规知识，并时刻关注新法规的变化情况。

三、风险洞察新基因

（一）风险洞察力

在一个变化的社会，采购需要对变化保持敏感。想要敏锐地捕捉风险信号，采购要学会"四看"：第一看宏观，可以利用 PESTLE 或 STEEPLE 工具来帮助识别相应的风险；第二看供应商，采购要"关心和关注供应商"，供应商的风险就是你的风险；第三看自己，清楚地知道自身问题所在；第四看同行，别人的风险极有可能会发生在自己身上。

1. 看宏观

宏观风险包括社会、经济、政治、法律、环境、技术等方面的风险，采购要学会利用 PESTLE 或 STEEPLE 等基本工具来识别宏观环境中的风险与机会点。

有的企业还专门设有宏观环境分析师的岗位，通过对市场以及整个供应系统的洞察，判断大宗商品的走势，协助做出是否提前买入的决定，以规避不利价格走势带来的影响。还有的企业在中美贸易战开始后，判断出国际形势的不稳定性，2018 年就将 2019 年需要的东西采购好了。

一个优秀采购人的能力是全方位的，要具备很强的学习能力。需要关注时事热点，感触经济脉搏，对变化保持敏感。例如，我们通过观察挖掘机的销量上升，可以看到固定资产投资的上升，投资会刺激经济，投资也容易带来物价上涨；我们还可以通过一些公开的网站（如表5-2 所示的中华商务网的钢材价格指数）来获取大宗商品的价格和指数信息，以判断其价格走势；此外，多关注中国中央电视台（CCTV）的新闻，以帮助我们获取到最新的政策信号。

表 5-2 中华商务网的钢材价格指数

品　种	规　格（毫米）	上周		本周		本周比上周升跌	本周比上年底升跌
		价格（元）	指数	价格（元）	指数		
高线 HPB300	φ6.5	4 144	118.81	4 226	121.16	2.35	4.93

2019 年 6 月本周（6 月 24～28 日）
国内市场 8 个品种价格及指数（含税价）

(续)

2019年6月本周（6月24～28日）							
国内市场8个品种价格及指数（含税价）							
品　种	规　格（毫米）	上　周		本　周		本周比上周升跌	本周比上年底升跌
		价格（元）	指数	价格（元）	指数		
螺纹钢（三级）HRB400	φ16	3 910	111.47	4 002	114.09	2.62	3.63
角钢 Q235	5#	4 090	115.28	4 159	117.22	1.94	2.25
中厚板 Q235	20	3 949	110.64	3 978	111.45	0.81	3.55
热轧卷板 Q235	3	3 906	101.78	3 976	103.60	1.82	2.85
冷轧薄板 SPCC	1	4 264	90.57	4 290	91.12	0.55	−1.00
镀锌板 SGCC	0.5	5 076	98.21	5 083	98.36	0.15	3.31
无缝管 20#	219×10	4 783	95.57	4 773	95.37	−0.20	−3.47

【案例5-1】

采购员Tony在拜访不同供应商并沟通交流的过程中，发现政府正在密集调研企业的税收负担问题，同时发现其他同行、朋友不断提到国家可能继续降税减负的措施，于是他判断2019年增值税会在2018年降低1%的基础上再降低几个点。于是Tony利用这个判断对几乎已经完成谈判的一个千万元级的项目进行再度谈判，最终成功说服供应商又降了30万元。一周之后，国家就公布了增值税再降3%的政策，并在合同签订之前执行，这使得供应商代表也松了一口气。

2. 看供应商

作为职业采购经理人，要学会捕捉供应商的风险信号，对供应商的重大变化保持敏感，通过与供应商和同行沟通以及互联网等多种渠道获取信息。从某种程度上来说，采购人员充当着情报员的角色，需要收集各种信息，对市场的风吹草动保持敏感，将有用的信息转化为商业决策的输入。

- 供应商的并购重组，有可能带来原材料价格的上涨，或者影响到现有的交付。
- 关注公司名称、法人、股权、经营范围、重大人事的变更。有的公司为了逃避责任而进行更名，要弄清供应商更名的真实原因，核实是否经过了正规的手续，以及更名后原有的责任义务是否会受到影响。
- 供应商所在行业的形势发生了变化。由于新产品、新技术、新商业模式的挑战可能会改变供应商的市场竞争格局，这意味着供需双方的博弈能力会发生变化。
- 供应商的财务风险，例如供应商开始拖欠工资、研发资金开始大幅缩减、技术团队裁撤、过高的负债、不当的投资等，都值得保持警惕。
- 供应商出现了合规问题或者面临法律上的纠纷，可能会给公司带来信誉风险和经济损失，例如舍弗勒断供事件。
- 供应商出现突发事件，如天灾人祸，可能会带来供应的中断。

以下是某公司采购员小王讲述的自己亲身经历的两个风险供应商的案例。

【案例 5-2】

2018 年 10 月，正在上班的我突然接到公司门卫的电话，说是有辽宁过来的警察找我，要向我了解供应商的一些情况。一向遵纪守法的我第一次与警察这么亲密接触，我承认我是有点蒙了。

我硬着头皮做了接待，了解了一下情况，原来是中央巡视组到地方视察，发现我们在辽宁的一家硅砂供应商没有合法的砂矿开采手续，怀疑其是非法开采，于是移交当地公安系统展开调查。当时同时查处了一大批企业，我们这家供应商只是其中之一。比较糟糕的是，这家公司是我们的独家供货商。

【案例 5-3】

2019 年 6 月，物流部的同事突然找到我，说我们的一家砂芯供应商因为厂址搬迁无法满足交付，客户有停线风险，十分紧急。

我赶紧向供应商了解情况，原来在 5 月的时候，供应商已经向物流部发过一份厂址搬迁的通知，告知近期因为环保相关原因，厂址需要从常州的某区搬迁到另一个区，搬迁期间会尽量保证满足交付。

但是终归没有逃过墨菲定律的魔咒，厂址搬迁进度耽搁，我们的订单无法正常交付。其间物流部多次邮件和电话跟催，供应商始终没有给出明确的答复，一来二回就变成了紧急情况。

在这两家供应商出事之前,我几乎没有跟他们有过任何交流。后来详细了解才知道,这两家供应商在去年年初就已经出现了问题,一个被查,一个被勒令整改。

永远不要指望供应商会主动"告诉自己",他们一定想蒙混过关,拖一天是一天,不到最后包不住的时候是不会开口主动讲的。因此,与供应商保持定期的沟通就显得太重要了。试想,如果我们平时保持着良好的沟通,无论如何在长达一年的时间里也能发觉一些蛛丝马迹,不至于最后变成了火烧眉毛。

资料来源:微信公众号"采购从业者"。

3. 看自己

- 过去采购有过什么样的教训,现在改善了,还是有恶化的趋势?
- 内外部针对采购的审计,都提出了什么问题?哪些需要引起足够的重视?
- 看看采购的领导、员工对内外部做出了什么承诺。例如,对外宣称要绿色采购,那么真的做到了吗?没做到就会变成风险源。

4. 看同行

- 看看同行业的采购组织经常出现哪类风险,或者因为违反了哪些法律而受到处罚,曝出了什么丑闻。如果你恰好属于医药行业,那么葛兰素史克中国行贿的案件一定能给你带来警示,让你反思自己企业的服务类采购是否存在同样的漏洞。
- 看看同行的采购组织正在努力开展哪个领域的风险管理,也许对手比你更早一步觉察到了风险。更具前瞻性地识别出风险已经成为企业差异化的竞争优势。

(二)数字化的技能

未来数字化的普及和人工智能时代的到来,会不会让采购人员丢饭碗?非常肯定的一个趋势是,数字科技正在并必将取代很多供应链管理者的工作,而且做得比人更好。在风险管理领域,如果只是靠人,根本无法对企业海量业务中的风险进行全面而及时的识别和管控。

不过，如果规则是你定的，模型是你建的，那你可以完全不用担心被淘汰。目前市场上对于能够分析数据、构建模型、使用数字化工具和算法的供应链人才，有着巨大且迫切的需求。数字化采购人才应至少具备以下几个特征。

1. 数据分析

风险的本质是不确定性，对于不确定性，很多采购管理者靠经验做决策和判断。但是，随着公司规模越来越大，业务场景也越来越复杂，这时应该向数据驱动型决策转变，我们可以通过数据分析将"不确定"变成"相对的确定"。

你能从庞大的开支分析中洞察到风险或新的机会点吗？你能从历史的需求中预测未来吗？如何通过有效的数据分析来减少短缺和过剩的风险？你能发现供应商生产过程中的异常吗？如何通过大数据分析采购业务中的风险点？这些都需要采购在数据分析上多下工夫。目前，能掌握好这项技术能力的采购员并不多见。

不过，数据分析也有其局限性，顶尖的分析师并不只是与数据打交道，而是能将数据与直觉挂钩，将理性与感性完美结合起来。

2. 流程管理

在数字化采购环境下，要求所有的流程必须打通，这就需要通过简化、去重、合并、重排等手段整合端到端的采购流程，提升流程的效率。采购需要从"流程的奴隶"转变为"流程的主人"，思考未来流程该如何设计才能有效支撑采购的战略和目标，以及业务流程如何变革才能适应数字化的世界。

3. 建模能力

更高一级的要求是采购要会使用数理统计的方法建模，要将业务的最佳实践转化为可重复使用的模型，如采购成本模型、供应商风险评估模型等。

思考题

1. 专业的采购需要具备哪些能力要素？
2. 尝试构建自己的采购知识体系，并进行差距分析。

第六章

技术保障

引擎驱动,"预知"风险

学习目标

1. 理解数字化对风险管理带来的价值
2. 了解数字化风险管理的典型应用场景和最佳实践

管理大师彼得·德鲁克在《21世纪的管理挑战》一书中指出,20世纪管理学的贡献是如何将体力劳动者的生产力提升50倍,21世纪管理学的挑战是如何将知识员工的生产力提升50倍。未来的管理技术、管理方法都必须做出改变,对于"流程再造""组织重塑"这些前几年流行的词汇,或许我们会重现捡回来,赋予它新的含义。

传统的风险识别手段主要是靠人,然而风险无处不在,增加再多人手也无法保障能及时而全面地识别出风险,靠人盯人来控制风险实则是不可控的。想要更为前瞻性地管理风险,并且避免过多的流程控制、组织控制带来的低效问题,必须从技术上进行革新。

如果说风险与合规管理理论是燃料,那么技术就是引擎。尤其是在应急响应和危机处理方面,利用技术手段来缩短处理时间,能极大地减少损失。如果在风险事件的波及影响方面浪费很多的时间,则可能造成更严重的财务影响。

企业可以借鉴《采购 2025》㊀一书描绘的"数字化转型 4.0 路径图",来实现风险管理的"四可":可记录、可控制、可视化、可决策。

一、风险可记录:记录下来,呈现出来,实现全程可追溯

数字化采购风险管理的第一步是将每个采购过程、采购数据记录下来,以便将来实现可统计、可追溯,一切皆数字,一切皆可控。采购需要对每一种原材料进行标识,对每一个合同进行电子化记录。如果一切交易和行为都被记录,也许就不会出现假疫苗、电信诈骗之类的案件了。完善的记录体系有可能让组织人员免受牢狱之灾。

【案例 6-1】 统一的政府采购电子化平台

深圳早在 2008 年就率先建立了市区统一的政府采购电子化平台,供应商可以通过该平台实时获取政府采购的各环节信息、在线参与项目投标。该平台是一个综合性的操作管理平台,具备政策法规发布、采购信息发布、在线获取招标文件、在线提问、在线投标、在线开评标、发布采购结果、开具电子发票、订立采购合同等功能。深圳借助该平台推行政府采购信息无死角公示制度,除了在该平台上公开采购项目公告、采购文件、项目预算金额、采购结果、采购合同、业务统计数据、行政审批事项、质疑投诉处理和行政处罚结果等信息,还通过该平台对投标供应商投标文件中的营业执照、资质证书、项目业绩、纳税证明、社保证明、无行贿犯罪证明、设备发票、职称、各种证件(身份证除外)等内容进行公示。项目开标后半小时,参与投标供应商即可上网查看其他投标供应商的投标文件(信息公开部分),发挥互相监督的作用。评标结束后,公开评审专家的打分明细和姓名,促使专家认真履行评审职责。

资料来源:政府采购信息网。

深圳市通过统一的政府采购电子平台,将采购各环节的信息记录下来,促进了采购过程的规范性,并提升了透明度。不过,仅仅只有记录还不够,一些企业的数字化转型难以成功,很大原因是数据基础不好。你所在的企

㊀ 宫迅伟等著,该书已由机械工业出版社出版。

业，是否面临这样的问题：

- 同一种物料，在同一个系统里有多个不同的名称。
- 不同事业部的开支数据分散在不同的系统，无法共享。
- 采购基本数据维护不准确，单位、数量、价格等关键数据的手工输入错误引发各种问题。
- 采购需求沟通，没有系统记录，出现问题后难以追溯。

这些都是基础数据工作没有做好。如果没有好的数据根基，更进一步的数据分析与应用便无从谈起，也无法实现很好的透明度。

不积跬步，无以至千里；不积小流，无以成江海。数字化采购风险管理，需从数据管理做起。我们应将数据作为一种资产，规划好数据的架构，做好数据治理。

二、风险可控制：有效控制，过滤风险，让违规无法发生

很多采购管理者经常抱怨，明明有流程，可总是有员工偏偏不按流程走。其中一个重要的问题就是没有实现系统控制。流程文件长篇大论，并且朝令夕改，很多人根本不看流程，而系统是绕不过去的。因此，多在系统上下工夫会比较实际。

系统化阶段追求的目标是，将风险控制与合规管理要求嵌入系统，系统控制风险，让不合规的行为无法往下流转。

例如，采购合同审批流程规定需要三个不同级别的领导审批，那么系统就按流程要求设置三个审批阶段，审批未走完，合同便无法生效；有的品类必须通过招标才能确定供应商，那么在下订单的时候系统需要检验是否有相关联的招标单；能给供应商下多少订单，系统会与采购结论进行匹配，超过约定的数量系统无法通过。

有了系统的控制，管理者也不用花过多精力在盯人、防人上，有系统帮你控制，会变得更加可靠。同时，系统对管理者进行同等约束。

【案例 6-2】

某企业副总裁反馈现有核心供应商与采购相互勾结，采购暗地操作报价，物料价格逐年增长，配额由几家供应商轮流分配。采购常常以市场趋

势作为价格增长的理由,并且以品质不过关限制新供应商的报价。有几家新供应商通过举报途径反馈未受到公正待遇,供应商多次提交合格样品,采购却总反馈品质不过关,后期干脆就拖着不去检验样品品质,或者在验厂环节恶意刁难。

该企业上线供应链关系管理(SRM)系统后,要求采购与供应商的业务操作都通过 SRM 系统完成,用数字化手段防止采购滥用职权干预业务流程。

1. 采供双方通过线上平台完成供应商准入

该企业的 SRM 系统如图 6-1 所示。

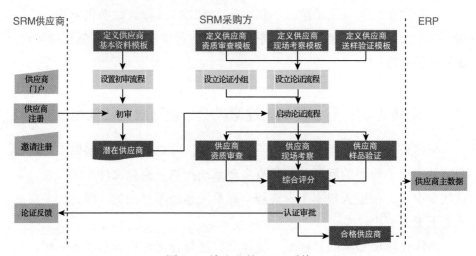

图 6-1 该企业的 SRM 系统

(1)将供应商相关材料通过系统提交资质审批,第一时间获取相关企业信息和风险。如果供应商资质证书到期,系统会提前预警供应商进行信息更新。一旦到期,系统会临时冻结供应商及停止让供应商开具 ASN 单据,减少企业采购风险。

(2)针对物料种类及供应商种类,建立供应商准入模版,固化准入管理流程,避免采购人为干预业务流程。采购可以申请新的流程,但必须提交申请缘由以供高层审批。

(3)准入流程固化后,采供双方的每一步操作都会记录在案。系统提供预警功能及升级机制,任何需要采购操作的步骤,系统都会预警到对应的人,如果采购故意拖延不处理,系统会在一段时间后预警上一级领导或高管。供应商样品不过关、验厂不合格,需提交具体的不合格原因,必要时可通过系统协同分给新供应商，供应商如果对此结果有异议，有相关通道进行申诉。定期通过报表查看采购系统操作明细，及时发现问题。

2. 采供双方通过线上平台完成询报价、招投标、竞价等价格谈判

该企业的在线询报价、招投标、竞价的采供双方线上交互平台如图 6-2 所示。

图 6-2 采供双方线上交互平台

（1）询报价。系统记录采供双方询报价过程，可要求供应商按照成本组成进行报价。在报价过程中系统会自动呈现多家供应商的同一物料报价、同一物料历史报价，如果物料在权威网站有价格信息，系统会抓取价格，形成各类报价曲线图。系统呈现实时数据，以供价格审批者做出决策，避免价格结果由采购线下整理。

（2）招投标。系统控制招投标过程中的操作时间，保证公平透明。随机抽取专家进行评标，专家数为不少于 5 个的奇数。减少人为勾结现象，最大限度地保证招投标结果的真实性。

三、风险可视化：路径透明，让管理者"看见"，让行动"及时"

数字化所追求的目标，不仅是记录与控制，还要让管理者"看见"，以便实时监控，发现异常，并及时采取措施，寻求改善。

2011年的日本地震、泰国洪水以及2013年的欧洲"马肉丑闻"等事件表明，很多公司对自己的供应网络知之甚少，供应的中断有可能来自第二级、第三级或是更加上游的供应商，供应链透明度的提升是一片蓝海。一些领先的企业如思科、IBM等利用数字化工具绘制供应风险地图，提升能见度，从而更加主动地管理风险。

风险可视化可应用在多种场景中：① 风险控制塔：风险的级别可视，以便不同层级的风险触发不同级别的响应；② 风险地图：风险的分布可视、地理位置可视、做到"心中有谱"；③ 识别风险物料与风险供应商：风险的影响路径可视、关联关系可视，缩短定位时间。

（一）场景一：风险控制塔

通过与品类管理、寻源管理、关系管理、库存管理等不同的平台系统进行打通，识别出不同级别的风险信号，即"观察级""紧急级"和"危险级"。如图6-3所示，不同级别的风险事件会触发不同的流程和响应机制，例如，对于危机类的风险事件，需要升级到作战室（War Room）管理，由高级别的领导者亲自挂帅，以便及时化解危机。

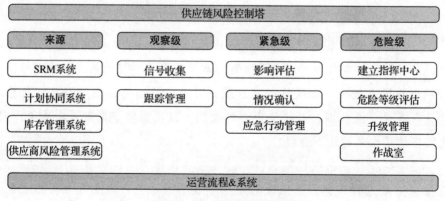

图6-3　供应链风险控制塔

（二）场景二：风险分布图

风险经过识别、分析与评估后，为了能够更加直观地了解风险的概况，可以利用数字化工具生成风险分布图。从风险分布图中，我们可以清晰地看到高风险、中风险、低风险的分布情况（见图6-4）。点击相应的图标，便可以进入到该风险的详细信息界面。

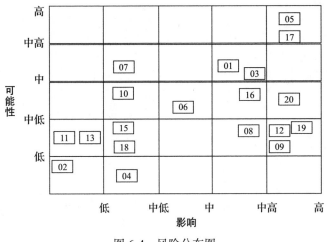

图 6-4 风险分布图

（三）场景三：识别风险物料与风险供应商

Resilinc 是一家提供供应链弹性和风险管理解决方案的提供商。一些行业龙头公司（如 General Motors、EMC 和 Amgen and Western Digital 等）依靠 Resilinc 的分析技术来分析和预测供应链上可能导致严重后果的关键失败点。

Resilinc 的 EeventWatch 工具可以 7×24 小时对社交媒体和新闻进行实时监测，包括与企业的供应链相关的地震、飓风、洪灾、破产、网络攻击、供应短缺、工厂倒闭等，这些新闻事件会实时推送到手机终端。

例如，地震或飓风发生后，如图6-5所示 Resilinc 的风险识别工具可以根据突发事件对物料的影响给出提示，对受影响的供应商进行快速识别，并且评估风险得分，估算财务损失有多少，受影响的物料有几种。

戴尔公司之前需要花费数周时间分析自然灾害事件带来的影响，使用数字化风险管理工具后只需要几分钟。这样，公司就有可能及早发现问题并预料到它的严重性，从而比竞争对手更早地确保供应，安排运输，并将影响降到最低。而没有可视化分析工具的企业，可能还在手工统计上耗费时间。

88　第二部分　地：四个保障，风险控制与合规管理落地

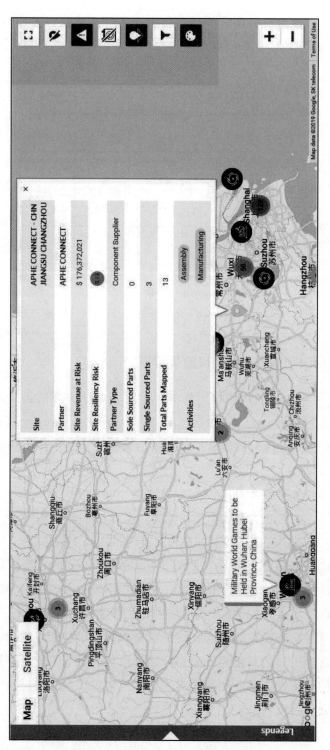

图 6-5　Resilinc 公司的可视化供应商风险识别工具

在确认受影响的供应商之后，可以让采购方和供应商一起进入到虚拟的作战室来开展事件的应急响应，实时沟通与互动。

此外，Resilinc 公司通过对供应链网络实现可视化，来揭示链条中最脆弱的环节（见图 6-6）。无论你的供应商是一级的还是二级的，甚至二级以上的，无论是原材料的供应短缺还是工厂的火灾，在供应链视图上都能一目了然。

四、风险可决策：风险洞察，挖掘规律，智能预警

根据《新京报》2019 年 6 月 18 日的新闻报道，四川宜宾市长宁县发生 6.0 级地震，震源深度 16 千米，而成都高新减灾研究所与应急管理部门联合建设的大陆地震预警网为宜宾市提前 10 秒发出地震预警，成都市更是提前 61 秒。根据研究表明，预警时间提前 3 秒可使人员伤亡比减少 14%，提前 10 秒可以减少 39%，提前 20 秒可以减少 63%。

由此可见，对于天灾人祸的风险事件来说，时间就是生命。通过地震预警系统，可以在风险来临之前，向广大人民群众发出预警，提前的时间越长，拯救的生命也就越多。那么针对采购与供应链风险，如果使用类似的方法，向企业的管理者提前发出警示，那么企业也就能更好地未雨绸缪，防患于未然。

数字化采购将应用数据捕捉和采集技术，基于大数据进行前瞻性的预测分析，实时洞察潜在的供应风险，帮助企业建立先发制人的风险管理模式。目前一些比较前沿的应用场景列举如下：

- **预测供应商风险**。应用认知计算和人工智能，基于供应商资质、历史绩效和发展规划等因素构建敏感性分析模型，从而更加准确地预测供应商对企业成本与风险的影响，帮助筛选优质的合作对象，并结合第三方数据源集成整个供应商价值链。应用大数据分析和高级可视化仪表盘，可预测供应短缺，实时监测、识别与升级供应商风险。
- **成本风险洞察**。打造认知支出解决方案，借助强大的计算能力实时分类与管理 AP 系统的支出数据，同时结合预测分析技术，快速预测支出的类别和结构，从而为企业定位关键支出，提供成本节省和风险降低的可行性洞察。
- **合同合规**。基于最佳实践构建全球合同条款库，在签订合同环节自动识别合规且适用的条款，帮助企业提高合同签订效率，并确保合规性。

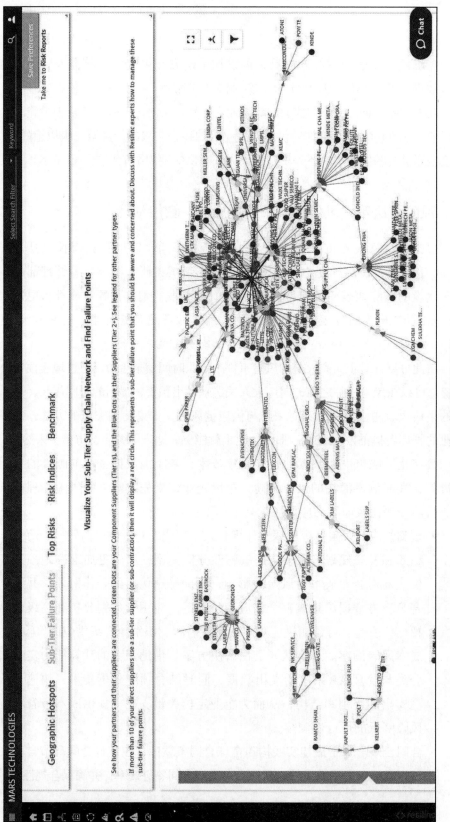

图 6-6 供应商网络风险识别

- **采购异常行为追踪**。自动追踪各环节采购行为和监控异常情况,并通过高级可视化工具提供监控与分析结果,帮助决策制定者实时洞察采购风险与合规性。
- **自动化审计**。应用机器人流程自动化技术,自动化审计和跟踪部分管理活动,例如留存采购单据、自动组织审计文档等,从而简化基本流程,提升审计效率和准确性,预计可以将审计时间削减 50%。⊖
- **自动监测**。应用众包、对等网络、社交媒体监测技术,捕捉并处理多样化数据及公众情绪,监控影响供应商风险的趋势与事件,帮助实现广泛细致的风险洞察,降低整体供应链风险。

【案例 6-3】IBM 利用预测智能应对风险

日本地震、海啸、核反应堆损毁导致重大的供应链中断,来自亚洲合同制造商的关键部件由于日本地震和海啸的损坏而暂停。在这一事件发生之前,IBM 一直在监控关键部件,以确保供应的连续性。IBM 整合供应链实施了关键部件平衡分析模式,这是一个多层次平台,提供了对分层供应的深入洞察,并且可预测潜在的不平衡状况。通过该平台,预测和高级分析技术用于预测多层上游供应合作伙伴的供应短缺和/或过剩。通过采用先进的洞察力了解即将发生的供应中断,IBM 能够通过战略性分析重大事件对供应链的影响,从而快速确认可选来源。

【案例 6-4】甄云的数字化采购风险管理平台

甄云的数字化采购风险管理平台通过全生命周期的风险监测与预警,对采购过程的风险与合规进行管理(见图 6-7)。主要应用在以下几个方面:供应商引入环节,供应商风险扫描能够在供应商初始注册引入时核查匹配供应商信息的真实性、供应商是否有违约失信情况,深入挖掘供应商信息;价格谈判环节,通过线上的询报价和招投标模块,对标供应商的股权关系、反串标、围标行为进行识别与提示;履约环节,在系统中可对重点关注供应商进行监测预警,获取供应商的财务分析、失信记录,同时可基于采购企业对供应商的风险预警模型进行实时监测,给出供应商的预警提醒以及升降级建议。

图 6-8 是供应商风险分析与洞察的示例,系统能实现自动化地分析,并以可视化的方式呈现出来。

⊖ 数据来源:SAP Ariba。

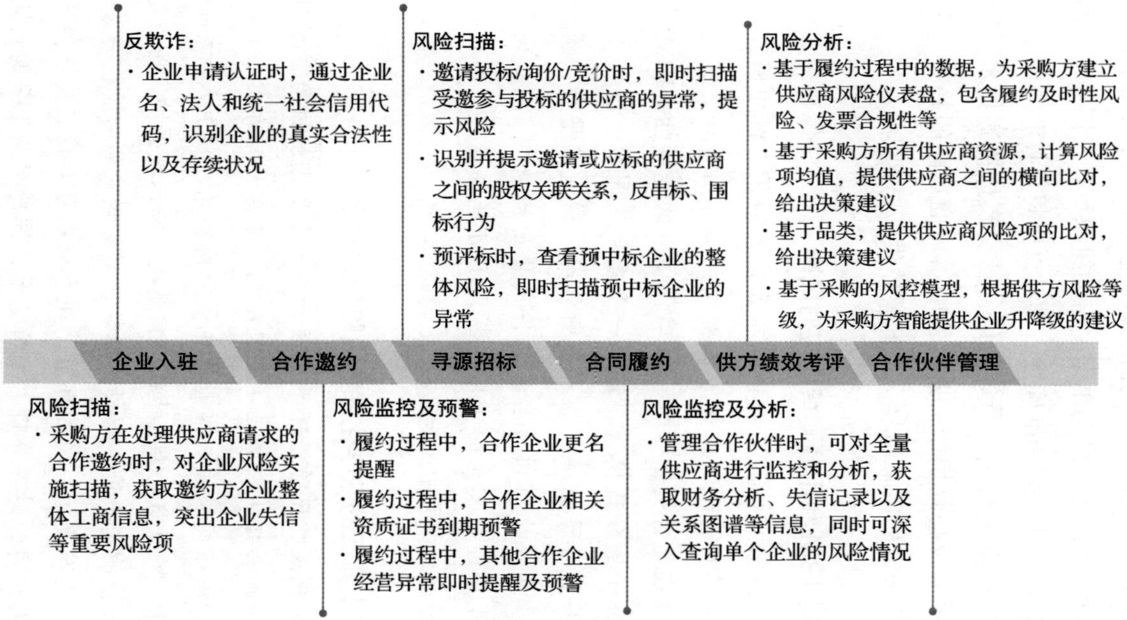

第二部分 地：四个保障，风险控制与合规管理落地

企业入驻

反欺诈：
- 企业申请认证时，通过企业名、法人和统一社会信用代码，识别企业的真实合法性以及存续状况

合作邀约

风险扫描：
- 采购方在处理供应商请求的合作邀约时，对企业风险实施扫描，获取邀约方企业整体工商证书到期信息、失信经营异常等即时提醒及风险项等重要风险项

寻源招标

风险监控及预警：
- 履约过程中，合作企业更名提醒
- 履约过程中，合作企业相关资质证书到期预警
- 履约过程中，其他合作企业经营异常即时提醒及预警

风险扫描：
- 邀请投标询价／竞价时，即时扫描受邀参与投标的供应商的异常，提示风险
- 识别并提示邀请或应标的供应商之间的股权关系，反串标、围标行为
- 预评标时，查看中标中标预中标企业的整体风险，即时扫描预中标企业的整体风险，即时扫描预中标企业的整体风险异常

合同履约

风险监控及分析：
- 管理合作伙伴时，可对全量供应商进行监控分析，获取财务分析、失信记录以及关系图谱等信息，同时可深入查询单个企业的风险情况

风险分析：
- 基于履约过程中的数据，为采购方建立供应商风险仪表盘，包含履约合规性风险、发票合规性等
- 基于采购方所有供应商资源，计算风险项均值，提供供应商之间的横向比对，给出决策建议
- 基于品类，提供供应商风险项的比对，给出决策建议
- 基于采购方智能提供风控等级，为采购方智能提供企业升降级的建议

合作伙伴管理

供方绩效考评：

图 6-7　供应商全过程风控场景

第六章 技术保障：引擎驱动，"预知"风险 93

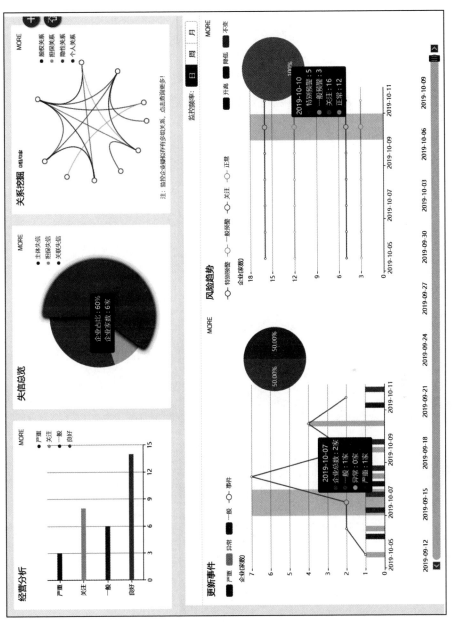

图 6-8 自动化风险分析与洞察

通过数字化技术，实时的供应商风险监测可以协助企业采购人员在任意节点实时获取供应相关的风险预警与提醒（见图6-9），从而摆脱事后核查、人为干预的情况，实现对采购风险事前、事中的管理。

思考题

1. 数字化风险管理能实现哪"四可"？
2. 数字化风险管理的典型应用场景有哪些？

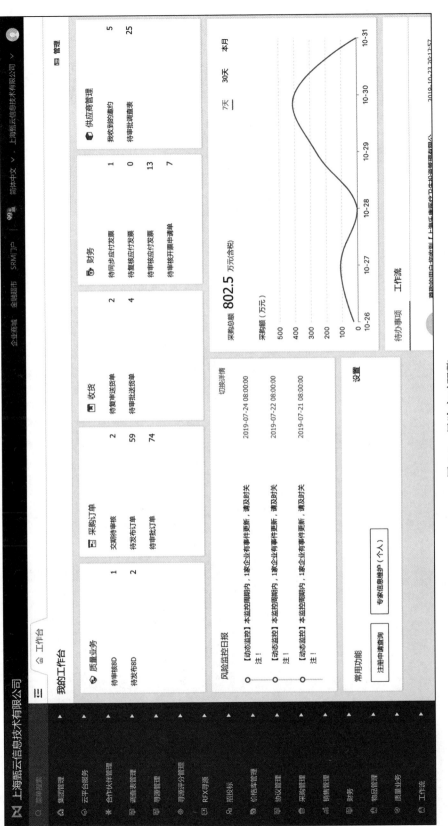

图 6-9 风险实时预警

第三部分

合

七条主线，风险控制与合规知行合一

风险管理不是一项独立于企业其他管理和业务活动的工作，而是所有活动的组成部分。为了让风险控制与合规为采购组织带来可持续的价值创造机会，需要将其要求与最佳实践融合在可重复的采购业务与流程中，做到知行合一，否则这只是一次随机事件而已。

Chapter 7
第七章

采购战略风险管理

 学习目标

1. 理解在战略制定时风险评估的重要性
2. 了解在进行各种采购战略决策时需要评估的风险因子
3. 了解几种风险减轻的战略：应急计划、业务连续性计划与危机公关

我最不想看到的是一个人全速朝着错误的方向前进。

——管理大师彼得·德鲁克

战略，是指在勾画未来愿景、制定长期目标的基础上，谋划实施路径。一个企业的战略体系通常包括以下四个方面：

- 我们要去哪里？（愿景）
- 我们是谁？我们因什么而存在？（使命）
- 如何实现？（战略）
- 我们要实现什么样的目标？（目标）

随着采购职能从"辅助支持"转变为"战略决策"，采购战略成为很多管理者首先需要考虑的问题。很多管理者在制定战略目标时简单粗暴，例如，采购成本每年降低10%，库存减少5000万元。这些目标大多没有经过充分的调研和分析，空有口号，并不能解决实际问题，甚至与公司战略目

标相偏离。其实,战略的本质并不是设定目标。

一个好的采购战略,要建立在充分的环境分析和风险评估的基础上,并且能有效支撑企业的愿景和战略。举例说明:如果企业的战略是"成本领先",那么采购的战略重点就应该聚焦在降低或控制成本上;如果企业的战略是"持续的产品创新,极致的客户体验",那么采购需要找到控制成本之外的方法来支撑企业差异化的产品战略;如果"可持续"是企业战略的一个核心要素,那么采购也应该将可持续的战略目标融入采购活动的方方面面。

战略有关选择,"自制还是外包"可能是采购要面对的第一个战略难题。此外,采购还面临其他各种各样的选择,"单源还是多源""全球还是本土""战略关系还是战斗关系""是否联合采购"等。选择的秘诀就在于,能最大化地发挥组织的优势,并且让劣势变得不那么重要。

一、自制还是外包

我们在前面的章节中已经反复提到过这样的观点,现代企业之间的竞争再也不能靠单打独斗来取胜,必须将供应商视为自己资源的一部分。一个好的外包战略能帮企业连接优质的专业化资源,提高运营效率,并分散企业的风险。自制与外包,是采购需要面对的首要战略问题。

【案例 7-1】

在 1980 年之前,全球半导体业首先采用垂直一体化的模式,再进入集成器件制造商,这种商业模式 IDM 模式。它要求芯片制造商从 IC 产品设计开始,自己开发工艺制程技术,然后生产制造,一直到 IC 产品的封装,测试完成。虽然 IDM 模式有着独特的优势,但其产业链极其复杂,而且 IC 产品的生产周期太长,这往往会使 IC 企业丢失市场机会,后来逐渐形成了 Fabless 模式。

Fabless 是 fabrication(制造)和 less(没有)的组合,采用这种模式的企业主要负责芯片设计而没有制造业务,它将芯片的生产交由第三方的芯片代工厂制造完成。

PC芯片制造商威盛科技（VIA Technologies）市场主管理查德·布朗表示："对于威盛科技而言，我们始终认为保持'芯片设计商'的身份比较适合，这样可以为我们节省大量的生产时间，从而进一步提高自身的设计能力。"

目前外包模式已成为全球芯片业的主导模式，通过外包，IC企业可以专注于自己擅长的设计领域，并实现轻资产的运营。

（一）管理者该如何决定是否外包以及外包什么

管理者在制定外包决策时，要抓住两个核心和一个基本点。

1. 核心一：核心能力不能外包

企业要清楚地知道自己是谁，企业的核心能力是什么，企业赖以生存的本领是什么。不同企业的核心能力不一样，例如，苹果公司是设计能力，吉利公司是整合能力，富士康是生产制造能力，大型卖场是品牌建设能力等。

管理者应识别组织中哪些是核心运营活动，哪些是非核心运营活动。针对非核心运营活动，评估是否由外部专业组织来做会更加合适。

2. 核心二：供应商管理能力不能外包

供应商是企业的重要资源，对供应商的管理能力也是企业的核心能力。如果交由第三方，则不能及时地感知到供应商的问题，过程不透明，并且沟通效率也会变得低下。

因此，外包并不是做甩手掌柜。例如，苹果公司会派工程师常驻供应商的场地，会向自己的总装厂提供昂贵的精密机器设备来提高总装厂的能力。在危机面前，那些与供应商形成良好互动并结成紧密合作关系的企业，往往会比对手更占优势。

3. 一个基本点：成本效益原则

在具体的决策中，需要运用到成本效益的原则，评估外包是否能明显给公司带来最大利益。如果外包的成本大于所取得的收益，一般不值得进行外包投资，可以参考表7-1对相关成本因素进行分析。

采购在此类决策中发挥着重要作用，通过提供翔实的外包成本数据分析以及风险评估意见，能有效支撑高层管理者的重大外包决策。

表 7-1　自制与外包的成本因素对照表

自制与外包的成本因素对照表	
1. 自制	2. 外包
运营费用： • 直接人工费 • 直接物料费 • 入站运费	采购成本
	运输费
	场地费
	联系供应商管理费
设施占用与折旧成本	库存成本
制造费用	运营资本成本
管理成本	
库存成本	
运营资本成本	

（二）外包风险怎么管

一旦外包战略被确定，采购则需要承担重要的风险管理职责。企业要充分识别外包带来的风险，并制订风险管理计划，持续监控。

- 明确外包商选择标准，保证客观选择。
- 明确知识产权保护条款。
- 制定严谨的质量标准、生产规程、工艺要求等，并要求供应商企业严格执行。
- 在投标文件和合同中明确最低服务标准。
- 外部承包商从事外包工作的安全风险管理。
- 外包合同被正确履行。
- 在外包协议中引入有关风险收益的相关规定。
- 在外包协议中明确灾后重建条款、业务连续性计划、退出计划。

【案例 7-2】代工厂将尾货卖给其他客户

某知名服装品牌公司，在中国香港的摊位上发现了一款带有自己品牌 LOGO 的 T 恤，而这款 T 恤正是前不久在美国刚上市的新款。经查实，其代工厂将多余的 T 恤卖给了一家服装店店主。该服装品牌公司的高层马上调集资源，开启了一项品牌保护行动，这项行动主要包含几项举措：①过程监督与审计：从衣服的打版到出库都有严密的监管，对物品的去向进行追踪，并且现场随时进行抽查，对过程数据进行保留；②强化知识产权保护意识：加强对代工厂的培训，强调公司品牌保护的重要性；③销毁：将多余的衣服进行销毁；④清查审核：每季度开展品牌保护的清查审核。该项目很好地控制住了品牌泄露风险，管理层决定将这几项举措变成日常的管理动作。

二、单源还是多源

供应来源主要有三种策略：第一种是唯一来源（sole sourcing），即市场上只有一家供应商，我们想选但没得选；第二种是单一来源（single sourcing），即市场上有多家供应商可以供货，但我们只选一家；第三种是多个来源（multiple sourcing），即选多个供应商供货。

（一）单一来源还是多个来源如何选择

唯一来源是无奈之举，不是我们主动选择的。那么在单一来源和多个来源之间怎么取舍呢？单一来源采购通常被认为是缺乏竞争力的采购模式，同时可能会让供应链变得脆弱。在可能的情况下，企业应尽量选择多源策略。如表7-2所示，企业在决定是单源还是多源时，需要考虑多种因素。

表 7-2　选择单一来源与多个来源策略时需考虑的因素

选择单一来源	选择多个来源
• 基于过去成功经验与某个供应商签订长期合同 • 供应商质量和服务等非常出色，无须考虑其他 • 订单太小 • 集中采购可获得折扣或优惠 • 供应商会更积极主动 • 涉及模具等，备货过程长或者备货昂贵 • 容易安排交付 • 使用准时制生产、无库存采购、系统合同或电子数据交换（EDI）时 • 战略合作	• 传统习惯 • 造成竞争态势 • 开发备份，避免意外，确保供应 • 采购方具备协调管理多供应源的能力 • 避免过分依赖供应商 • 充分利用供应商尚未使用的生产能力，以获得更大柔性 • 战略原因，如政治、军事等原因，需要多源保证供应 • 政策要求使用多个供应源、合规性要求 • 没有足够能力满足采购方现有或未来的需求 • 潜在的供应商在进行订货测试，需保证现供应源供货

1. 是否会造成过度依赖

如果核心的原材料是单一来源，那么很有可能形成对单一供应商的强依赖关系。虽然紧密的关系带来了稳定的合作，但是万一遭遇"灰犀牛"式的风险，那么供应链的脆弱性将显露无遗。对抗此类风险的一个有效方法就是保留必要的"冗余"和"备份"。

2. 是否属于充分竞争的市场

如果属于充分竞争的市场，那么通常需要通过多源策略来保证价格的合理性。除非遇到紧急情况，否则不得不用备件需求等。没有合理理由的指定单一来源来进行采购往往会遭到质疑：这么多供应商满足条件，为什么偏偏是这家供应商？

当竞争充分时，是不是供应商越多越好呢？其实并不是。供应商过于分散会削弱采购的规模优势，企业在供应商那里的采购量小了，不再把供应商当成重点了，那么自然也无法成为供应商眼中"大客户"，另外也会造成供应商管理成本的上升。很多时候，AB角色能将成本控制到合理的水平。

3. 是否合规

对于政府采购来说，法律对单一来源采购有严格规定。根据《中华人民共和国政府采购法》第三十一条规定，符合单一来源采购的有三种情形：一是只能从唯一供应商处采购的；二是发生了不可预见的紧急情况不能从其他供应商处采购的；三是必须保证原有采购项目一致性或者服务配套的要求，需要继续从原供应商处添购，而且添购资金总额不超过原合同采购金额百分之十的。

【知识链接 7-1】

针对只能从唯一供应商处采购的情形，《中华人民共和国政府采购法实施条例》第二十七条做了进一步解释：是指因货物或服务使用不可替代的专利、专有技术，或者公共服务项目具有特殊要求，导致只能从某一特定供应商处采购。《中华人民共和国〈政府采购法实施条例〉释义》对该条阐释说明，使用专利或专有技术的项目采用单一来源方式采购的，需同时满足三个方面的条件：一是项目功能的客观定位决定必须使用指定的专利、专有技术或服务，而非采购人的主观要求。仅因项目技术复杂或者技术难度大,不能作为单一来源采购的理由。二是项目使用的专利、专有技术或服务具有不可替代性。三是因为产品或生产工艺的专利、专有技术或服务具有独占性,导致只能由某一特定供应商提供。

(二)单一来源的风险怎么管理

虽然企业需要尽量避免单一来源采购,但有时候不得不选择单源策略怎么办?针对企业的关键物料,为了预防单一来源采购带来的风险,可以提前做好以下防范措施。

1. 增加谈判筹码

很多采购认为单一来源很难降价,实际上,采购如果提前做好功课,找到供应商心中"所求",并增加谈判筹码,也能带来成本节约的机会。例如,宝钢多家钢铁厂通过联合采购来应对强势的矿石厂家。

2. 长期合作

企业应建立战略伙伴关系,签订战略合作协议,提供优惠的合作条件来激励供应商,并让供应商看到你的未来,而不仅仅是眼前。

3. 确保供应连续

单一来源最怕的就是供应不可靠,企业可以通过签订保障供应连续的条款来对供应商形成一定约束力。这种供应连续的条款一般需要包括:产能的保证要求、交期的保证要求、供应连续性管理措施的要求等。

【案例 7-3】预算 10 亿元的"豪单",单一来源!

2019 年 5 月 27 日,一个轰动业界的豪单出现了,总预算高达 10.45 亿元,而且这个项目竟是单一来源采购(见图 7-1)。

我们来看看这个项目的采购内容,真的是品类繁多,特别有代表性。

1. 基础设施服务

该服务包括省级政务云平台统一提供的 IaaS(基础设施即服务)、PaaS(平台即服务)、SaaS(应用即服务)、灾备、安全和云平台综合管理等服务,其他集中提供的基础设施服务。

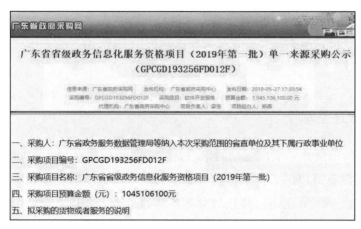

图 7-1　巨额单一来源采购

2. 软件开发服务

本次软件开发服务资格采购适用于纳入广东省"数字政府"改革建设范围的采购人的政务信息化软件开发类项目，涵盖公共支撑平台开发服务、通用软件开发服务和专业软件开发服务的新建、升级与改造。

3. 运维服务

该服务包括基础设施运行维护服务和软件运维服务要求。

就本次采购而言，同时符合上述特殊要求的供应商只有数字广东网络建设有限公司（简称"数字广东公司"）。

具体理由如下：

- 数字广东公司作为 2018 年广东"数字政府"政务信息化项目的服务提供商，提供基于统一云服务体系和标准的省级政务云平台服务。目前，省级政务云平台已部署超过 498 个省级业务系统。

- 数字广东公司具有"互联网+政务服务"方面的知识产权，如"粤省事"小程序、"互联网+不动产平台"、中介服务超市等。数字广东公司通过战略合作等方式汇聚了包括腾讯、中国移动、中国电信、中国联通和华为在内的优秀企业的能力，可提供"粤省事"指尖民生服务、广东政务服务网、协同办公、统一身份认证系统等核心的公共的支撑能力和通用应用。对广东获得 2019 年省级政府网上政务服务能力调查评估第一名，起到了重要的支撑作用。

- 数字广东公司已实现 26 个厅局委办超过 820 个系统的接管和运维，具备解决跨多部门协调以及疑难复杂问题的能力。

综上所述,该项目属于《中华人民共和国政府采购法》第三十一条中的第一种情形:只能从唯一供应商处采购的。

资料来源:中国公共采购网。

三、全球还是本土

全球价值链正在变成复杂的单一整体,即便是世界上最强大的经济体,也无法在没有进口的条件下产出有竞争力的产品。欧美企业在印度开发软件,在东南亚国家制造,并且与世界各地的当地企业建立合资企业开展维修和保险等售后服务。

古代的丝绸之路道路崎岖,而如今的"一带一路"依靠强大的基础设施、通信网络,极大地促进了经济一体化的速度与深度。人们可以一边在家里喝着早茶,一边通过网络订购世界各地的商品,而且商品很快就被送到了家门口。

全球化永无止息地在发展,随着一些国家基础设施、人权问题的改善,企业开始纷纷将产能迁移到越南、孟加拉、缅甸等低工资和低发展水平国家。例如,在越南,劳动力成本较低,每年经济的增长幅度在6.7%~7%,并且越南有着很好的运输条件,在任何一个城市制造都有一个就近港口可以出口,从而能够节省物流成本。

将产品放到哪个国家生产,不仅要看这个国家"能生产什么",更重要的是"擅长生产什么",以及"是否与企业经营发展的需求相匹配"。

随着全球经济一体化的进程不断加速,全球供应链战略也已越来越普遍。领先的企业通过全球供应链来构筑竞争优势。例如,在汽车行业,跨国汽车公司的自制率仅在30%左右,整车厂通过与全球范围内的汽车零部件生产商的合作,不仅获得了成本优势,还获取了领先的技术优势。然而,全球采购在带来无限机遇的同时也带来很多不确定性,在决定全球采购战略之前,必须做好充分的风险评估。

(一)全球采购需要关注的风险点

1. 供应商选择的风险

要想确保全球采购战略的成功,首先要选对供应商。在国内,可以通过实地考察的方式来评估供应商的真实情况。对于远在千里之外的国外供应商，企业往往出于成本和效率的考虑，一般不对其进行实地考察。这对供应商选择的方式和标准提出了挑战。

2. 供应链加长

速度与运营效率是供应链的核心竞争力，而全球采购涉及很多本地采购可以省略的环节，如进出口许可证申请、租船订舱、跨国运输、海关滞留、物品检验、通关、中转以及争议处理等烦琐的环节。供应链环节越多，风险越大。

3. TCO 增加

通过全球范围内的寻源和比价，往往能寻找到具有更低价格的商品，但是全球化也意味着更多的隐形成本。例如，支付给报关行的佣金、供应商所在国征收的税金、存储成本、包装和集装箱的费用、保险费用、报关费用、进口税率以及应急准备成本等。因此，采购需要将各种成本考虑在内，综合起来评估价格是否具有吸引力。

4. 汇率波动

由于受到政治、经济、社会等因素的影响，汇率可能随时出现波动。如果交付的周期较长，汇率有可能出现较大的波动，那么采购的成本就有可能产生较大的偏差。

5. 政治问题

受供应商所在国政治因素的影响，双方的贸易有可能会受到限制。采购需要提前了解相关的贸易管制政策，并做好应对。例如，中美贸易争端引发的关税政策、出口管制政策，给全球供应链带来诸多不确定性。

6. 法律问题

采购需要了解供应商所在国的法律法规，当地的法律法规时刻影响着供应的安全性。此外，全球化采购所引起的诉讼费非常昂贵，并且周期也很长，需要提前明确进出口国的法庭以及第三方的法庭在发生争执时有没有法律权限。

7. 语言和文化习俗

语言和文化的不同也成为全球采购战略成功实施的阻碍因素，不同的语言和文化会给采购谈判、日常沟通交流以及供应商的关系管理等工作带来挑战。

（二）全球采购战略的风险管理

1. 考虑国家风险系数

全球采购应优先考虑在政治局势相对稳定、进出口政策有利、法律框架成熟、文化背景类似的国家或地区进行。在开展全球寻源时，采购应熟悉当地的法律法规和文化习俗。

关键问题包括：该供应商所在国的环境是否稳定？基础设施和交通拥堵情况如何？是否有知识产权的法律法规？该国的污染水平如何？薪资水平如何？等等。此外，还要考虑这些因素与成本节约、供应周期、供应安全等目标的关联性。

2. 供应商管理库存

为了减少采购提前期变长带来的库存风险，可以采用供应商管理库存（VMI）的策略。VMI 是供应商为客户管理库存，根据客户提供的需求信息和库存水平为客户进行补货的一种管理模式。这种模式一般将仓库设在靠近采购方的周围，便于及时满足采购方的要货请求。

3. 利用采购合同防范风险

全球采购需要依据全球通行的采购合同文本和规则条款，并结合采购方所在国对合同的要求，制定规范的合同范本，并设定合同保护性条款和违约处罚条款。另外，相关商业票据的规范和适用性需要在采购合同中加以说明。

四、战略关系还是战斗关系

战略供应商是指那些能够满足企业未来战略需求的供应商。与对的供应商建立起紧密的战略合作伙伴关系，不仅能帮助企业提升品牌竞争力，还能帮助企业抵御风险。我们首先来看看下面这个战略合作的例子。

【案例 7-4】

某外资公司 H，需要对一个进口零部件国产化，但是在开发供应商的时候遇到了难题，虽然这个零部件很小，但是精度要求很高，公司找了国内好几家供应商，都被拒绝了。在采购主管的努力下，终于说服了一家本地供应商 A 公司。

为了保证供应商的能力，H 公司派出了专门的工程师进行了为期一年的指导，经过十几次的送样之后，首检才勉强通过。随后的半年，A 公司一直稳定地给 H 公司批量供货，可是到了年中，供应商突然提出涨价申请，价格由 12.5 元 / 个调整到 36.5 元 / 个，而且没有还价的余地。

原来，H 公司的竞争对手找到这家供应商，并且提供了非常具有诱惑力的目标价。H 公司辛辛苦苦培养起来的供应商，就这样眼睁睁地被对手抢走了。

这是一个战略合作不成功的例子，很多公司都有类似的事情发生，表面上叫战略，但实际上没有形成真正的战略关系。

- 所培养的供应商做大后，成为自己的竞争对手，或者去帮助自己的竞争对手。
- 供应商没能发挥战略的价值，危难时刻，并未提供关键的支持。
- 虽然承诺会给战略供应商大量的订单，但实际上并没有那么多。
- 由于新部件是联合开发的，所以双方会为了争夺知识产权而闹翻。
- 供应商财务状况出现困难，想申请提前付款，可是采购却不提供帮助。

我们认为，真正的战略合作伙伴关系，要将彼此视为公司职能的一部分，这意味着采供双方要实现高度的信息互通、收益共享和风险共担。此外，建立有效的沟通机制也很关键。

（一）收益共享、风险共担

借鉴投资领域中"劣后"的概念，《采购 2025》一书提出了"劣后供应商"概念。"劣后"意味着高风险、高收益。劣后供应商模式最直接的作用，是将双方的风险和收益紧紧捆绑在一起，使双方从博弈关系转为并联合作关系。那么，通过什么来绑定在一起呢？

1. 战略合作协议

如何开展战略合作，双方的承诺是什么？对双方有什么具体要求？要通过协议来使战略合作落地，从而对双方形成一定约束力。上面 H 公司的案例，如果 H 公司量产成功以后愿意与供应商长期分享企业所得，供应商也不会轻易放弃 H 公司这个长期客户。如果与供应商签订了排他性协议和知识产权保护条款，也会让 H 公司处于更主动的地位，避免供应商随意退出的风险。

2. 收益共享机制

企业需要建立一套收益分配的机制，来与供应商分享经营的成果和成功的喜悦。以下是通过虚拟股权来分配收益的一种新模式：

- 供应商核心团队以合作者身份进入甲方小微经营体，与甲方共同面对终端市场与客户需求，推动产品开发。
- 甲方在产品量产前无须承担供应商方面的任何成本，供应商可以获得甲方产品的"虚拟股权"。
- 甲方在产品量产后，供应商按产品的"虚拟股权"份额分享甲方产品的销售额与利润。

在劣后供应商模式下，供应商需要为产品开发承担很多的投入成本，特别是前期开发阶段的费用，如磨具、设计、试制、测试、人工、差旅、鉴定、认证等。在甲方产品产生销售收入之前，供应商会面临较大的现金流压力。此外，一旦甲方产品在市场上滞销，供应商会陷入血本无归的处境。所以，所选择的劣后供应商需要具备一定的抗风险能力，规模体量较小的供应商不适合成为劣后供应商。

【案例 7-5】炼铝厂与供应商的收益共享机制

原铝的生产成本大致分为几块：能源成本占 30%~50%；其他原料成本包括铝矿石、氢氧化钠；运营管理费用；固定资产摊销。为了降低公司运营的风险，一家炼铝厂做了相应的尝试。由于这家公司没有自己的发电厂，于是选择与能源供应商签订长达 20 年基于收益共享的合同。这意味着，如果铝的价格上涨，那么能源价格同步上调；相反，如果铝的价格下跌，甚至跌到低于理论生产成本，那么电价也会大幅下调。伦敦金属交易所的价格是高度透明的，这样的协议可以有效保证合同双方都长期受益。有的公司还将类似的模式运用在采购铝矿石和氢氧化钠上。这完全区别于传统的定价机制，即使遇上经济危机，生产企业也能保证生产成本始终低于产品售价。

资料来源：克里斯蒂安·舒，《棋盘博弈采购法》。

（二）信息互通

在传统的采购模式下，无论是客户端市场预测信息，还是供应端的供应市场预测信息，往往都不是共享的，于是不可避免地出现一定程度的博弈和需求的变异放大，产生"牛鞭效应"，造成浪费。

供应商按照甲方的需求开发并制造物料，而终端市场对其而言是一个看不见的黑洞。甲方总希望供应商能在产品开发设计过程中持续向自己提出优化改进意见，但供应商和终端客户的交互强度远远低于甲方，"优化建议"事实上是无源之水。供应商远离终端市场，对其资源配置决策也相当不利。例如，供应商如何配置自己的产能呢？此时供应商往往需要依据甲方的市场预测，但供应商常常对甲方提供的市场预测数据半信半疑，不敢轻易扩充产能。因为一旦甲方产品销量不及预期，供应商过大的产能会严重削弱其与甲方的博弈能力。

供应商渴望直接感受终端市场的温度，洞察市场对自身产品需求的发展趋势，但传统的采购模式并没有为他们提供这种机会。在信息互通的战略采购模式下，甲方与供应商共同分享终端市场信息，预见市场的变化和技术的发展，使得供应链有了很高的透明度，供应链上的合作伙伴也会更加信任彼此。

品牌制造商、大型零售商一般都建有自己的平台，如海尔、阿里巴巴和京东。通过平台，供应商不仅能与制造商连接，还能与制造商以及最终消费者连接。各类数据（供应商的数据、制造商的数据、消费者的数据、产品设计与开发的数据、产品生产的数据、消费者的购买与使用数据）打通、共享。特别地，制造商将帮助供应商打通数据，使其与平台、下游消费者无缝连接。越是战略伙伴，互联互通的程度越深。

沃尔玛的每个店铺都设置安全库存水平，一旦现有库存低于这个水平，计算机便自动向宝洁公司的纸尿裤工厂订货。宝洁公司的工厂在接到订货后，将订购商品配送到相应店铺，并进行在库管理。同时，双方的财务结算也不需要通过传统的支票等形式进行，而是自动完成。宝洁公司能即时知晓沃尔玛物流中心的纸尿裤库存，以及在沃尔玛店铺的销售量、库存量、价格等数据。这样，宝洁公司能及时制订出符合市场需求的生产和研发计划，对沃尔玛的库存进行单品管理，做到连续补货，防止出现滞销商品库存过多而畅销商品断货的现象。

（三）立体式沟通机制

采购的很大一部分工作是与人打交道，我们面对的是供应商的高层管理人员、销售总监、技术工程师、质量工程师等角色，想要维持稳定的伙伴关系，有效地沟通至关重要。采购区分出战略供应商后，针对这些重点供应商，需要开展全方位、立体式的沟通。越是战略供应商，交流的频次越多，双方参与的领导级别也越高。

- 高层会议：双方高层参加会议，分享未来的发展方向与产品规划，确定重大的合作项目，并建立合作信心。
- 季度会议：定期开展季度会议来回顾绩效，并对重大问题进行研讨与决策。
- 专题会议：不定期开展，例如针对重大的质量问题进行专题回溯、分析改进。
- 技术与经验交流：可以邀请优秀的合作伙伴对新材料、新技术进行交流，还可以请他们分享其对行业动态的分析与洞见，甚至是管理方面的经验。供应商是获取情报的重要来源。
- 供应商大会：一般一年举办一次，对合作好的供方进行表彰。

五、联合采购可能造成联合垄断

联合采购一般是多个企业因为有相同的采购需求，而形成采购联盟的一种采购模式。该模式主要是为了通过提高规模经济效益来降低采购成本。

（一）采购方联合采购有哪些优点和风险点

目前，联合采购的模式在欧美国家被广泛使用。在我国，很多中小企通过联合采购带来了明显的优势，尤其是零售行业。例如，2004年4月成立的国内首个采购联盟"上海家联"，由湖南步步高超市、山东家家悦超市、宁波三江购物俱乐部公司、广西佳用商贸股份公司四家零售企业组成。以2004年该采购联盟的圣诞帽采购为例，当年的采购单价为0.45元，比之前单个企业每顶0.75元的采购价格足足下降了40%。这些中小零售企业形成采购联盟是对抗大型买方势力影响的有效手段。

近年来，联合采购在我国医药行业也颇为流行。例如，京津冀联合采购每年可为三地的公立医院节约耗材费用超过8亿元，降幅达到15%。以美敦力的某型号心脏起搏器为例，以前在北京市的医疗机构采购价一般为5.5万元，现在的参考价为4.4万元，价格降低了1.1万元；雅培的某支架系统原采购价一般为19 250元，现在参考价为13 800元，价格降低5500元。

联合采购的好处不言而喻，然而稍有不慎，联合采购也有可能造成"联合垄断"，违反法律法规的要求。需要注意的是，卖方有垄断，买方也可形成垄断，这些都是不允许的。表7-3对联合采购的优点和风险点进行了总结。

表7-3　联合采购的优点与风险点

联合采购的优点	联合采购的风险点
1. 节省前期投入，可以帮助企业降低运营成本 2. 创造规模效益，提高议价能力，从而降低采购成本 3. 规范企业采购行为，对商业贿赂有一定程度的抑制作用 4. 建立战略合作关系，共享库存资源，减少运输费用 5. 建立框架协议，简化采购行政管理，降低交易与签约成本 6. 可以弥补一些企业的不足，比如购买性支出有限、采购范围窄、采购规模小、采购经验少 7. 在联合采购中，各成员带来不同的专业技能、知识与关系网络，可以促进品类管理能力提升	1. 联合采购成员之间的沟通协调问题 2. 联合采购前期需要耗费大量成本与精力 3. 大型的联合采购容易造成联合垄断，容易出现恶意压价等行为 4. 联合采购的谈判和决策过程耗时长，效率不高 5. 联合采购成员没有按照商定要求执行采购 6. 参与联合采购的企业有大有小，存在利益分配的问题 7. 联合采购过程中存在商业秘密泄露风险 8. 联合采购可能会限制中小供应商参与市场竞争 9. 供应商管理模式差异、信息共享不足

【案例 7-6】

2017年4月,国家发改委认定深圳市在药品集团采购联盟(GPO)改革试点中违反《中华人民共和国反垄断法》(简称《反垄断法》)。根据发改委通报,深圳市主要存在三条违法行为,其中一条是只允许一家集团采购组织提供药品集团采购服务,即深圳市在2016年遴选公立医疗机构药品GPO组织时,仅一家中标,此举被认为限制了市场竞争,使其他有能力、有意愿提供药品集团采购服务的经营者被排除在外。

【知识链接 7-2】

我国《反垄断法》对市场支配地位推定制度及其适用原则做了规定。该法第十九条规定,有下列情形之一的,可以推定经营者具有市场支配地位:(一)一个经营者在相关市场的市场份额达到二分之一的;(二)两个经营者在相关市场的市场份额合计达到三分之二的;(三)三个经营者在相关市场的市场份额合计达到四分之三的。

一联合就有可能具有市场垄断地位,一垄断就涉嫌违反《反垄断法》,因此,在实施联合采购时,尤其是规模较大的联盟,需要评估其反垄断方面的合规性。

(二)警惕供应商的"横向联合"

除了采购方的联合,还要警惕供应商联合带来的风险。如果供应商之间形成价格同盟,会给采购带来很大的成本风险。

在全球汽车产业链中,横向垄断的情况比较常见。日本扮演着基础零配件生产基地的角色,其生产的自动变速器、集成电路、发动机等高价值零部件被欧美、亚洲等市场广泛使用。由于日本零部件在世界范围内的领先优势,其经常采用封闭供应链的策略。2014年,日本住友等12家汽配企业在中国因价格垄断行为被处12.35亿元罚款。除了日本,韩国、欧美也存在横向垄断的现象。此次国家发改委重罚日本企业,也是对其他横向垄断市场的汽配企业敲响警钟。

【案例 7-7】日本住友等 12 家汽配企业因实施价格垄断被罚

2014 年 8 月，国家发改委对日本住友等 8 家汽车零部件企业价格垄断行为依法处罚 8.3196 亿元，对日本精工等 4 家轴承企业价格垄断行为依法处罚 4.0344 亿元，合计罚款 12.354 亿元。

经查实，2000 年 1 月～2010 年 2 月，日立、电装、爱三、三菱电机、三叶、矢崎、古河、住友 8 家日本汽车零部件生产企业为减少竞争，以最有利的价格得到汽车制造商的零部件订单，然后在日本频繁进行双边或多边会谈，互相协商价格，多次达成订单报价协议并予实施。价格协商涉及中国市场并获得订单的产品包括起动机、交流发电机、节气阀体、线束等 13 种，经价格协商的零部件用于本田、丰田、日产、铃木、福特等品牌的 20 多种车型。

2000 年～2011 年 6 月，不二越、精工、捷太格特、NTN 4 家轴承生产企业在日本组织召开亚洲研究会，在上海组织召开出口市场会议，讨论亚洲地区及中国市场的轴承涨价方针、涨价时机和幅度，交流涨价实施情况。当事人在中国境内销售轴承时，依据亚洲研究会、出口市场会共同协商的价格或互相交换的涨价信息，实施了涨价行为。

8 家汽车零部件企业和 4 家轴承企业涉嫌达成并实施了汽车零部件、轴承的价格垄断协议，违反了我国《反垄断法》规定，排除、限制了市场竞争，不正当地影响了我国汽车零部件及整车、轴承的价格，损害了下游制造商的合法权益和我国消费者的利益。在这两个案件中，当事人多次达成并实施价格垄断协议，违法行为持续时间超过 10 年，违法情节严重，国家发改委依法予以从重处罚，同时对主动提供重要证据的相关当事人适用了《反垄断法》减轻或免除处罚的条款。

涉案企业均提出了整改措施：一是立即根据中国法律对销售政策和销售行为进行整改；二是对公司全体成员进行反垄断培训，确保员工行为符合中国法律要求；三是采取实际行动，消除过去违法行为的后果，主动维护竞争秩序，并惠及消费者。

资料来源：人民网。

面对强大的供应商联盟，采购需要学会识别其中的"合规性"，利用法律的武器来应对强势的卖方市场。

六、应急管理应成为战略的一部分

【引入案例】有没有应急计划,结果完全不一样

2000年3月,美国新墨西哥州飞利浦电子公司的晶片厂因闪电引起的大火仅仅燃烧了10分钟,却改变了远在6000公里之外的两家欧洲电子公司诺基亚和爱立信在手机业务上的平衡。飞利浦的这家半导体生产基地恰好是为诺基亚和爱立信供应芯片的制造商。面对供应中断的紧急情况,两家公司的反应和结果形成鲜明对照。

在诺基亚,自飞利浦晶片厂火灾发生后,公司采购管理部门除了把消息及时通报给下游各生产环节,还根据惯例,把芯片供给列为"特别监督项目"。根据这一制度,把原先对芯片供给情况每周一次的审核改为一日一审核。此外,诺基亚有多个供应商在事件发生后迅速改变产品设计,很快拿出一个提高产量的紧急应对计划,要求其他晶片供应商增加供应量。

在危机面前,其对手爱立信的表现如何呢?爱立信除了强烈要求飞利浦解决困境之外几乎什么都没做。爱立信只有这一个供应商,面对紧急情况,公司高层迟迟拿不出应对方案。公司因此损失4亿美元,加上在产品设计和营销方面的失误,爱立信最终不得不宣布退出手机市场。

前面几章介绍了采购各风险领域的预防与管理措施。不过,风险再怎么管理也无法完全消除,谁也不能保证不出问题,供应中断、灾难、危机事件随时有可能发生。正如以上诺基亚与爱立信的案例,有没有应急计划,结果可能完全不一样。

根据密歇根大学供应链管理领域的两位教授的调查表明:供应链一直很脆弱的原因,是物流或供应链使用者很少制定有效的危机应变策略,所以当遇到突发事件时,他们便会束手无策。在实践中我们看到,很多采购与供应链管理者不重视这方面的能力,因为高层管理者就没有重视,心中装的更多的是降低成本。

雷内·德·苏泽在《供应管理》(2006年)的专访中也强调,保持供应连续性是采购职责的一部分,而这需要组织去制订应急计划。"它真的至关重要。不论在私营部门还是公共部门，你必须识别约束条件有哪些并制定适当的程序，否则可能会使企业的大量工作化为乌有。尤其是当你重视信誉的时候，你的客户希望你对此能有所控制。"

采购与供应链该如何做好应急管理呢？首先，针对紧急情况，采购要有备选的应急计划，例如核心物料的备选供应商。为了应对中断，除了需要考虑如何恢复供货，还要考虑如何将运营恢复到正常的水平。甚至需要懂点公关技巧，因为采购作为与外部供应商连接的桥梁，在危机发生时，需要做好与供应商的沟通。

为什么要将应急管理放到战略的模块呢？我们发现，很多公司做应急管理只是形式主义，写几份文件来应对客户、应对审核机构，实则在日常工作中根本没有人去关注。应急管理是需要投入资源的，而风险是一种不确定性，是否投、投什么、投多少，这就是战略选择的问题。只有将其纳入公司战略，才是真正的应急计划。

（一）应急计划：制订 B 计划来应对紧急情况

应急计划，是指通过制订 B 计划，防止 A 计划受风险事件影响而脱离轨道。虽然应急管理通常被认为是风险的事后管理，但实际上应急管理是通过事前准备好计划和资源，一旦紧急情况发生，立即投入使用，从而降低风险产生的影响。

（1）应急管理过程：

- 识别关键风险。
- 确定并评价解决方案。
- 明确选择的应急措施并做好文件记录。
- 记录由什么/谁触发计划的执行。
- 建立和培训应急领导团队。
- 对计划进行宣传，让人人在需要时都可应对。

（2）应急预案的问题清单：

- 组织是否识别出可能面临的重大风险，并对重大风险的影响进行了评估？

- 组织采取什么措施来防范灾难发生的可能性？
- 管理者如何确定应急预案与组织的环境相适应？
- 应急预案是否考虑了成本效益的原则？
- 内外部利益相关方是否充分了解各自在灾难发生时的职责？
- 应急计划是否正式备案？能否及时获取？是否可以安全保存？
- 组织采取了什么措施，以确保信息技术设施及时重建？
- 是否定期对灾难恢复计划进行测试，确保其有效性？
- 是否寻求并征得关键供应商和承包商对响应水平的承诺？
- 是否对在灾难发生时如何有效处理媒体和公共关系做了明确规定，以合理维护公司的形象和声誉？

【案例7-8】西尔斯百货在"9·11"事件中应对自如

美国"9·11"事件的发生以及事后采取的交通管制，使美国的商业供应链几乎陷入全面瘫痪。美国连接世界各地的航空运输延迟起码数天，东西海岸之间的陆上往来也受到层层安全检查的阻隔。因为海外供货中断，福特汽车公司只好宣布几处工厂停产。

当危机到来的时候，美国最大的零售商之一西尔斯百货却沉着冷静，最先恢复了自己的供应链系统。作为西尔斯百货执行副总裁的葛斯·帕格尼斯凭着自己当后勤部长的实战经验，迅速及时地为公司2000多家连锁店补足货品，在美国商界赢得了赞誉。

恐怖袭击发生的那天早晨，"怎样保护公司的供应链"是帕格尼斯的第一反应。他毫不犹豫地启动了早已为公司准备好的救灾计划的第一步：宣布公司的"应急行动小组"立即进入工作状态。这一救灾计划是帕格尼斯在1993年加盟西尔斯公司后趁着对海湾战争的经验仍然记忆犹新，在两个月内就制订好了的，其中包括各种对应方案和公司救灾行动指挥中心的设置。制订这一救灾计划的目的就是在发生全国性天灾人祸（如龙卷风、地震、暴风雪、洪水等）的时候，能够让公司以最快速度、最低成本采取事先准备好的解决方案，化险为夷。

随着越来越多交通受阻的报告像潮水一般涌来，帕格尼斯决定启动公司的救灾行动指挥中心。该指挥中心设在伊利诺伊州西尔斯总部一个专门的房间里，该房间整面墙都覆盖着显示公司系统状态的图表，桌上摆满了追踪本公司送货、供应商供货以及货品到达的计算机。为这些计算机输送信息的，是由 SeeCommerce 公司提供的带有直观在线追踪技术的供应链管理系统。指挥中心的一个小组专门监督集装箱何时卸货，另一个小组专门监督货品的路上流动，还有一个小组专门处理新来的灾区订单。

当海外供货受到边境检查的阻拦纷纷延迟交货的时候，帕格尼斯马上又启动了另一个应急计划，优先处理航运集装箱的卸货和拆箱，尤其是要保证装载着已经对市场发布了广告的促销商品的集装箱，以保证各个店铺能够及时获得它们最急需的货品供应。

9月12日一早，帕格尼斯又召开由公司12名副总参加的会议，制定进一步的应急措施。他发给与会者每人一张卡片，上边标着"汽车炸弹""全国哀悼日""公众恐慌"等，让他们为以上每一种情景设想相应的解决方案。

西尔斯救灾行动指挥中心持续运作了30天，在此之后，公司仍然严密监督其供应链的工作状况。帕格尼斯对其团队的应急准备状态颇具信心，他说："如果军人训练有素，那么即使在战斗白热化的状态下，他们仍能应对自如。商战如血战，平时用心，关键时候自会得利。"

西尔斯百货的经验总结起来大致如下：

首先是有"居安思危"的意识。恐怖主义的袭击虽然难以预测，但是帕格尼斯早已准备好了一套救灾方案。这其实就领先了对手一步。

其次是公司的"冗余策略"。在接受《商务2.0》杂志采访的时候，帕格尼斯一针见血地指出："不能对零库存产生依赖，一定要在所能控制的范围内多多少少保留一些储备。"一家世界级的公司一定要做到这一点，同时又要避免过多的安全库存。

最后是对先进技术的采用，为化解危机争取时间。西尔斯百货所采用的 SeeCommerce 解决方案在当时可谓是比较前沿的，能够把公司各供应链、各仓库管理系统以及各供应商协作系统的运行状态在同一个界面上集中表现出来，做到让管理人员一目了然。"9·11"事件以后，越来越多的美国公司效法西尔斯百货的最佳实践，为自己原有的 SCM 增添了可视直观的管理工具。

（二）业务连续性计划：让业务恢复更高、更快

ISO22301《公共安全——业务连续性管理体系》对业务连续性的定义是：在中断事件发生后，组织在预先确定的可接受的水平上连续交付产品或提供服务的能力。业务连续性计划是用于指导在业务中断时进行响应、恢复、重新开始和还原到预先确定业务水平的形成文件的程序。

从 ISO22301 给出的定义中可以看出，业务连续性管理的对象并不是所有风险，毕竟 BCM 需要投入大量资源，它管理的对象是中断。

一般来说，管理业务连续性有三个阶段，也叫"3R 法则"，即响应（response）、恢复（recovery）、复原（reset）（见图 7-2）。

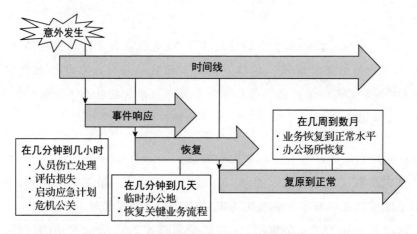

图 7-2　意外事件发生后的关键活动顺序

业务连续性管理的一般流程如图 7-3 所示，每个环节的具体内容如表 7-4 所示。

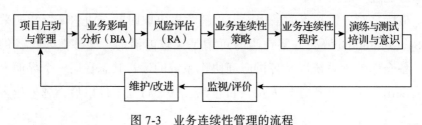

图 7-3　业务连续性管理的流程

表 7-4　业务连续性管理的流程详述

项目启动与管理	制定业务连续性的目标和实施计划，并获得管理层和利益相关方的支持与认可
业务影响分析（BIA）	这个过程包括对支持该组织的产品和服务活动中断影响的评估，包括： • 识别支持产品和服务提供的活动 • 评估不执行这些活动的影响随时间推移的变化情况 • 设定在指定的最低可接受水平下这些活动的恢复顺序，要考虑不恢复它们的影响变成不可接受的时间 • 识别这些活动之间的依赖关系和支持这些活动的资源，包括供方、外包伙伴和其他利益相关方
风险评估（RA）	组织应建立、实施、保持一个系统地识别、分析和评价中断事件，对该组织造成风险的正式的、文件化的风险评估过程，组织应： • 识别中断对组织优先活动以及流程、系统、信息、人员、资产、外包伙伴和其他支持它们的资源所造成的风险 • 系统地分析风险 • 评价哪些与中断相关的风险需要处置 • 识别与业务连续性目标以及该组织风险偏好相符的应对措施
业务连续性策略	战略的确定和选择应基于业务影响分析和风险评估的输出，组织应确定适当的业务连续性战略，用以： • 保护优先活动 • 稳定、继续和恢复优先活动及它们所依赖的活动与支持资源 • 缓解、响应和管理影响
业务连续性程序	组织应建立文件化的应对中断事件以及如何在预定的时间内继续或恢复活动的程序
演练与测试	业务连续性程序要在现实的条件下进行测试，以确保其可行性和充分性，这可能包括桌面操练、实操训练、沟通测试等
培训与意识	实施沟通和培训，确保所有利益相关方清楚这些计划，并确保履行计划中相应的职责
监视/评价、维护/改进	定期检查、测试、评估现有的计划，确保其适宜性、充分性和有效性；定期进行业务风险评估，发生重大变化，要及时反映到计划中，例如，当战略供应商发生更换时，或者新的法律法规出现时，有可能需要对计划进行更新

资料来源：ISO22301《公共安全——业务连续性管理体系——要求》。

灾难恢复计划是业务连续性计划的一门分支。风险事件在导致中断的同时，也有可能造成灾难。当灾难发生时，不仅会造成经济上的巨大损失，如果处理不当，还有可能造成一系列的次级风险，引发群众恐慌。灾难恢复的过程一般包括应急处理，开展损害评估，组建恢复团队，对受害者进行照顾与支持，通知利益相关方，处理与公众和媒体的关系，总结情况并持续改进灾难恢复计划。

(三) 危机公关及 5S 原则

在互联网时代，处处都需要危机公关。采购是连接企业与外部供应的桥梁，更应该懂点危机公关技巧。那么，面对突如其来的危机事件，应该如何应对呢？对此，有人提出了著名的"5S 原则"：系统运行（system）、权威证实（standard）、速度第一（speed）、承担责任（shouldering the matter）和真诚沟通（sincerity）。

1. 系统运行

任何一个企业，特别是大企业，必须具备危机公关意识，严格制订危机管理计划，组建专业团队，在危机发生时进行专项负责，并且统一观点和稳住阵脚。危机发生后还要对比处理效果，为今后的危机处理总结经验。在我国，很多本土快消品牌普遍缺乏必要的危机管理及应急系统，在处理危机事件时表现得没有章法。

2. 权威证实

如何在第一时间取得信任？需要澄清事实，拿出有说服力的证据让人信服，必要时可以请重量级的第三方说话达到"曲线救国"的目的，重获信任。

3. 速度第一

危机发生后，需要当机立断、快速反应，收集信息并给出可信赖的回应，控制住事态发展是关键。拒接电话或者用"无可奉告"等回应，都会让企业处于被动状态。在互联网时代，公众舆论传播的速度相当快，想要控制舆情，必须抓住危机处理的黄金窗口。

4. 承担责任

不论发生什么事，企业首先要掌握事件造成的影响。如果造成了损失，企业应努力安抚利益受损方，勇于承担责任，淡化矛盾。同时，要站在受害者的立场，公开致歉，以赢得公众的信任。很多企业不认错，欲盖弥彰，这都是危机处理的大忌。

5. 真诚沟通

无论是面对媒体还是消费者，都要真诚沟通，保持信息通畅，切忌逃避、沉默，否则会被反对的声音淹没。

思考题

1. 制定外包决策的"两个核心,一个基本点"是指什么?
2. 外包可能存在哪些风险点?
3. 你所在组织在哪些情况下会进行单一来源采购?请思考是否存在风险。
4. 针对你所负责的某个物项,计算其全球采购和本土采购的 TCO,并进行对比分析。
5. 战略合作协议一般包括哪些方面的内容?
6. 请为你的组织制订一份针对供应安全的应急管理计划和 BCM 计划。

Chapter 8 第八章

采购运营风险管理

 学习目标

1. 了解企业内部控制的理论与方法
2. 了解端到端采购流程中的主要风险点与控制要点
3. 了解如何管理需求环节的风险
4. 了解供应商风险管理、采购成本风险管理的思路与方法

【引入案例1】某公司员工职务侵占

某大型机车制造企业工作人员张某利用职务便利在2016~2017年骗取公司资金达2614.67万元,其中尚有1430.57万元未追回。张某犯职务侵占罪,被判处有期徒刑13年3个月。

张某在公司综合管理部工作,主要负责合同审核、股权管理等工作,此外还经手综合管理部及项目部费用的报销工作。张某通过虚构项目费用、购买发票、私刻印章、伪造印章、伪造合同、伪造申请报告及领导签字等方式,先后向公司申请报销34笔,共骗取公司资金2614.67万元。

张某骗取资金的方式多样,尤其集中在服务采购领域,其骗取资金采用的报销名目多为咨询服务费、会展服务费、制作服务费、设备租赁费、维护费、信息数据服务费、技术服务费等。

【引入案例 2】销售拿返点是潜规则

某广告公司一位销售讲述的案例：

我是一个广告公司的销售，平时跟一些互联网企业的电商部门对接比较多。这几年互联网发展很快，"热钱"很多，我们对接的这些客户很有钱，在广告投放上非常大方。

我的职责是跟客户的市场部或品牌部对接，让它们购买我们的服务，做一些广告投放和营销活动。拿返点这个事情再正常不过了，算是行业潜规则。比如，客户要做一场大型营销活动，市场部相当于采销部门，在老板给定的预算范围内，它们有权选择跟谁合作以及怎么合作。我们为了拿下订单，就会给对接人返点。

返点几十万元甚至上百万元在行业里很常见。比如一个订单，我们跟对方谈下来的合作费用是 100 万元，实际客户给你 150 万元，对方的合作决策人就要拿这 50 万元作为返点，这部分钱先是打到我公司账上，我再转给客户。我们一般会按绩效发给员工，员工再通过个人转账给客户，一般给的是现金，因为从对公账户转出来会很麻烦。很多时候，公司里外联合起来，蒙骗老板。

资料来源：公众号"燃财经"。

运营风险往往产生于组织所依靠的流程。从采购需求的产生，到最终满足采购需求的每一个环节，都有可能产生风险。

从引入案例 1 中我们至少可以发现好几个环节的漏洞：需求、成本分析、招标、合同以及供应商管理。采购风险也不局限于采购，销售、研发、质量管理、仓库管理、财务等各个参与采购业务的相关岗位都有可能存在风险，类似于引入案例 2 中的销售腐败现象也经常发生。

既然运营风险产生于流程，我们认为，可以用全流程、全方位、全员（"三全融合"）的思路来管理风险。除了腐败的风险，还有成本、质量、交付等各种运营层面的风险，都可以通过"三全融合"的理念来进行有效的控制，将风险化解到可以接受的水平。

一、从申请到付款：端到端的内部控制

从采购的申请到付款，处处有风险。《企业内部控制基本规范》通过流

程的形式直观描述了企业生产经营业务过程的关键控制点，为风险管理融入整个采购业务过程提供了很好的方法论。

结合内控指引的要求和采购的具体实践，表 8-1 对采购各阶段对应的风险控制点进行了部分总结。采购可以结合自身业务的实际情况，梳理出关键控制点，在流程设计与优化中将这些控制点考虑进去，并且在做内部审计与监督的时候，可以参照这些控制点，审查执行是否到位。

表 8-1 采购全流程风险控制点

采购阶段	主要风险点	控制要点
采购预算	1. 预算不合理 2. 预算执行偏离 3. 权责不清晰	• 建立预算决策机构，做好采购预算管理工作 • 加强对采购预算编制过程的控制，包括编制依据、程序、方法、目标等 • 做好预算责任的分解落实，分解后的预算指标要明确、具体，便于执行和考核 • 建立预算执行反馈、监控、预警制度 • 建立重大预算项目关注制度 • 严格按照事先规定的程序和审批权限，控制预算调整 • 在建立预算考核制度的前提下，合理界定采购预算考核主体和对象，科学地设计考核指标，按公开、公平、公正的原则实施考核
采购申请	1. 需求不清晰 2. 指定供应商 3. 需求不合理 4. 需求申请不及时 5. 合规隐患	• 完善采购申请的授权和审批制度，确定采购的归口部门 • 对需求的描述进行规范，如对实物类的采购明确其规格说明书，对服务类的采购明确其工作说明书 • 对需求的合理性与完整性进行专业审核，确保满足公司生产经营的需要 • 拒绝有合规风险的采购需求
采购计划	1. 预测不合理 2. 提前期设置不合理 3. 订货方法不合理 4. 随意变更	• 设置专人负责采购计划 • 根据生产计划、销售计划，结合需求分析与库存情况，运用合适的计划编制方法，合理制订采购计划 • 对计划的变更进行约束与管理 • 确保计划人员具备相应的数据分析能力与协调能力 • 利用系统进行自动化运算，并提升数据的共享度与透明度
供应商选择	1. 调查与评估不充分 2. 评估标准不合理 3. 评估人员能力不足 4. 审核过程舞弊 5. 招标过程不公开、不透明 6. 采购方式选择不当 7. 串标与围标 8. 招标执行偏离	• 合理制定供应商准入制度，根据准入门槛和标准要求开展供应商资质、信誉及各项能力的审核，确保与公司要求相匹配 • 提升供应商审核人员的能力水平，持证上岗 • 根据品类特点和竞争环境等因素，建立合适的供应商选择策略 • 规范招标制度，明确评标标准，确保招标过程的公开公平性，并对敏感信息进行保密 • 招标完成后，应对实际订单执行的偏离情况进行监控

（续）

采购阶段	主要风险点	控制要点
供应商全生命周期管理	1. 合作过程出现违规行为 2. 未及时识别供应商财务、信用等方面的风险 3. 绩效水平未达要求	• 与选定的供应商签署质量、供货、反贿赂等各项协议 • 对供应商开展绩效管理，对评价指标进行量化，定期共享和追踪其绩效水平，督促绩效差的供应商进行改进，并对绩效结果进行应用 • 开展供应商关系管理，设定专员负责关系的维护，与战略供应商形成风险共担、利益共享的长期合作关系
采购谈判	1. 谈判准备不充分 2. 信息泄密 3. 谈判技能不足	• 做好谈判前的准备工作，包括信息收集、进行需求及市场行情分析、制定谈判底价和谈判策略等 • 合理规划谈判内容，包括质量、价格、数量、服务水平和包装要求等 • 确保谈判人员具备相应的谈判技巧和商务礼仪知识
采购合同	1. 合同不成立 2. 内容不完整、条款不严谨 3. 未能正确履行合同 4. 纠纷处理不当 5. 合同泄密	• 采购合同订立前，充分了解对方的主体资格、信用状况等，确保对方当事人具备履约资质 • 做好采购合同签订控制，明确相关的授权 • 加强对采购合同的审查，对合同中的质量、数量、价格、运输、保险、支付、义务、违约责任、索赔和仲裁等各项条款进行逐项审查，确保合同内容符合公司的需求和相关法律法规的要求 • 明确采购合同的签署权限，避免因权限不明确或越权等行为造成的合同风险 • 对高价值的海外采购，应选择安全合理的运输方式 • 对于重大的采购合同，应要求公司法务参与，审查合同条款，避免法律风险 • 采购合同履行中，应做好检查、监督和验收等工作 • 对合同变更进行严格审查，避免舞弊、成本或交付上的风险
采购成本分析	1. 定价机制不合理 2. 成本分析能力不足 3. 对宏观形势判断不足	• 合理制定品类的定价机制，选择合适的采购模式来确定采购价格，完善价格审批决策机制 • 对于标准化程度高、需求计划性强、价格相对稳定的物料，应通过竞争性方式确定价格 • 定期分析大宗商品等的市场动态，确定相关参考价 • 建立采购价格数据库，定期开展开支分析、行情分析，并设定重要物料的参考价，以指导采购工作 • 做好全球采购中的汇率预测工作，确保汇率风险得到有效控制
采购交付与验收	1. 送货延迟 2. 订单异常 3. 订单变更不规范 4. 验收标准不明确、不合理	• 加强对采购订单的审核，并要求供应商确认能否按时交货 • 对采购订单状态进行全程监控，对供应商的备货、运输和交付进行过程跟进 • 对到期订单和超期订单进行预警，发出催货通知，防止交付延误

(续)

采购阶段	主要风险点	控制要点
采购交付与验收	5. 退货条件不明确 6. 未及时索赔	• 设立单独的验收部门，培养相关专业化的技能，专门负责物料验收工作 • 规范各类物料的验收标准，包括检验方式、抽样要求、检验设备和工具、验收程序、通过标准等，对于自身不具备检验能力的特定物料，经评估如有必要，可以让第三方专业检测机构介入 • 明确退货的条件与程序，对于满足退货入口要求的，及时办理退货 • 对于验收过程中的异常情况及时处理，如造成损失的，按照合同约定进行索赔
采购付款	1. 预付款条款不规范 2. 重复付款、金额不符 3. 付款方式不当 4. 不及时付款 5. 实际付款与合同规定不一致	• 严格审核合同的支付条款，按条款规定的要求付款，防范付款方式不当、付款时间不正确带来的法律风险和财务风险 • 严格审查发票、合同、订单等资料的真实性与合法性，确保满足付款条件 • 完善采购付款流程和制度，对付款审核与审批进行分离控制，明确付款审核人的责任和权限范围 • 加强对预付款、定金和折扣的追踪和管理，评估预付款的合理性与风险，大额款项应当定期进行追踪审查，发现可疑款项，应及时采取收回措施 • 保证供应商主数据的准确性，避免因信息错误导致的付款问题 • 对供应商的付款条件进行跟踪，如果出现严重的信用或履约问题，应及时申请锁定供应商并停止付款 • 定期与供应商对账，确保双方财务往来正确无误 • 确保会计记录、采购记录、合同、仓储记录的一致性，保障账实相符，并对会计记录进行妥善保存

这里要特别提醒的一点是，我们在做采购内部控制时，不能事无巨细、无所不控，这样会造成组织的低效和管理成本的浪费。我们需要抓住关键控制要点，并且尽可能地通过系统手段来控制。

【案例8-1】某公司因内部贪腐损失超10亿元

2018年，某公司因内部腐败问题，损失超过10亿元，共处理涉嫌腐败和渎职人员45人；其中，涉及供应链决策腐败的研发、采购人员最多，共计26人；销售、行政、设计、工厂共计19人。

该公司曾进行内部管理改革，初衷是将管理和流程优化。其管理的改革主要是梳理内部流程，重新设置审批节点，更换和任命一些领导岗位。

在这个过程中，该公司却意外发现，在供应商引入决策链条中的研发、采购和品控人员存在大量腐败行为，其他体系也存在销售、行政、售后等人员利用手中权力谋取个人利益的现象。

由于供应链腐败，造成该公司的平均采购价格超过合理水平20%以上，其中高价物料少则高出20%~50%，低价物料不少以市场合理水平两三倍的价格向该公司出售。此外，还曝出不少腐败黑洞和手法。

职务腐败问题会对整个产业链产生多大影响呢？从原材料采购、加工半成品到最后成为企业可用的零件，即使每一环节的腐败使得采购成本只上升5%~10%，经过三层产业链到达企业时，成本在无形中会增加16%~33%，令人触目惊心。

如果我们从流程的视角来分析这个案例，可以看出：首先，上述公司通过流程分析与改进才识别了腐败的漏洞；其次，整条决策链上都有可能存在腐败风险，有权力的地方就有腐败风险，因此需要全流程端到端地分析问题，对权力进行全面识别；最后，我们识别出的问题，需要通过流程来控制，让员工"不能贪"。

二、价值采购主动管理需求风险

采购需求是采购工作的源头，往往也是采购风险的始发地。有的研发部门手一抖，对量产多年的产品进行了设计变更，导致供应商的价格猛涨，大大超出目标成本。很多小批量、多品种的情况也是由需求端造成的，最终给采购留下一堆料号管理的问题，还有降价的困难。

在很多公司，采购被定为服务部门，只能被动接受采购指令，即便客户有倾向性的选择，采购也不敢拒绝。有时候采购想拒绝，却没有能力拒绝。

传统的采购被动接收需求，而价值采购主动管理需求。 在需求阶段，采购大有作为，如果能将风险扼杀在萌芽状态，那么付出的代价往往是最小的。

（一）"指定"是需求环节的头号风险

指定采购指的是指定供应商、指定品牌、指定供应渠道等，不少企业对指定采购的问题非常苦恼，因为它削弱了公平竞争，给企业带来各种风险。

在政府采购中，由于花的是纳税人的钱，会特别强调采购的公开透明原则，对指定采购严加控制。

根据《政府采购法》第三条"政府采购应当遵循公开透明原则、公平竞争原则、公正原则和诚实信用原则"的规定，指定采购限制了其他品牌参与竞争，违背了"公平竞争"的原则。

《政府采购法》第二十二条规定"采购人可以根据采购项目的特殊要求，规定供应商的特定条件，但不得以不合理的条件对供应商实行差别待遇或者歧视待遇"。这条又对变相或倾向性选择进行了约束。

如果企业不管理好指定需求，也就无法实现品牌间的充分竞争，不仅削弱了供应商的积极性，还有可能因为卖方垄断而带来成本、交付和质量问题。除此之外，还有腐败问题。

【案例 8-2】变相指定品牌

2005 年 5 月，美国超威公司（AMD）向美国联邦法院起诉著名的 CPU 芯片生产商英特尔公司。在长达 42 页的诉状中，英特尔公司被指控为"垄断者"，"非法"地"强迫主要客户接受排他性交易"。AMD 公司也为政府采购提出了自己的建议：在政府采购规范中提出品牌或产品名称是不合法的，使用品牌或产品名称甚至技术规范不能准确衡量计算机的性能，使用品牌或产品名称抑制了竞争和成本节约。其中，不仅鲜明地反对明示性的政府采购"指定品牌"问题，而且把矛头对准了以歧视性指标作为采购标准的变相指定品牌。

（二）SPEC 与 SOW，明确"买什么"

要想管理需求风险，首先需要明确需求是什么。有时候，不仅采购不理解需求方想要的是什么，连需求方自己也说不清想要什么。有两个实用的工具，能帮助采购来明确"买什么"。

1. 规格说明书

对于物品类的采购，可以通过规格说明书（Specification，SPEC）来明确需求的功能要求、性能参数、使用场景等。例如，如果要购买一张桌子，至少需要弄清楚尺寸要求是什么，是吃饭用的还是看书用的，还有材质要求、形状要求等一系列的参数。可以参见表8-2所示的清单来制作规格说明书。

表 8-2　规格说明书

属性	性能
• 数量、质量 • 大小、颜色 • 最大和最小尺寸 • 需要的文件、图纸	• 接收和测试、检验方法 • 响应时间 • 保证正常运行时间 • 现场检验程序
法律	服务
• 保修/担保责任的限定 • 规定的违约赔偿金 • 担保人 • 其他赔偿 • 争议、处理诉讼和错误的程序	• 访问和修理记录 • 预防性维护进度表 • 使用手册 • 培训 • 原材料、设备或备件储备
条款	环境
• 交货地点和运输方式 • 开票信息和付款方式 • 合同时间长度 • 续约选择 • 长期协议下的价格调整方法	• 废弃物回收的供应商 • 工作现场的清洁 • 设备、包装物的清理 • 旧设备的回收和处置 • 回收及其尝试
• 其他	

2. 工作说明书

对于服务类的采购，可以用工作说明书（Statement of Work，SOW）写出需求方的具体要求，包括项目目标、背景信息、工作范围、工作进度、交付内容、进度报告的最终期限、想要取得的成果水平及性能评估要素等。

指定的需求往往比较隐蔽，选取哪几个技术指标，指标的范围大小定为多少，里面都大有学问。采购如果不熟悉各厂家的产品和服务，不理解规格参数、性能或服务响应水平，有可能会陷入倾向性选择的陷阱。如果需求方提出的需求能让采购找到不少于三家的供方，风险则相对较小。

这两个工具不仅能对需求管理起到作用，还是后续物料验收、财务付款等环节的重要依据，尤其对质量管理起到关键作用。产品品质一流的企业往往对规格说明规定得非常详细，不仅有基本的性能参数要求，还有包装、工艺、测试、环保、检验要求等。

只有正确的规格说明书,才能保证正确的交付。采购需要一边连接好供应商,一边连接好使用部门,在对产品技术充分熟悉的基础上,对各品类的需求描述进行标准化与规范化设计,在一定程度上能够切断风险的来源。

(三)区分"需要"和"想要",弄清楚真实需求

在市场营销学中,消费者的需求被分成了两类:一种是需要(needs),一种是想要(wants)。好的营销不仅能牢牢抓住需求者心中的"需要",还能激发出各种各样的"想要"。

例如,你原本和装修公司确定好了方案,也签订了合同,结果今天增加了几个水电位,明天又将橱柜的品牌提高了好几个档次,导致费用严重超标。其实,最初的方案可能是你真正的需要,而后面新增的各种项目只是你的欲望罢了。也许直到入住后你才发现,那新增的水电位根本没有任何用处。

可见,需求方所提的不一定是真实的需求。作为采购,你是否能看出其中的机会点呢?是否可以去除不必要的功能需求?某个指标参数是否定得太高了?是否可以对规格进行归一化管理呢?这些都值得采购去思考。传统采购只会被动接受需求,而战略采购会向前一步,主动分析并发现机遇。

(四)服务与管理,哪个更重要

很多采购很纠结,管得太多,内部客户的满意度会变得很低,而管得太少,又担心会有漏洞。采购到底应该被定为服务部门还是管理部门?其实二者并不是一个硬币的两面,采购要做的是理解需求的真实场景,站在整体利益最优的角度,主动识别并管理好风险,这样才能真正为客户创造价值。

(五)早期介入,提前获知要买什么

如果研发部门到项目快收尾时才告知需要买什么,采购便很难满足需求方时间上的要求,双方容易陷入相互指责的怪圈。

如果将采购纳入产品开发的流程,早期就获取项目的需求,那么采购会有充足的时间为新品导入做好供应物资的准备。需求方需要什么采购是全程知悉的,并且在这个过程中,采购可以推广真正物美价廉的原材料,实现归一化管理。同时,采购也可以提示风险,及时做好应对。

(六)分级分类管理需求

有的公司对于指定采购是眉毛胡子一把抓,其实指定也有合理和不合理之分。如果所需的物品处于充分竞争的市场,但因为公司人员跟某个供应商关系处得好就指定这家供应商,这属于不合理的指定。但如果是备件需求,并且现有设备与其他品牌的备件无法兼容,在这种情况下,采购如果为了所谓的阳光采购而让需求方经历烦琐的审批流程,则会导致效率的低下和客户的不满。

因此,采购要结合自身企业的实际情况,对各个场景进行区分,对需求进行分级分类的管理,根据风险的大小并结合组织的风险偏好,来设计差异化的需求管理机制。

(七)注意对相关方的培训

对内清晰地传达采购的流程、政策和要求,能促进双方更好地协同。如果需求部门不知道采购申请要提前准备什么资料,那么流程上的反复会招致内部客户的强烈不满。如果需求部门不知道采购的标准周期是什么,那么你最好别指望需求能及时传达到采购这里。

此外,也要培训好合作伙伴,如果不告诉他们正确的道路是什么,那么他们有可能会走弯道。采购的流程需要保持一定的透明度,采购的政策、对供应商的合作要求、交互的 IT 平台都需要向供应商宣贯到位。

三、供应商风险管理:为什么是这个供应商

男怕入错行,女怕嫁错郎,做采购就怕选错供应商,说的就是供应商选择风险。A、B、C 三家供应商究竟选择哪一家?有质量好的、有价格低的、有服务周到的,选择哪一家,要看公司的具体需要,供应商没有好

和坏，只有合适和不合适。

选择进来之后，有些供应商由于自身的原因慢慢掉了队，也有些供应商发展的速度跟不上公司的发展节奏。一方面我们不断吸引新的供应商与公司建立合作关系；另一方面，我们通过对供应商的改善指导和帮扶，来促使他们的提高。然而，总是有些供应商会在竞争中被淘汰出局。从供应商的选择、考核、开发、合作、发展、绩效管理到退出，我们需要对其开展全生命周期的风险管理（见图8-1）。

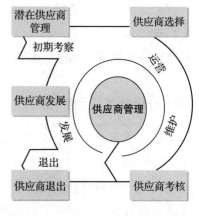

图 8-1 供应商全生命周期风险管理

（一）筛选漏斗：做采购最怕选错供应商

好的供应商是筛选出来的，可以通过三个步骤来进行，我们称为"供应商筛选漏斗"（supplier filter funnel，SFF）模型（见图8-2）。

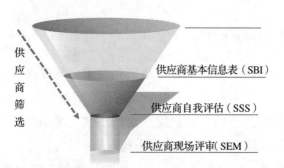

图 8-2 供应商筛选漏斗模型

（1）首先，我们需要对潜在供应商有一个基本的了解。可以要求他们填一个供应商基本信息表（supplier base information，SBI），根据供应商所提供的信息和合作意愿，就可以做出一个初步判断，确定哪些可以进入下一轮的筛选。

（2）这些被筛选出来的供应商，我们再让他们做一个供应商自我评估（supplier self survey，SSS），这样再筛选一轮，剩下的潜在供应商就不多了。

（3）经过两轮筛选之后，我们再对供应商进行全面了解和评估，开展正式的供应商评审，得到目标供应商清单。

这三轮的筛选，是一个由浅入深的过程。SBI 了解的是基本信息，得到的是一个长的供应商清单；SSS 是对供应商的进一步了解，得到一个短清单；最后再做一个全面评估，得到目标供应商清单。

筛选漏斗是一个过滤风险的过程，可以将一些明显的风险排除在外。例如，你所在企业是一家大型的知名企业，正在寻找"门当户对"的战略合作伙伴，有的供应商注册资金很小，明显达不到门槛要求，通过这种方式，可以筛选出相对合适的潜在供应商。

经过筛选后，再安排相应的供应商现场评审，就不会造成匆匆忙忙去供应商现场而浪费审核的时间。并且，如果我们建立了这样的供应商数据库，收集了行业信息，对于开展供应市场的风险评估也是有好处的。

（二）供应商交期风险

交期风险是采购最常见的风险之一。当供应商不能在承诺的交期交货时，他们总是会找一大堆理由来解释。例如，设备坏了，或者政府严查环保要求停产，这些都是意料之外的事情；再如，订单增加但是熟练工人不够，或者是没有预料到生产的难度，等等。

在交期方面，供应商面临的五个常见问题如下。

（1）供应商没有生产计划，或者根本不知道怎么排计划。

有些中小企业，没有专门的计划人员，生产计划由生产负责人来安排，他们可能提前一天甚至当天才会确定这一天的生产安排，更没有专业人员去提前做好物料的分析、产能的估算、人员的安排和订单的生产排序等工作。

对于工艺简单、种类不多的情况，供应商还能应付。如果工艺复杂甚至涉及外包，再加上产品种类多，涉及交付的齐套性时，供应商的计划管理能力就显得非常重要。计划管理较好的公司，一般都设有专门的计划岗位。

（2）生产计划形同虚设，工人挑熟练的、产出高的订单做（计件工资驱动）。

即便有了生产计划，工人是不是严格按照计划执行，又是另外一回事儿了。很多公司有人做计划，但是做计划的是一拨人，生产的又是另外一拨人。

做计划的人指挥不动生产人员，一线生产的人根本不按照计划人员做的计划去工作。他们的理由可能是多方面的，工人更愿意做能够熟练操作、容易做的活；生产线如果涉及换线调机，比较费事，耽误工夫，他们会考虑换线次数最少的活，自己挑选订单做。

另外，有一些工厂是计件工资的模式，工人考虑到自己的收入，可能会挑选产出高的订单做，而不是按照公司紧急或优先顺序去生产，这样就造成着急的订单没做出来，做出来的反而是不着急交付的。

为了确保计划的执行，一般需要有系统保障。生产什么不是由人决定的，而是根据计划指令进行。

（3）供应商不了解自己的产能，或者客户需求高于产能，无法满足。

供应商与采购打交道的往往是销售人员，也有的是老板，他们其实并不一定了解生产情况，对自己公司的产能和计划不太清楚。但是，销售人员为了拿到订单，为了自己的业绩，总是会给客户承诺，但是他们回去之后根本搞不定自己的生产部门。

管理规范的企业，在给客户报价时，不会盲目地答应客户要求的交期，他们会做一个评审，各个相关部门都需要评估一下是否能满足客户的需要。从物料、产能安排、人员的数量、物流等各个方面进行评估，确认好相对准确的交货时间后，他们才会给客户承诺。

（4）因为供应商物料采购时间过长，或者供应商的供应商交付延迟而耽误。

供应商对自己的供应商管理也是一个很重要的问题，如果供应商没有足够的供应商资源储备，或者供应商开发和管理的能力不强，在接到客户订单后，一旦他们采购原材料或零部件遇到困难，采购的产品质量有缺陷需要退换货，或者某一种材料延期交货影响到齐套性等，都会导致供货周期的延长。

我们在评审供应商时，对供应商的供应商管理要深入了解，我们要弄清楚他们是如何选择和管理他们的供应商的，他们的供应商绩效如何。因为他们的直接供应商也就是我们二级供应商，我们有必要去关心和了解一些二级供应商的情况。

对于二级或更加上游的供应商提供的关键性材料，我们平时要密切关注其供应市场的变化情况，以及供应商对这些重要材料的库存备货状况。

（5）新的订单利润更高，或者客户更重要，供应商把别的订单插到你的前面。

当然，你一般无法预料到供应商的其他客户会有什么样的需求，当市场需求增加时，供应商的产能成为稀缺资源。我们的同行、竞争对手，或者供应商的其他客户，也在争分夺秒地抢夺资源，他们可能开出比我们更高的价格、更好的条件，来换取供应商优先生产他们的订单。

对于中小型企业来说，它们也擅长所谓的灵活变通，所以后接的订单也许会排到先前的订单之前，那么有些客户的利益就会受到影响。我们一方面需要通过合同来保障供货的要求，另一方面也要与供应商维持良好的合作关系，以保证稳定的供应。

供应商交付存在不及时的风险，这其中有供应商的原因，但肯定也有一部分是企业自身的原因造成的。

（1）紧急增加订单或者没有足够的采购前置时间。

紧急需求是无法预料到的，一般来说，这种情况比较特殊，比率也不会太高，如果频繁的有紧急订单，那就要了解是不是客户内部出了什么问题，常见的情况有，客户数量计算错误、生产部门把材料做报废了、客户材料失窃、受损等原因；或者客户另外一家供应商出了问题，要把订单转移过来；或者客户的客户那边另有要求，等等。

发生这些情况的这时候，如果需要采购原材料，则没有足够的前置时间，供应商无法保证供应，采购也只能尽力而为之，所以常用的物料，我们一般建议备有安全库存。

（2）没有按时付款。

在国内，很多公司存在拖欠供应商付款的情况，有些公司付款审批流程很慢，公司规模大了，付款要各级领导审批签字，而这些领导又经常出差、开会，造成审批时间会比较慢，而有些公司是恶意拖欠，这就大大影响了供应商的积极性，导致企业与供应商之间信任度很低。于是采购人员左右为难：一方面，公司要求供应商能够按时交货，并将其作为考核采购部门和供应商的指标；但是反过来，供应商会问你，你不能按时付款，凭什么让我按时交货？

（3）计划频繁变化。

计划的频繁变化，一方面是指优先顺序的变化，另一方面是客户有新的订单要插队。这在一些制造型企业是非常普遍的现象，他们并未对计划进行锁定。

优先顺序的变化，也有两种情况：一种情况，因为客户的计划变化，原本着急的，变得不着急了，而原本不急的，现在要提前生产了。采购物料的到货计划是根据之前的生产计划制订的，这样需要提前生产的物料可能还没到位。另一种情况，是企业内部信息流不畅通，特别是对于组装型的企业，物料的齐套性很重要，有时候产品上了组装产线，才发现有些物料短缺，这时候不得不停下来做其他产品，计划就被打乱。

计划的频繁变化，必然会影响生产效率。所以，生产计划的锁定、定期更新是非常必要的一件事。企业内部的信息流畅通也非常重要，否则物料的领用也会混乱，经常会发生一个项目的物料被挪用到另外一个项目去了。

（4）没有合适的供应商。

没有合适的供应商，是指目前的供应商不是最适合公司的，存在着各种各样的问题，有的企业的供应商每次交货都存在大量的质量问题，采购部疲于应付各种供应商质量问题。那为什么不淘汰这些供应商呢？

市场上并不是没有好的供应商，只是由于公司的供应商选择工作不是很科学和系统，比如说，企业长期以来更偏重于采购价格，没有与供应商深度合作，建立战略合作关系。这样一来，时间一长，好的供应商就退出了，导致劣币驱除良币，好的供应商被淘汰了。当企业面临更多的订单，客户要求更高的时候，现有的供应商是满足不了的。

（三）供应商质量风险

在质量管理领域，有六个因素可能会对质量造成影响，即人、机、料、法、环、测。这六个字反映了影响质量波动的系统性因素，英文简称为5M1E[人（man）、机（machine）、料（material）、法（method）、测（measurement）、环（environment）]分析法。我们可以将这个方法应用到供应商的质量风险管理中。

1. 人

人的培训：员工要上岗，需要具备一定的技能，一般需要通过相关的技能培训。对于生产一线的员工，如果没有经过培训，很可能会出现以下几种情况。

（1）人伤机器。人由于缺少培训，操作不熟悉，导致设备故障或工装模具的损坏，维修设备或模具会造成生产线的中断，不但会增加额外的维修费用，而且会造成交期的延误。

（2）机器伤人。由于操作不熟练，人在操作机器中可能伤到手或身体其他部位，这就造成了安全事故。

（3）效率低下，报废率高。没有培训的员工，与熟练工相比，必然产出低，而且做出来的产品合格率低，造成材料报废。

人的安全：虽然企业的第一目标是赚钱，但是没有什么比人的安全更重要的了。然而，在很多国内企业中，安全问题总是被忽视。

在欧美企业中，公司的安全意识非常强，人的安全永远是放在第一位的，有专业的EHS人员负责生产安全管理，他们要检查进入车间的人员有没有佩戴安全防护设备，消防设施是否齐全、是否在有效期，是否正确使用危化品，现场是否有不安全的隐患等，并经常对员工进行安全培训，比如播放一些安全事故的视频来给大家培训，让大家提高安全意识，减少安全事故的发生。

我们在验厂审核时，必须关注安全因素，如果发现供应商的安全意识薄弱，现场有安全隐患，需要立即提出整改要求。

人员的稳定性：我们要了解供应商人员流动比率是否在合理范围内，因为太频繁的人员变动意味着一直有新老员工的交替。新员工如果没有从事过同类工作的经验，短时间内很难熟悉操作流程，可能影响产品质量的持续稳定性。

另外，可以了解供应商是否有一些团队建设和凝聚力的活动。因为通过这些活动，可以提高员工之间的互相熟悉程度，加强员工之间的关系，员工在工作上的配合意愿和默契程度也自然会有所提高。

2. 机

机器和设备在使用过程中，需要根据使用说明做定期的维护和保养，我们需要了解供应商的机器设备是否有保养计划，是否按计划进行并保存有维护维修的记录，设备的备品备件是否有库存。

有的供应商为了加班加点生产，没有安排时间把设备停下来做设备检修，由于过度使用，或者易损件没有及时更换，在长期高负荷运转下，说不定某台设备某个时候突然就不工作了，这就像一颗定时炸弹。如果等到设备损坏了，再紧急去请设备厂商维修，更换备件，往往会耽误很长时间。

磨刀不误砍柴工，机器设备必须要定期检修和维护，做好预防措施，设备被很好地维护保养，才能保证持续稳定的生产。

3. 料

料包括供应商采购的原料和交付给客户的产品，因为供应商的成品就是客户的原料，这里主要看以下几个方面：

- 供应商对来料是否进行检验？检验的结果是否经过统计分析？对于不合格品的处理方式是什么？
- 供应商对他的供应商是否有系统性的评审？有没有一个合格供应商名录？是不是每次都是从合格供应商处采购？
- 客户退回的不合格产品是如何处理的，有没有流程？特别要注意，有的供应商可能会将这些产品换个包装，又发给别的客户了。
- 物料的存放处，是否符合存放条件，是否做到先进先出？库存水平是怎么控制的？是否有过期的材料用到生产中？
- 物料发放到生产时，从生产流转的过程，到制作成产成品，是否有完整的过程跟踪记录？这样当发现质量异常时，可以根据成品的批次查询到原材料的物料批次。
- 是否有过程检验，并确保每个环节的不合格品没有流转到下一个环节？
- 产成品是否做出厂检验，确保发给客户的产品都是合格品？

此外，我们也要看，质量部门在来料检验中有多少次是让步接收的，以及让步接收的原因是什么。若一个企业让步接收的比较多，可能会存在以下三种情况。

（1）质量要求太高，供应商很难达到，而实际不需要这么高的要求。

（2）供应商质量不稳定，可能是因为频繁更换供应商，也可能是同一个供应商出现不稳定。

（3）质量人员与采购人员之间可能存在矛盾？

所以，如果我们发现供应商的来料检验中让步接收比较频繁，必须要引起注意。不管是什么原因，都是供应商在自己的供应商管理上没有做好，是一种不确定、不稳定的因素。

4. 法

法就是指在生产过程中所需遵循的一系列规章制度。其中包括生产工艺指导书、标准化作业流程、生产图纸、生产计划表、产品作业标准、检验的标准、各种操作规程等。它们的作用是能及时准确地反映产品的生产性情况和对于产品质量的要求。

严格按照这些规程进行作业，是确保产品质量和生产进度的一个条件，也能够确保质量是可以追溯和跟踪的。

5. 环

环境的变化对产品的质量也会有影响。

一方面，某些产品（如化学化工类、电子、高科技等特殊行业的产品）对环境的要求很高，例如，生产车间需要对温度和湿度进行控制，或者需要无尘的洁净车间等。也就是说，必须要检验供应商的生产车间是否完全符合生产该产品的环境要求。

另一方面，一个公司在北美的工厂和在中国的工厂生产出来的产品质量有可能会因为环境的不同而有所不同；中国南方和北方的气候不同也会造成产品的质量差异；冬天和夏天，甚至白班和夜班的气温差异对质量也会有微小的影响。

此外，近几年我国对污染排放控制得非常严格，必须要了解供应商是否有涉及环境安全的隐患，避免被政府勒令停产，造成供应中断。

6. 测

即使人、机、料、法、环这五个因素都审核过了，仍然有可能会存在质量问题，那可能是因为测量和检验。

首先，供应商的检验和测量的人必须要具备相关资质，比如做无损探伤（NDT）检测的必须要由持有该认证（射线 RT、超声 UT、磁粉 MT、液体渗透 PT）的检验人员操作。

此外，检验工具和仪器必须在校验期内，一般来说，检验工具和仪器要定期送到当地的质量技术监督局进行校验。否则，超过校验期限的仪器的检验结果可能不准确，用这样的仪器去检验，结果肯定与真实结果有偏差。

关于供应商的风险管理涉及的内容非常广泛，在此章节不具体展开阐述。有兴趣的读者可以参考《供应商全生命周期管理》一书。

四、成本风险管理：为什么是这个价格

在采购人员的实际工作过程中，不时地会面临降成本的压力。到底什么样的价格是合适的？什么样的价格能让老板信服和满意？如何控制成本风险？这是困扰采购人员的第一难题。宫迅伟在《如何专业做采购》一书中提出，采购人员必须有能力回答：为什么是这个价格？

为了解决成本风险控制的难题，首先，我们提出了"三全融合"的理念，即全流程、全方位、全员进行采购成本的控制；其次，采购需要利用TCO来控制总成本风险，并利用成本分析及成本模型来控制价格方面的风险。另外，价格泄露及价格审核中的风险也不容忽视。

（一）全面采购成本控制风险

为了获得合适的采购价格，必须有效地控制采购成本。传统采购通常是依靠强制性压价的方式来降低采购成本，这会导致供应风险的上升（低价易引发低质量、送货延迟甚至供应中断的风险），从而增加采购总成本。

对此，我们需要利用"三全融合"的理念进行采购成本的控制：

- "全流程"是指对从采购需求开始到满足采购需求的全过程进行成本风险的控制，风险有可能发生在采购的任何一个节点上。
- "全方位"是指控制成本的方法有多种，可以利用策略杠杆、管理方法、技术手段来实现全面（全供应链）的成本管理，采购需要灵活运用这些方法与手段。
- "全员"是指尽可能多地调动利益相关方参与到成本控制的工作中来。需要指出的是，降低采购成本不只是采购与外部供应商之间的博弈，还要通过内部跨部门合作来开发供应链上的价值点。并

且，通过外部与供应链伙伴协同，来挖掘创造价值和降低成本的机会点。

要实现"三全融合"，供应链的协同至关重要，要防止信息闭塞造成的"牛鞭效应"。同时，又要打破上下游各职能间的"部门墙"，协调一致进行资源的高效配置与优化。

（二）TCO 风险

TCO（总拥有成本），可以描述为产品的采购成本及在其整个生命服务周期中发生的其他成本之和。它通常包括购买、安装、财务佣金、维修保养、运营、售后服务、后续处理等相关成本。

TCO＝支付价格＋获得成本＋拥有成本＋使用成本＋处置成本

在采购实践中，由于购买成本比较容易计算（通常体现在采购报价上），其他成本相对不容易量化，所以采购人员往往关注当时的采购成本，并以此为依据做出采购决策。这往往会导致对未来运营和维护成本的忽视，短视会带来长远的损失。

有的供应商也会抓住这个心理以低价敲开采购的大门，但产品在后续的使用中常常发生各种问题，造成额外的成本支出。好比在找对象的时候，只看对方的经济条件，而不把个人品质纳入考量，这样在度过了快乐的蜜月期以后，在长期的生活中，当个人品质开始起主导作用的时候，隐藏的矛盾便会爆发出来。

因此，忽视 TCO 的决策会带来总成本增加的风险。在采购管理的实践中，必须重视 TCO 模型的建设，针对采购的产品逐项分析，寻找成本控制的进攻点和突破口。

【案例 8-3】

2017 年，全球领先的市场调研公司益普索（Ipsos），发布了关于 5 年养车 TCO 的研究数据（见表 8-3）。养车总成本（TCO），是购车之外基于车辆的所有总支出。TCO-5 为车辆行驶 5 年的总成本，包含维修保养费用、保险费用、燃油费用、二手车折旧费用等支出。研究表明，养车总成本其实远比我们想象的高得多。

表 8-3 不同车型的总成本分析

（单位：元）

品牌	车系	车型	排量	实际裸车价	5年使用成本	总成本
上汽大众	帕萨特领驭	2011 款自动尊享型	1.8T	182 100	192 526	374 626
广汽丰田	凯美瑞	2012 款凌动版	2.5L	200 500	177 292	377 792
东风日产	天籁	2012 款 XL 智享版	2.5L	203 300	191 234	394 534
广汽本田	雅阁	2012 款 LX	2.4L	190 400	170 257	360 657
一汽大众	迈腾	2012 款舒适型	1.8T	202 600	181 069	383 669
上汽通用别克	君越	2012 款 SIDI 舒适型	2.4L	219 200	214 565	433 765
长安福特	蒙迪欧	2012 款 GTDi 240 旗舰运动版	2.0L	230 900	251 320	482 220

数据告诉我们，不要单单盯着新车优惠，也不要仅盯着油耗，养车总成本远比我们想象的高得多。本次 TCO-5 调研选取了国内市场上 7 款主流 B 级车，并以燃油费、维修保养费用、保险费用、年检费用、二手车折旧费用这五大主要花费为出发点进行横向对比。

养车费用从低到高分别为雅阁、凯美瑞、迈腾、天籁、领驭、君越和蒙迪欧。在对比的车型中，雅阁在各种花费中均占优，5 年花费 170 257 元；蒙迪欧养车最贵，比雅阁多支出 8.1 万元，位列最后，5 年的花费比买辆新车还高。

可见，在购置汽车时，除了要考虑裸车的价格，还要计算使用成本，通过 TCO 来做出购车决定。购买汽车和我们采购产品是一样的，特别是采购设备，一定要用 TCO 的思维去核算成本。

（三）构建成本模型，控制价格风险

很多公司对成本的管理还停留在"货比三家"的阶段，通过报价明细了解差异，但对价格背后的成本基础却不了解。如果不懂得背后的成本来源，则难以判断采购价格高了还是低了，容易造成价格失控的风险。

成本分析是公司成本管理的一个重要工具，同时也是采购人员在审核报价的合理性，以及与供应商谈价时经常会用到这个方法。一般来说，成本分析是使用生产经营过程中发生的各种耗费，按照一定的对象进行分配和归集，以计算总成本和单位成本的过程。说得明白点，成本分析做三件

事：收集数据；建立成本模型；分析应当成本⊖。

要想做到"准确"的成本分析及模型构建，需要获取大量的数据：熟悉生产制程，调查每个步骤的资源投入量，这往往牵涉到收集供应市场的信息，如原材料的单价、制程中所用机器设备折旧、直接人工的工资，以及背后的计算逻辑（又称为"算法"，不同的应用情景，对算法的要求不同）等，而这些数据大多采用的是市场平均水平，或者是源自成本分析人员的假设，取决于分析人员对产品和供应市场的认知度、对成本动因的熟悉度等，这些因素都会导致成本分析出现误差。

那成本分析及模型的结果怎么用呢？也就是如何让执行的人明白你的逻辑，同时让用的人同意你的结果呢。我们经常看到，对于分析结果的讨论，上演的是一番唇舌大战，争得面红耳赤。这会涉及几件事。首先，公司上下是不是支持使用这种方法。如果公司投入做成本分析，结果并没有想象的那么明显，急功近利的老板对这件事就不那么上心了，下面人员必然难以执行。其次，分析人员是否够专业，有没有可信的数据库和算法，并得到了财务部门的认可。

因此，成本分析和构建成本模型需要大量的资源投入，其分析结果的合理性及应用均存在风险。

【案例8-4】

某著名小家电企业由于行业竞争异常激烈，因此保持成本领先一直是企业发展的战略。在企业战略推动实施的过程中，公司采用了多种成本控制手段，几年下来尽管收效不小，但是采购中仍然存在不知根知底的成本。因此，公司在2012~2014年经过多轮成本招标竞价厮杀后，逐步引入了成本管理体系以及成本模型。同时，公司的招标也更加规范，通过成本模型核算出产品应当成本作为标底，用于产品的招标和谈判。2015年收效明显，该年降低成本1.8亿元，受到公司的嘉奖。

（四）防止价格信息泄露风险

价格信息永远都是机密的和敏感的，它决定了供应商的选择、产品方

⊖ 应当成本来自should cost的直译，是通过数据输入和计算逻辑算出的成本。

案的定型、市场的推广，以及公司最终的利润水平。因此，在经营过程中，有效地保护价格信息是非常重要的。

在产品的全生命周期中，有许多人员可以接触到价格信息。例如，在新产品的开发过程中，供应商的报价信息会在项目会议中展示，整个参与会议的项目成员都能了解到。虽然采购人员对价格具有强烈的保密意识，但是项目组的其他成员与供应商的相关部门也会有合作，比如研发人员会与供应商的工程人员沟通技术方案，这些都与成本相关，一不小心，极有可能导致价格信息的泄露。一旦供应商通过这种渠道了解了其他供应商的报价，就可以操纵价格，给公司带来损失。

因此，价格信息的分享与保密意识的提高非常重要，否则极易产生泄密风险。与员工以及供应商签署保密协议是基本的防控措施。除此之外，采购要对价格进行严格管控，所有的价格信息均由采购负责管理，项目团队不经手价格相关的文档。比如，在项目会议展示中，不列举具体数字，仅用高、中、低来表示。

（五）价格审核中的风险

通常很多公司会对报价进行审核（内部核价），这个过程可能是由采购人员来操作，也可能是由专门的核价人员进行处理，价格审核的角色有的在采购部，有的在财务部，有的在成本控制部等。

与成本分析类似，这个过程中也会有潜在的风险，主要体现在核价人员自身是否具备相应的成本分析及价格审核能力。在大型公司，成本分析会由专门的团队来做，通常偏好由有工程技术背景的人员来担任。他们会研究产品制程，获得生产参数，建立算法和数据库。如果没有这些基础，便无法判断价格的合理性。核高了，会对公司造成损失；核低了，又会与供应商争吵，导致重新谈判，造成资源的浪费。而强行压价，会有低价低质的风险。

那对于中小型公司以及非工程技术背景的人员就没有机会了吗？也不是。我们推荐一种比较好的替代方法——"精通报价模板"。当然，前提是你必须设计一份清晰又好用（足够反映关键成本动因，又不至于太复杂）的报价模板，同时供应商也愿意配合填写。当你收到这样的报价后，可以货比三家，实地勘察，发现隐藏在数据背后的玄机。因此，我们更强调的是采购人员要具有成本分析的思维，然后在实践中不断调整成本分析的方法，最后训练成所负责品类的成本专家。

可见，采购只有具备成本分析与控制的专业技能，才能承担"成本守门员"的职责。同时，企业需要构建各品类的成本模型，并不断积累成本的数据，以便在成本审核时有据可依。

此外，成本审核的机制也很重要，有的企业专门设立了采购委员会来审核价格。对于重要的项目，有的企业甚至会引入外部咨询顾问来进行专业的审核。

关于成本风险管理的手段和方法，涉及的内容非常广泛，在此章节不具体展开阐述，有兴趣的读者可以参考《全面采购成本控制》一书。

【拓展阅读】判断供应商报价的合理性与真实性

作为采购人员，要有能力核算供应商成本的"两性"：一是真实性，二是合理性。怎么核算真实性呢？要做成本细分，把成本项目拆分开，一项项地去核。制造企业中管理做得细的，可以把成本拆分到工序。

供应商是怎么报价的？首先要由技术人员核算出直接材料、直接人工和制造费用，这样就能算出变动成本。为什么是技术人员去做？因为直接材料、直接人工和制造费用的每个环节都可以找到量和价。材料的价格采购部可以提供数据，核定量就可以；直接人工的价格，人力资源部有，工资是相对固定的，重点也是量；制造费用的价格，财务也核定好了，也是量的问题。量的问题，技术人员是清楚的，价格也有了，所以技术人员可以完成这项工作。

技术人员完成以后交给财务。财务再去分摊财务费用、管理费用和销售费用，完成后把这个数据交给销售。销售再加上利润，就是报价。销售加多少利润，要看客户是谁（如果对方资金充裕，那就要多加些）；看竞争对手，可以参考竞争格局；还要看供应商与客户之间的关系，看给客户创造的价值。

供应商是这样报价的，我们就要反过来去核实它的报价是否真实。如果供应商对我们成本公开，我们是可以核算出来的。要不然供应商自己是怎么核算成本进行报价的呢？

但真实的未必是合理的。我们可以从三个维度去分析供应商报价的合理性,即横向比、纵向比和结构比。

横向比就是货比三家。把两个供应商的报价拿来进行比较,比较下来,价格通常不一样,因为两家供应商的工艺能力不一样、管理水平不一样、生产消耗量不一样、进货渠道不一样,所以量也不一样、价格也不一样。有没有可能一样呢?有可能,就是串标。即使不一样,差距也不应当很大。如果差距真的很大呢?第一种情况,图纸看错了;第二种情况,供应商不会报价;第三种情况,恶意报价,盲目报价。

有时候采购手上没有其他供应商,或者供应商之间成本结构不一样,这时候就要纵向比,就是自己跟自己比。今年第 n 月与上一年第 n 月的采购价格比,叫同比;连续两个统计周期(比如连续两月、连续两季)的采购价格比,叫环比。

还有结构比,或者叫百分比。用这些百分比,参考行业的一般数据,又可以去做横向比、纵向比。

思考题

1. 端到端地梳理你所在组织的采购流程,提炼各个流程的内部控制点,并思考是否有改善空间。
2. 某内部客户向你提供了一张办公桌的图片,让你照着图片去买,你需要向该客户询问哪些问题?
3. 供应商筛选漏斗包括哪几个步骤的筛选和评估?
4. TCO 包括哪些方面的成本?请选择一个品类,尝试输出该品类的成本模型。

第九章

采购招标风险管理

学习目标

1. 了解如何选择合适的采购模式
2. 了解招标全过程的风险控制点
3. 了解串标与围标的风险管理措施

招标是一种常见的采购模式,企业通过招标为满足要求的供应商提供公平竞争的机会,同时也期望达到降成本的目的。招标从形式上来讲最合规,却经常出问题。在实践中,有的企业不仅招标过程操作不规范,而且流程机制的设计与《中华人民共和国招标投标法》(简称《招标投标法》)是相违背的。有的企业凡事都走招标,却没有达到预期的目标。还有的企业,利用招标形式掩盖了不正当的利益。

我们首先需要根据企业的实际情况选择最恰当的采购模式,然后对招标全过程的风险进行控制。可以这么认为,招投标过程是一个靠法律程序运转的过程,全过程需要遵循公平、公开、公正的原则。

一、选对模式:招标还是非招标

根据我国《招标投标法》的相关规定,针对国有企业、政府采购或者花政府钱进行的采购,为了尽量确保过程和结果的公平、公开和公正,国家从法律上明确了必须采用招标的情形。

很多企业也将招标作为最常用，甚至是唯一的采购方式。其实，招标不一定是最完美的选择。我们来看看下面 SG 公司的案例。

【案例 9-1】

SG 公司为了提升采购的规范性，要求所有物料都要经过招标才能购买。招标后成本平均降幅达 17%，但是不到 3 个月，由于采购量过小，好几家中标的供应商纷纷要求涨价，甚至有的供应商单方面撕毁合同，终止了与该公司的合作。

在采购实践中，很多公司都像 SG 公司一样，将招标视为万能药，就好像招标能一招制胜，无坚不摧。但最终结果往往事与愿违，本想通过招标来降价，没想到却越招越贵。

（一）招标适合什么场景

我们认为，企业应该在符合法律规定的情形下，根据采购项目的特点和实际需求"对症下药"，选择合适的采购方式。通常来说，当市场竞争比较充分，有较多可以选择的供应商，并且采购量比较大时，应该制定招标采购的策略。

根据卡拉杰克模型，对于价值较大、供应风险较小的"杠杆型"物料，更适合采用招标的方式（见图 9-1）。即便如此，对于"杠杆型"物料，竞标也不是唯一方案，还有目标价格法、竞争性谈判等其他的采购方法。

图 9-1 卡拉杰克模型

【知识链接 9-1】《招标投标法》所规定的必须招标和可以不进行招标的情形

《中华人民共和国招标投标法》第三条规定，在中华人民共和国境内进行下列工程建设项目包括项目的勘察、设计、施工、监理以及与工程建设有关的重要设备、材料等的采购，必须进行招标：

（一）大型基础设施、公用事业等关系社会公共利益、公众安全的项目；

（二）全部或者部分使用国有资金投资或者国家融资的项目；

（三）使用国际组织或者外国政府贷款、援助资金的项目。

《中华人民共和国招标投标法实施条例》（简称《招标投标法实施条例》）第九条规定，除招标投标法第六十六条规定的可以不进行招标的特殊情况外，有下列情形之一的，可以不进行招标：

（一）需要采用不可替代的专利或者专有技术；

（二）采购人依法能够自行建设、生产或者提供；

（三）已通过招标方式选定的特许经营项目投资人依法能够自行建设、生产或者提供；

（四）需要向原中标人采购工程、货物或者服务，否则将影响施工或者功能配套要求；

（五）国家规定的其他特殊情形。

（二）招标与其他采购模式的对比

1. 招标与单一来源采购的比较

招标程序的缺陷主要在于程序繁杂、周期长、耗时耗力。对于一些标的物价值较低或时间紧迫的采购项目，不一定适合招标的方式。

通常来讲，对于只能从唯一供应商处采购的，发生不可预见的紧急情况后不能从其他供应商处采购的，或者为了必须保证原有采购项目的一致性或者配套服务要求的情形，单一来源的采购更为合适。采购人向单一供应商直接进行采购，程序简单，交易成本低，能快速响应需求，缺点在于竞争性可能不足。

【知识链接 9-2】

根据《中华人民共和国政府采购法》（简称《政府采购法》）第三十一条规定，单一来源采购主要适用于以下情形：（一）只能从唯一供应商处采购的；（二）发生了不可预见的紧急情况不能从其他供应商处采购的；（三）必须保证原有采购项目一致性或者服务配套的要求，需要继续从原供应商处添购，而且添购资金总额不超过原合同采购金额百分之十的。

2. 招标与竞争性谈判、竞争性磋商的比较

竞争性谈判和竞争性磋商两种采购方式的流程设计和具体规则基本相似，一般要经过组建谈判小组、制定采购文件、确定供应商范围并组织谈判以及确定成交供应商等程序。区别在于，针对最终供应商的选定，竞争性磋商一般采用"综合评分法"，而竞争性谈判一般是以"最低价成交"。

与招标投标方式相比，这两种采购方式的优势在于省去了复杂的招标程序，可以提高采购效率，并且可以根据情况就采购项目的实质性内容进行多次谈判、磋商，而不受一次性报价的限制。缺点在于存在一定程度的主观性，竞争的充分性可能不如招标投标的方式。

【知识链接 9-3】

根据《政府采购法》第三十条规定，竞争性谈判主要适用于：（一）招标后没有供应商投标或者没有合格标的或者重新招标未能成立的；（二）技术复杂或者性质特殊，不能确定详细规格或者具体要求的；（三）采用招标所需时间不能满足用户紧急需要的；（四）不能事先计算出价格总额的。

根据《政府采购竞争性磋商采购方式管理暂行办法》（财库[2014]214号）第三条规定，竞争性磋商方式主要适用于：（一）政府购买服务项目；（二）技术复杂或者性质特殊，不能确定详细规格或者具体要求的；（三）因艺术品采购、专利、专有技术或者服务的时间、数量事先不能确定等原因，不能事先计算出价格总额的；（四）市场竞争不充分的科研项目，以及需要扶持的科技成果转化项目；（五）按照招标投标法及其实施条例必须进行招标的工程建设项目以外的工程建设项目。

3. 招标与询价的比较

询价是指采购方向多个选定的供应商发出询价通知书，然后对其提出的报价进行比较并确定最终交易对象的采购方式。

根据《政府采购法》第三十二条的规定：采购的货物规格、标准统一、现货货源充足且价格变化幅度小的政府采购项目，可以依照《政府采购法》采用询价方式采购。

与招标方式相比，询价具有采购程序简单、工作量小、采购成本低等优势。其缺点在于有"重报价、轻技术"的倾向，对技术因素评估不足，

并且在采购程序中人为操作的空间较大，易产生不正当交易或腐败现象。所以询价使用的范围一般局限在低价值物料上。

（三）公开招标、邀请招标与两段招标的选择

招标主要有两种方式：一种方式是公开招标，就是不限定特定的对象，通过新闻媒体广而告之，不限定投标方；另一种方式是邀请招标，就是向特定对象发出邀请，要求是必须3家以上。但也不建议太多，竞标方如果太多，竞争虽然充分，但是同时也会增加很多操作成本，需要有个度。

采用公开招标还是邀请招标，要看具体的项目情况。简单来说，公开招标应作为政府采购的主要采购方式。但是对于比较紧急，或者仅有少数几家单位能够承建或供货，或者涉及国家机密等的项目，也可以不公开招标。如果不涉及公共事业、基础设施建设、财政拨款，建设单位为非国有性质，自有资金项目可以邀请招标。

【知识链接9-4】《中华人民共和国招标投标法实施条例》摘录

第八条 国有资金占控股或者主导地位的依法必须进行招标的项目，应当公开招标；但有下列情形之一的，可以邀请招标：（一）技术复杂、有特殊要求或者受自然环境限制，只有少量潜在投标人可供选择；（二）采用公开招标方式的费用占项目合同金额的比例过大。

招标的时候，有时会采用"两段招标"（two-stage bidding）。这种招标方式是针对技术十分复杂的、无法精确拟定技术规格的大型招标项目，招标单位的要求在一开始无法描述清楚，于是分成两个阶段进行。

第一阶段，招标单位采用公开招标的方式广泛吸引投标者，给供应商一个征求意见书（RFP），让供应商提供一个初步技术方案，咨询行业里叫"项目建议书"，招标单位对投标者进行预审；第二阶段，等技术方案确定以后，从供应商中选择三家以上进行详细的报价、开标、评标，这时再给供应商一个报价邀请函（RFQ），也就是让供应商报商务价。

小师妹插嘴

上面提到了很多不同的法律法规，如《招标投标法》《招标投标法实施条例》还有《政府采购法》等，当不同法律对同一问题有不同规定时，以哪个为准呢？

学霸掉书袋

应该按照"特别法优于一般法""新法优于旧法""上位法优于下位法"的原则。例如,《招标投标法》是由全国人大及其常委会颁布的法律,《招标投标法实施条例》是由国务院颁布的行政法规,前者的效力要高于后者,应当优先遵守。

二、招标全过程风险控制

企业首先要选对采购模式。但是,招标方式选对了,是不是代表就没有风险了呢?我们来看看下面这个案例。

 【案例9-2】

HD公司发布某软件开发服务采购项目,该品类属于充分竞争的市场,供应商A、B、C都满足投标的基本资质要求。供应商A的报价比供应商B的报价低50%,比供应商C的报价低45%,供应商A以绝对的成本优势中标。中标后供应商A不断以超出项目边界为由提出涨价要求,此时软件开发已完成一半,如果更换供应商,不仅会带来更多的成本,而且会影响到HD公司新品上市的时间,HD公司最终不得不答应供应商A的涨价要求。

像HD公司由于"低价中标"带来风险的例子比比皆是:有的供应商最开始以低价中标,后面以各种理由提出涨价要求;有的供应商"以次充好",给公司带来质量风险。

《人民日报》2017年5月31日、6月26日曾两次发文诟病最低价中标(《质量是企业立身之本》《最低价中标,该改改了》)。以最低价中标的生产企业由于没有利润空间,很容易偷工减料,突破道德底线,尤其是在工程建设行业,因低价中标酿成安全事故的案例不在少数,有人将这一现象戏称为"饿死同行、累死自己、坑死甲方"。

质量是企业的立身之本。《中华人民共和国产品质量法》(简称《产品质量法》)规定,企业要承担产品质量的主体责任。如果一味地"重成本""轻质量",不仅影响到企业的发展,还阻碍了国家经济的转型升级。

作为采购，不仅要选对采购模式，还要想清楚招标的目的是什么？全面地思考招标各个环节中可能存在的风险，你的标书中是否规定了实质性的要求和条件？评标标准合理吗？招标结果被正确执行了吗？

从招标准备到决标，风险伴随始终，不仅是成本风险、质量风险、舞弊风险，还有可能带来法律风险。如果操作不合规，很有可能造成招标无效、中标无效、串标等后果，影响招标项目进度，还可能带来经济损失。

我们对招标主要环节的风险进行了分析，并将风险控制点列成了检查单的形式，便于大家在实践中对照检查和执行。

（一）招标环节的风险控制点

招标准备是招标过程中非常重要的一环，但往往也是企业最容易忽视的一环。很多企业为了方便，招标模板、评标标准拿来就用，结果产生一堆问题。

1. 招标策划

在招标策划时，我们首先要弄清楚招标的目的是什么？采购项目的类型复杂多样，成本不一定是我们追求的唯一目标。招标达不到想要的效果，往往是目标没找准。例如，很多企业都有员工生日礼品的采购，但是低价中标的礼品经常招致员工的不满，问题的根源就是没有找准招标想要达到的目的。对于这种类型的采购，在符合预算的情况下，并不一定是价格越低越好。

如何明确招标的目标呢？这需要建立在充分地需求分析、供应市场分析以及宏观环境分析的基础上。如果对企业的发展战略和经营目标把握不准，对宏观政策与行业动态的信息掌握不充分，很有可能最终达不到预期的招标效果。

招标策划完成之后，可以组织相关方对策划方案进行评审，参与人员一般包括招标主管、采购人员、研发人员、需求部门的人员等，以确保招标方案的完整性、有效性与充分性。评审的内容一般包括招标的策略与目标、标的物价格分析、参标商分析、评标标准、潜在的风险分析等。表9-1是一个标前评审报告的示例。

表 9-1 标前评审报告

_____招标项目评审报告

组织部门		招标项目		招标时间		评审会议时间	
评审会议邀请人员							
实际参加人员					请假人员		
评审内容							
一、本次招标主要策略、目标							
二、标的现价及目标价、年度预计采购量及采购金额（说明每个型号的情况）							
三、标的标准的适合性、完整性的分析、讨论、说明							
四、原材料现价、上次定价材料基价及走势分析，对本次招标的影响。本次招标原材料基价情况							
五、招标结果分配情况（预估中标商数量及分配比例，储备商数量及分配比例）							
六、参标商分析（考核数据、产能、新供应商考察评价情况）							
七、评标标准（质量、成本、供应、服务、创新各项所占权重）							
八、招标前参标商库存（已下订单及自行产生库存数据）							
九、现有供应商前期合作过程中的问题							
十、潜在供应风险分析及需要特别关注的事项							
十一、其他需要说明的事项							
十二、评审结论							

2. 资格审查

投标人的投标是否真实，以及投标人是否具备履行合同的能力，直接关系到招标项目能否真正落地。因此，招标人有必要根据项目要求，对潜在投标人进行资格审查。

对于潜在投标人过多的项目、大型复杂的项目以及有特殊要求的项目，提前进行资格预审可以提高招标效率。对于邀请招标的项目、无特殊技术要求的项目以及规模较小的项目，也可以采用资格后审的方法。

资格审查环节的主要风险在于审查标准设置不合理的风险，以及未能按标准进行审查的风险。主要有如下风险控制点。

（1）采取资格预审的，招标人应当在资格预审文件中详细规定资格审查的标准和方法。

（2）采取资格后审的，招标人应当在招标文件中详细规定资格审查的标准和方法。

（3）资格审查的标准应遵循公平、公开、公正的原则，设定的投标人资格条件应与招标项目的实际需要相匹配。

（4）资格审查时，不得改变或补充载明资格审查的标准和方法，或者以没有载明的资格审查标准和方法对潜在投标人或投标人进行资格审查。

（5）资格审查时，采用同一资格审查标准进行审查，不得利用资格预审排斥或歧视合格的潜在投标人。

（6）投标资格证明材料有非实质性错误的，应当允许潜在投标人澄清和补正。

（7）严格审查资格预审材料中是否有虚假情况。

（8）经资格预审后，招标人应当向资格预审合格的潜在投标人发出资格预审合格通知书。

（9）告知获取招标文件的时间、地点和方法。

（10）同时向资格预审不合格的潜在投标人告知资格预审结果。

（11）对资格后审不合格的投标人，评标委员会应当对其投标作废标处理。

 小师妹插嘴

资格预审时发现法人代表签名写错了，例如，将宫老师的"宫"写成了"龚"，是否可以拒绝其申请呢？

 学霸掉书袋

这种法人代表签名的错误，不属于实质性错误，完全可以要求其澄清与修正，不影响投标活动的公正性。

【案例9-3】伪造资料被取消投标资格

某公司在设备招标项目资格预审时，发现两家潜在投标人提供的资格预审资料存在问题：

供应商A提供的利润表中2017年的期初金额为500万元，但是2016年的期末金额为600万元；

供应商B ISO9000证书复印件上的有效期截止到2020年12月31日，

但是原件显示的截止日期是到 2018 年 12 月 31 日，原件与复印件不一致。

经过核实，这两家供应商伪造资料的情况属实。该公司决定取消其投标资格。

评析

在招标工作中，诚信应该作为红线要求，对于虚构资料的行为实行零容忍，这样有利于营造公平竞争的环境。

3. 标书起草

标书既是招标、投标、评标、定标的依据，也是签订合同的依据。标书编写的好坏直接影响到招标的效果，我们来看看下面这个案例。

【案例 9-4】

A 公司某项目招标文件中，对评标标准只写了一句话："本项目采用综合评标法。"招标结束后，未中标的供应商向监管部门提出投诉。经核查，标书中未对打分标准进行明确，综合评分法具体包括哪些评价因子、权重如何设定均未在标书中定义，而是在评标环节由评标委员会临时决定。最后，A 公司废止了此次招标结果，并且受到监管部门的处罚。

实践中，招标文件中语言含糊不清、内容不明确或者有明显错误的情况经常发生。标书中出现的"酌情评分""某某指标较好"等难以衡量和评价的标准，给招标工作带来困扰，也妨碍了公平竞争。

一份好的标书能将采购需求、评标标准以及各种权利和义务等清晰地表述出来，并且符合公平公正、无倾向性和无歧视性的原则。标书起草有如下要点。

（1）招标文件内容应符合招标项目实际。

（2）招标人应当在招标文件中规定实质性要求和条件。

（3）用醒目的方式标明不满足其中任何一项实质性要求和条件的投标将被拒绝。

（4）没有标明的要求和条件在评标时不得作为实质性要求和条件。

（5）对于非实质性要求和条件，应规定允许偏差的最大范围、最高项数，以及对这些偏差进行调整的方法。

（6）国家对招标货物的技术、标准、质量有特殊要求的，招标人应当在招标文件中提出相应的特殊要求，并将其作为实质性要求和条件。

（7）不得有倾向性或限制性条款。

（8）明确文件中的相关技术细节，避免因理解不一致导致后续成本的上升。

（9）根据采购需求与招标目的，制定清晰、合理的评标标准，评标标准需要公开。

（10）明确否决投标的条款，内容公开透明。

（11）招标人应合理划分标段并在招标文件中载明。

小师妹插嘴

在划分标段时需要考虑哪些因素呢？

学霸掉书袋

划分标段时需要考虑的因素主要有几点：① 竞争格局，如果标段太大限制了竞争，那么可以考虑划分成若干标段，扩大竞争范围；② 项目规模，一般项目规模越大，技术越复杂，所需资金越多，品类越多，可以考虑划分成若干标段来加快项目进度；③ 法律法规的要求，不能化整为零规避招标。

【案例9-5】限制性条款的示例

（1）某IT设备招标，提出技术要求，"要求国外知名品牌"，结果6家报名的供应商中，有4家很有实力的国内品牌厂家被排除在外。

（2）某生产设备招标，提出售后服务要求，"要求3年内如果设备零件出现任何故障，必须在一周内免费更换"，导致5家报名的企业中只有1家能满足要求。

（3）某培训类项目招标，提出付款要求，"根据学员打分进行付款，平均分90分以上付全款，80～90分付80%的款项，80分以下付50%的款项"，结果3家报名的供应商全部放弃投标。

（4）某工程项目招标，要求签订合同后7天之内开始施工，结果4家报名的企业中只有2家可以满足。

从以上案例可以看出，限制性条款的形式可能五花八门，有通过技术参数来限制的，也有通过服务要求、付款条件、工期要求等条款来进行限制的。这些不合理的门槛要求可能与招标公平竞争的原则相违背，对供应商合作的积极性造成一定的打击。

（二）投标环节的风险控制点

投标环节讲究公平性原则。在实践中，投标人为了谋求中标，可能会出现低价抢标后抬高报价，或者串标、围标的行为，给招标方带来各种风险，如工期延误、成本上升以及舞弊风险。企业可以参考《招标投标法》的相关要求，来规范投标过程，相关要点如下：

（1）投标人应当具备约定的资格条件以及项目履约的能力，不得伪造或虚构资质证明文件。

（2）避免招标方与投标方的利益冲突。

（3）投标文件应对招标文件的实质性要求做出回应。

（4）必要时需要写清项目负责人与主要技术人员等。

（5）投标文件应当在招标文件规定的截止时间前送达。

（6）截止日期前可以撤回、补充、修改。

（7）投标截止日期后禁止补充、修改、撤销投标文件。

（8）有多个修改时，以时间最晚的那个为准。

（9）法定代表人为同一个人的两个及两个以上法人、母公司、全资子公司及其控股公司，都不得在同一货物招标中同时投标。

（10）投标人根据招标文件载明的货物实际情况，拟在中标后将供货合同中的非主要部分进行分包的，应当在投标文件中载明。

【知识链接9-5】避免利益冲突

《招标投标法实施条例》第三十四条规定：与招标人存在利害关系可能影响招标公正性的法人、其他组织或者个人，不得参加投标。单位负责人为同一人或者存在控股、管理关系的不同单位，不得参加同一标段投标或者未划分标段的同一招标项目投标。违反前两款规定的，相关投标均无效。

（三）开标环节的风险控制点

开标环节主要体现招标的公开原则，需要如实公布开标过程情况，以便招标人与投标人，以及投标人之间相互监督。"公开"的原则，贯穿开标始终，主要有如下要点。

（1）对开标的时间、地点及程序需要在招标文件中做出明确规定。

（2）开标应当在招标文件确定的投标截止时间的同一时间进行，坚持即时开标制度。

（3）当众检查投标文件的密封情况。

（4）当众宣读投标人名称、投标项目的主要内容、投标价格及其他有价值的内容。

（5）核实有无撤标情况。

（6）核实投标人提交保证金的方式是否符合规定。

（7）投标人可以拿着自己的标书当着全体评标小组的面陈述自己的投标书，并且接受全体委员的质询，甚至参加投标辩论。

（8）投标人对开标有异议的，应在开标现场提出，招标人应当场做出答复，并做好开标记录。

（9）投标文件中含义不明确的地方，要允许投标人解释，但解释不能超过投标文件载明的范围，或有实质性的改变。

小师妹插嘴

开标时，发现某供应商的报价单没有写单位，是否应该按照招标无效处理呢？

学霸掉书袋

如果问题属于实质性偏差，则不允许澄清；如果属于非实质性偏差，应允许澄清；漏写单位属于非实质性的简单错误，可以要求投标人进行澄清。

（四）评标环节的风险控制点

评标是招标的核心环节，该环节对招标结果起决定性作用。该环节主要由评标专家来主导，评标专家如果不具备相关的专业性，或者评标不公、违规违纪，则可能导致招标无效，并且给招标方与投标方带来损失。

在实践中，评审专家滥用权力的现象比较常见。例如，某省通报了2019年上半年政府采购评审专家的履职情况，共有80名评审专家因为各种违规行为被处罚。具体违规行为包括冒充其他人参加评审，让他人顶替自己参加评审，违规停止评审，不该废标的废标等。

评标环节需要确保评标专家具备相关的专业性，按照评标标准的规定进行评标工作，公平公正地对待所有投标人。在整个评标的过程中，需要做好信息保密工作。该环节有如下要点。

（1）评标委员会成员应独立、客观地进行评审。

（2）评标中需要考虑的因素、分值的分配、打分的标准必须写入招标文件中，招标文件中未做要求的事项，不能作为评分考虑的关键内容。

（3）对投标文件的有效性、真实性、完整性进行审核。

（4）商务审查一般包括投标人的资质证明、履约能力、对商务条款实质性响应的审查，并核实偏离情况。

（5）技术审查一般审查是否符合技术标准和规范的要求。

（6）核查计算上是否有错误，进行算术性修正，如果数字与文字有出入以文字为准，单价与总价有出入以单价为准。

（7）核查保证金提交情况，未在投标截止时间之前提供的，其投标无效。

（8）按既定评标标准和方法评标。

（9）不要忘记售后服务和备件。

（10）评标委员会可以要求投标人对投标文件做出必要的澄清、说明或补正，或者向其明确投标文件中的遗漏和错误。

（11）投标文件不响应招标文件的实质性要求和条件的以作废标处理。

（12）不允许投标人修正或撤销其不符合要求的实质性内容。

（13）对报价的合理性进行审查，最低投标价不得低于成本。

（14）确定中标顺序。

（15）评标报告由评标委员会全体成员签字。
（16）确保评标专家具备相关专业性。
（17）避免泄露评标专家信息。
（18）依据招标文件和国家法律规定的情形进行否决招标。

【知识链接9-6】否决招标的常见情形有哪些

1. 投标人的资格条件不合格

根据《评标委员会和评标方法暂行规定》第二十二条规定：投标人资格条件不符合国家有关规定和招标文件要求的，或者拒不按照要求对投标文件进行澄清、说明或者补正的，评标委员会可以否决其投标。

例如：投标人未按照招标文件要求提供质量体系认证证书；建筑施工企业不具备施工资质许可；涉及人类健康安全的产品，未通过国家产品安全强制性认证等。

2. 投标文件格式不合格

根据《招标投标法》第二十七条规定：投标人应当按照招标文件的要求编制投标文件。投标文件应当对招标文件提出的实质性要求和条件做出响应。

例如：投标人自行制作投标文件，对招标文件项目任意删减；投标文件无投标单位盖章且无法定代表人或法定代表人授权的代理人签字等造成投标文件无效，应予以否决。

3. 投标文件存在重大偏差

《评标委员会和评标方法暂行规定》第二十三条规定：评标委员会应当审查每一投标文件是否对招标文件提出的所有实质性要求和条件做出响应。未能在实质上响应的投标，应当予以否决。

例如：投标文件的标的与招标文件不符；投标文件不满足招标文件规定的技术参数要求；转包、违法分包。

4. 投标人有违法违规行为

投标人如果出现串通投标，或者在投标过程中出现舞弊行为，应予以否决。在《招标投标法》和《招标投标法实施条例》等法律法规中都明确提出了此类否决投标的情形。

小师妹插嘴

如果所有投标人的报价都超过了采购预算，是否可以集体否决呢？

学霸掉书袋

如果所有报价都超过了招标人的支付能力，评标委员会可以建议否决全部投标。不过，预算也要符合招标项目的实际特点，如果预算明显低于成本价还要招标，这无疑浪费了大家的时间与精力。

（五）决标环节的风险控制点

决标环节主要是确定中标人，并向中标人发出中标通知书的环节。在企业实践中，经常出现招标人在定标前要求供应商进一步降价的行为。一些企业没有意识到，这其实也是一种违规风险，因为没有按照既定的定标规则进行定标。

【案例 9-6】定标前要求降价

某公司开展精密仪器的招标项目，采用综合评标法进行评标，经过评标委员会的评审，有3名中标候选人。第一中标候选人属于行业前三的供应商，产品成熟，技术实力较强，但是报价比第二中标候选人高5%；第二中标候选人技术实力偏低，但是报价最低；第三中标候选人技术实力中等，价格比第二中标候选人高3%。招标人在定标的过程中，认为第一中标候选人虽然产品最理想，但是价格没有达到想要的降幅。于是向第一中标候选人发出通知，要求其进一步降价，否则不采购其提供的产品。

评析

《招标投标法》第四十三条和第五十五条明确禁止，招标人在确定中标人之前与投标人就投标价格、投标方案等实质性内容进行谈判。在此案例中，评标委员会经过评审已经确定了中标候选人，而招标人提出额外的降价要求，属于实质性偏差，因此是违规的。

小师妹插嘴

除了定标前的压价，很多企业好像还存在"标后压价"的行为。

学霸掉书袋

根据《招标投标法》第四十六条规定：招标人和中标人应当自中标通知书发出之日起三十日内，按照招标文件和中标人的投标文件订立书面合同。招标人和中标人不得再行订立背离合同实质性内容的其他协议。根据《招标投标法实施条例》第五十七条规定：招标人和中标人应当依照招标投标法和本条例的规定签订书面合同，合同的标的、价款、质量、履行期限等主要条款应当与招标文件和中标人的投标文件的内容一致。招标人和中标人不得再行订立背离合同实质性内容的其他协议。所以，对于法定强制性招标的情形，"标后压价"的行为可能违反上述法律规定。

在决标环节，除了标前或标后压价的问题，还有评标委员会越权定标、延迟定标、违规定标的风险。该环节需要注意如下要点。

（1）招标人不得向中标人提出压低报价、增加配件或售后服务量，以及其他超出招标文件规定的违背中标人意愿的要求，并以此作为发出中标通知书和签订合同的条件。

（2）中标通知书对招标人和中标人具有法律效力。中标通知书发出后，招标人改变中标结果的，或者中标人放弃中标项目的，应当依法承担法律责任。

（3）招标人和中标人不得再订立背离合同实质性内容的其他协议。

（4）不得在评标委员会推荐的中标候选人之外确定中标人。

（5）拒绝提交履约保证金的，视为放弃中标。

（6）招标人要求中标人提供履约保证金或其他形式履约担保的，招标人应当同时向中标人提供货物款支付担保。

（7）必须审批的工程建设项目，货物合同价格应当控制在批准的概算投资范围内。

（8）超出范围的，应当在中标合同签订前，报原项目审批部门审查同意。

不过，决标完成后并不是就代表万事大吉了。后面还需要通过订立合同，将招投标文件的条款以合同的形式固定下来，以明确双方的权利与义务。合同的风险管理会在第十章中进行详细介绍。

一些企业由于信息化手段不足，或者监督力度不够，实际的采购执行容易与招标结果相偏离，可能带来成本增加、腐败等风险。如果企业的采购业务量非常庞大，建议通过技术手段来监控招标结果的执行情况。首先，合同要与招标结论和协议相关联，不得有实质性的变更；其次在执行的过程中，系统自动计算，对偏离情况进行预警。

【案例 9-7】违法分包引发质量问题

（一）青岛地铁施工方，因中间人"酬金"问题引发矛盾，决定"举报自己"施工中偷工减料。此前的招标投标过程中，A 电力公司以 1.4 亿元价格中标，然后通过 B 电力工程有限公司、C 劳务有限公司等层层分包，最终由 D 安装工程有限公司实际施工。市地铁专项调查组调查发现，项目总承包商涉嫌违法分包行为，通过对 1.5 公里工程的局部挖掘和检查，发现钢筋布设疏密不均、混凝土垫层厚薄不均等质量问题。针对该违法分包事实，青岛地铁研究决定将 A 集团公司列入青岛地铁工程建设项目的黑名单。

评析

工程建设中的发包、承包、分包、转包、内包、挂靠是实务中一个非常普遍的工程现象。

转包是指承包人将其承包的"全部工程"又发包给第三人。转包容易造成承包人压价转包，层层扒皮，使最终用于勘察设计的费用大为降低，以至于影响勘察、设计的质量，同时承包人转包违背了发包人的意志，所以法律对转包行为予以禁止。

分包是指对建筑工程实行总承包的单位将其总承包的工程项目的"某一部分或几部分"再发包给其他的承包单位，并与其签订总承包合同项下的分包合同。上述违法分包的行为容易造成责任不清以及因中间环节过多而影响到施工的质量。更为严重的是，转包给不具备资质的施工方还有可能导致人身伤亡。因此，法律对违法分包行为予以禁止。

所以，《中华人民共和国建筑法》《中华人民共和国合同法》和《建设工程质量管理条例》规定，禁止承包单位将承包的全部工程转包给他人；禁止承包单位将其承包的工程肢解以后，以分包的名义转包给他人；禁止违法分包。

【案例 9-8】招标文件是否合法合规要经得起"推敲"

某疾病控制中心采购一批用于新生儿接种的乙肝疫苗。根据生产工艺不同，乙肝疫苗分为"酵母型"和"细胞型"两种。采购人提出要"酵母型"不要"细胞型"，理由是"酵母型"乙肝疫苗安全、无毒副反应，对新生儿有保障。

某生产"细胞型"乙肝疫苗的供应商看到后提出了质疑，认为招标文件指定只允许"酵母型"乙肝疫苗参与投标属于限制性条款，违反了《政府采购法》的相关规定，对其他供应商有失公平。但采购人坚持要"酵母型"不要"细胞型"，提出乙肝疫苗是用于新生儿接种的，疫苗的质量关系到新生儿的生命安全，万一发生毒副反应，有关部门都不好交代。经组织专家论证，专家出具了书面意见，认为"酵母型"乙肝疫苗安全、无毒副反应，同意采购人的要求，但供应商仍不依不饶。

为依法妥善处理，经研究，政府采购监管部门决定向上级主管部门请示。经请示，卫生部疾病控制司的答复是：只要进入《中华人民共和国药典》，都是经过长期实验论证的，是相对安全有效的；财政部政府采购办公室的意见是：除使用国际组织和外国政府贷款的项目，采购人使用财政性资金采购，应当适用《政府采购法》的相关规定。经查，"酵母型"和"细胞型"乙肝疫苗均是《中华人民共和国药典》中常规收录的品种，适用人群均为新生儿。

评析

本案例存在几个可供讨论的话题：采购人能否根据采购项目的特殊需要提出采购需求？采购活动尚未开始，在征集供应商的过程中，潜在供应商是否可以提起质疑和投诉？采购文件包括哪些内容？对采购文件的质疑时限应多长？

（1）采购人可以根据采购项目的特殊需要提出特定的采购需求，但必须合法合规。

采购人可以根据采购项目的特殊要求，规定供应商的特定条件，但《中华人民共和国政府采购法实施条例》（简称《政府采购法实施条例》）第二十条第三款规定：采购需求中的技术、服务等要求指向特定供应商、特定产品，属于以不合理的条件对供应商实行差别待遇或者歧视待遇。《政府采购法实施条例》第十五条明确，采购需求应当符合法律法规以及政府采购政策规定的技术、服务、安全等要求。

（2）供应商可以依法维护自己的合法权益，潜在供应商已获取采购文件的可以对该文件提出质疑。

《政府采购法》第五条规定，任何单位和个人不得采用任何方式，阻挠和限制供应商自由进入本地区和本行业的政府采购市场。第五十二条规定，供应商认为采购文件、采购过程和中标、成交结果使自己的权益受到损害的，可以在知道或者应知其权益受到损害之日起七个工作日内，以书面形式向采购人提出质疑。第五十五条规定，质疑供应商对采购人、采购代理机构的答复不满意或者采购人、采购代理机构未在规定的时间内作出答复的，可以在答复期满后十五个工作日内向同级政府采购监督管理部门投诉。《政府采购质疑和投诉办法》（财政部令第94号）第十一条规定，提出质疑的供应商应当是参与所质疑项目采购活动的供应商。潜在供应商已依法获取其可质疑的采购文件的，可以对该文件提出质疑。对采购文件提出质疑的，应当在获取采购文件或者采购文件公告期限届满之日起7个工作日内提出。

（3）应知晓供应商的质疑时限。

《政府采购法实施条例》第五十三条明确，《政府采购法》第五十二条规定的供应商应知其权益受到损害之日，是指：（一）对可以质疑的采购文件提出质疑的，为收到采购文件之日或者采购文件公告期限届满之日；（二）对采购过程提出质疑的，为各采购程序环节结束之日；（三）对中标或者成交结果提出质疑的，为中标或者成交结果公告期限届满之日。

该案的处理结果是，根据《政府采购法》及相关法规、《中华人民共和国药典》和国家有关部门的意见，监管部门及时向相关当事人反馈情况，协调沟通，取消招标文件中限制性条款，允许所有生产乙肝疫苗的供应商参与投标。最终该采购项目取得良好效果，每支疫苗比以往采购价便宜23%，各方都非常满意。

资料来源：选自吴小明编著的《政府采购法律法规、实务操作与案例解析》。

三、招标采购不一定"阳光"：防止串标风险

串标是一种常见的舞弊形式，是指投标人与招标人之间，或者投标人之间，通过非正当途径，共同商量投标策略，串通投标报价，排斥其他投

标人参与公平竞争的行为。可见，串通投标严重违反了招标投标工作的公平、公开、公正原则，违背了招投标的目的。

【案例 9-9】院长打招呼被判刑

湖南省某县人民法院对该县人民医院原院长受贿、串通投标罪一案公开审理，判处被告有期徒刑 2 年 6 个月，并处罚金 12 万元；追缴被告非法所得 27.608 万元及房产一套，上交国库。2012～2013 年，该医院洁净手术室及 ICU 净化工程项目、ICU 配套设备采购项目对外招标。叶某、陈某（另案处理）为让所挂靠的四川某医用工程公司和湖南某医疗器械公司中标，通过贿赂手段取得了被告的支持。被告向招标公司打招呼，并以上述公司提供的医疗设备来设置招标医疗设备技术参数，最终成功帮助两家公司中标。

【案例 9-10】请人陪标

BG 公司机房设备招标，采用综合评标法，商务标和技术标各占一半，其中商务标以所有报价的算术平均值作为评标基准，投标报价每低于基准价的 1%，商务得分便可以加 1 分，最多加 5 分。A 公司认真研究了 BG 公司的评标方法，便找了 B、C 两家公司一起投标，A 公司私下要求 B、C 公司抬高报价，这样便可以使得报价低的公司丧失价格优势。最终，D 公司虽然报价最低，比 A 公司低出 21%，但是在商务得分上，D 公司和 A 公司一样，加分项都达到封顶的 5 分，加上技术上的不利因素，最终 A 公司中标，而 D 公司未能中标。

串标最常见的形式有两种：① 招标人与投标人串标，如案例 9-9，招标人通过设置倾向性指标来帮助投标人中标；② 投标人之间串标，如案例 9-10，找人陪标以获取有利的得分项。实际上，串标的手段非常多，可以参见本节后面的拓展阅读"围标、串标、陪标的常见情形"。串标的风险如何防范呢？我们认为，可以从如下六个方面进行改善。

（一）公开透明

通过规范招标的制度与流程，使得操作人员有章可循。通过建立电子招标平台，可以提高招标过程的透明度，从而减少人为"暗箱操作"以及串标和围标的机会。

（二）扩大范围

在编制招标公告、资格预审文件、招标文件时，应尽量减少不合理的限制性条件，在满足招标需求的情况下，尽可能地降低准入门槛，扩大竞争范围。

此外，也可以扩大招标公告的范围，并且适当延长招标公告的时间和招标文件发售的时间，来增加投标人数量，使更多潜在投标人参与竞争。

（三）信息保密

很多串标行为往往伴随着信息泄密，加强招标投标的信息保密管理至关重要。一些敏感的信息包括标底、投标人的信息、投标文件、评标意见等。

（四）学会识别

在招标过程中，要及时识别出串标、围标的风险。有两个重要的环节需要重点把关，即资格审查和评标。

在资格审查时采取各种有效的手段和措施，来审核、验证资质文件的真实性、有效性与合法性，包括查验资质原件，从官方网站进行核实，到工商和税务机关调查了解，甚至是现场调查等。除了资料的审查，还需要识别投标人的不正当竞争因素，核查是否以不合理的条件排斥和歧视潜在投标人。资格审查中发现投标人之间有下列情形的，可能会有串标嫌疑，应从严审核。

（1）多个投标人属于同一母公司，或者一个母公司及其所属多个子公司全部参加同一项目投标的。

（2）多个投标人是同一经销商下的分销商，或者是某一经销商及其多个分销商同时参加同一项目投标的。

（3）多个投标人的负责人相互之间有直系亲属关系或交叉任职的。

(4)多个投标人都从同企业分立出来,而且投标文件在很多方面相同和相近的。

在评标环节,重点需要从投标文件内容、报价表中发掘线索。参与串标的投标人提供的报价表往往存在某种规律或联系,比如看两家供应商报价的方式像不像,如果像,很有可能是串标。为什么?因为如果是串通的,他们就懒得去做详细的报价,往往复制粘贴了事,然后做一点简单的变化。还有就是,不但像,连错的地方都一样,那么串标的嫌疑比较大。就好比两个孩子长得像,可能是表兄弟,如果连脸上的痣、酒窝都一样,那八成是孪生兄弟。

(五)举报机制

在采购实践中,串标与围标往往很少是主动识别出来的,更多的是通过举报来发现的。因此,企业应该健全招标投诉举报制度,提供渠道,鼓励对于招标违规情况的举报。在招标工作结束后,也可以进行调查与回访,看是否有违规的线索。

(六)严格处罚

对串通投标行为,不但中标结果无效,还要对相关方进行处罚,例如投标保证金的没收、赔偿和取消合作等。企业内部也可以建立投标人诚信档案,一旦投标人出现串标行为,应将其列入不良记录名单,取消一定期限的投标资格或者终止合作。

【案例 9-11】国家电网公布供应商不良行为处理名单

近几年,国家电网不断加大对发生家族性缺陷、存在行贿行为等严重质量问题和违规行为的供应商的处理力度,以促进供应商诚信履约,保证产品质量,确保电网建设顺利进行及安全可靠供电。

2019 年 8 月(8 月 1~31 日),国家电网电子商务平台公布了供应商不良行为处理名单,通报数量共计 1120 家,根据《国家电网公司供应商不良行为处理管理细则》的有关规定,对出现产品质量问题、履约不诚信等问题的供应商进行了处理。部分处理情况摘录如表 9-2 所示。

表 9-2 供应商不良行为处置通报

供应商名称	不良行为描述	处理措施	处理范围
某电力设备公司	参与国网福建公司厦门供电公司集体企业厦门利德集团软件集中采购项目，相互串通投标	2019 年 8 月 1 日～2022 年 7 月 31 日，在公司系统招标采购中列入黑名单	所有品类
深圳某电子科技公司	在国网新疆电力 2016 年超市化竞争性谈判采购项目中，提供虚假的 3C 认证证书	自 2019 年 8 月 1 日起，在公司系统招标采购中永久列入黑名单	所有品类
吉林省某电力安装公司	在参与黑龙江省公司 2018 年服务类项目招标采购中，提供虚假资质和业绩证明，相互串通投标	2019 年 6 月 1 日～2022 年 5 月 31 日，在公司系统招标采购中列入黑名单	所有品类
北京市某建筑公司	参与国网新源公司 2019 年第二批非招标采购国网新源控股十三陵电厂 2019 年非生产设施维修工程应答时，串通应答	2019 年 8 月 1 日～2022 年 7 月 31 日，在公司招标采购系统中列入黑名单	所有品类
山东某开关公司	依据陕西省宝鸡市中级人民法院刑事判决书（2016）陕 03 刑初 2 号，行贿金额 3 万元以上，不满 100 万元	2019 年 8 月 1 日～2020 年 7 月 31 日，在公司招标采购系统中列入黑名单	所有品类

上述处理措施需在处理期满后，供应商整改并经相关单位或部门验收合格后方可解除。首先，供应商应按照合同约定，承担相应的违约责任；其次，对于诚信类的问题，供应商应制定整改措施，提供必要的证明材料，并做出不再发生类似问题的书面承诺。

【拓展阅读】围标、串标、陪标的常见情形

一、招标人的套路

1. 泄密法

- 泄露其他投标人的相关情况。
- 泄露标底、泄露评标情况、泄露关键人物名单（如资格审查委员会或评标委员会名单）。

2. 特殊定制法

- 为某个投标人"量身定做"，有明显倾向性的条款，以此控标。
- 招标前，与某一家供应商进行"实质性谈判"。

- 提交投标文件截止时间后，让投标人补充、撤换或更改投标文件、更改报价（包括修改电子投标文件相关数据）。

3. 做局法
- 招标前已经内定中标人，组织投标人串通投标，比如压低或抬高标价。
- 招标人将一个既定标段拆分成多个标段，然后将内定的中标人分别安排在不同的标段，让各方利益均沾。
- 招标人与招标代理机构之间有另行约定，比如给予未中标的其他投标人费用补偿。
- 招标人授意自己内定的无资质公司与有资质的公司商议，以有资质公司的名义投标，中标后，由无资质公司履约。

4. 指使、暗示法
- 指使、暗示或强迫要求评标委员会，进行倾向性引导。
- 指使招标代理机构为内定的中标人提供帮助，进行区别对待。

5. 价格法
- 采取欺诈的方式，用大大低于成本价的低价中标，然后在项目实施中，通过变更服务量等手段，提高最终结算价格。

6. 装傻法
- 招标人发现一个投标人代表，在开标记录表上签多个投标人的名字却不制止。
- 招标人发现不同投标人的法定代表人、委托代理人、项目负责人、项目总监等人员有在同一个单位缴纳社会保险的情形而不制止，反而同意其继续参加投标。
- 招标人发现有由同一人或存在利益关系的几个利害关系人，携带两个以上（含两个）投标人的企业资料参与资格审查、领取招标资料，或者代表两个以上（含两个）投标人参加招标答疑会等情形，却视而不见，同意其继续参加投标。
- 招标人在资格审查或开标时发现不同投标人的投标资料（包括电子资料）相互混装等情形而不制止，反而同意其通过资格审查或继续参加评标。

- 开标中发现投标人的报价有明显串标迹象,却视而不见,评标委员会提出来也授意评委继续评审。

7. 无所顾忌法
- 采用最低评标价法进行评审的项目,未中标公司提出质疑后,招标采购单位复议后依旧维持原来的评审结果。
- 招标人无正当理由拒绝与中标候选人签订合同。

二、投标人的套路

1. 兄弟相约
- 投标人之间相互约定,事前约定好谁中标、谁陪标、谁弃标。
- 相互约定价格策略和投标策略。
- 相互约定给予未中标的投标人费用补偿。
- 围标公司一般是:投标人法定代表人之间相互参股公司,或者属于同一集团、总公司、协会等组织成员的公司,或者利益同盟公司等。

以上行为非常隐蔽,但是通过一些蛛丝马迹,也能显示出端倪!

2. 陪标特征
- 不同投标人的投标报价总价异常一致,或者差异化极大,或者呈规律性变化。
- 不同投标人的投标总报价相近,但是各分项报价不合理,又无合理的解释。
- 故意废标,中标人无正当理由放弃中标,或者不按规定与招标人签订合同。
- 故意按照招标文件规定的无效标条款,制作无效投标文件。
- 投标人一年内有三次及三次以上报名参加并购买招标文件后,不递交投标文件,不参加开标会议。
- 递交投标文件截止时间前,多家投标人几乎同时发出撤回投标文件的声明。
- 不同投标人的投标保证金由同一账户资金缴纳。
- 多个投标人使用同一人或同一企业出具的投标保函。
- 售后服务条款雷同。

- 故意漏掉法人代表的签字。
- 投标文件中法人代表签字出自同一人之手。

布局完成，但是经常犯一些致命的细节错误！

3. "愚蠢"暴露法

- 招标文件惊人相似，比如格式相同，字体一样，表格颜色相同。
- 招标文件中，错误的地方惊人一致，连错都错得一样。
- 电子投标中，不同投标人的投标报名的 IP 地址一致，或者 IP 地址在某一特定区域。
- 不同投标人的投标文件，由同一台电脑编制或同一台附属设备打印。
- 投标文件的装订形式、厚薄、封面等相似甚至相同。
- 一家投标人的投标文件中，装订了有另一投标人名称的文件材料，比如出现了另一家法定代表人或者授权代理人签名，加盖了另一投标人的公章等。
- 投标人代表不知道公司老总的电话号码。
- 投标人代表签字时手发抖，签的名字与名片名字不一致。
- 不同投标人在开标前乘坐同一辆车前往，而且有说有笑，开标现场却假装不认识。

三、评审专家的套路

1. 无为法

- 评审专家发现投标文件中存在不符合招标文件规定的内容却不指出。
- 评审专家发现投标报价中存在明显不合理报价却不指出。
- 评审专家发现技术部分中存在明显不合理性或内容缺漏却不指出。

2. 特殊对待法

- 评审专家明知与投标人有利害关系，不主动提出回避。
- 投标文件的暗标部分，投标人做了特殊记号的（很有可能是故意标给某个专家看的）。
- 评审专家进行评审分值时，在没有合理理由的情况下，有意给某一投标人高分而压低其他投标人分值，或不按照招标文件规定打分。

资料来源：政府采购信息网。

思考题

1. 什么采购场景适合采用招标模式?
2. 招标全过程的风险控制点有哪些?
3. 串标与围标的风险控制方法有哪些?
4. 评标时发现一家投标的供应商未按照招标要求交纳投标保证金,是否应该否决其投标申请?
5. 定标前,招标人向第一中标候选人发出澄清函,要求其做出价格下调2%的承诺,如果该投标候选人不同意承诺,招标人则不采购此投标方的物品。此举是否合规?

第十章

采购合同风险管理

学习目标

1. 学会如何管控合同风险
2. 学会如何订立条款严谨的合同
3. 学会如何管控合同执行过程中的风险
4. 学会如何处理违约

作为采购人员，几乎天天签合同、签订单、签协议、签意向书、签会议纪要，可这些合同、协议当真有效吗？合同条款是否严谨，有无漏洞？签了合同，可对方并没有履行，问题出在哪里？如果违约了，怎么办？起诉还是仲裁，怎样才能索赔成功？这些合同风险，常常困扰着采购人员。可见，如何通过合同控制采购风险是采购人员必备的核心能力。

一、合同不成立，合同管理头号风险

你签订的合同成立吗？可能不成立，也可能你认为不成立，结果成立了。

【案例 10-1】

甲乙两公司于 2019 年 1 月 12 日达成口头约定，甲向乙采购粮食 5 万公斤，交付日期为 2019 年 3 月 1 日，价格双方另行协商确定，也没有约定交付地点。现交付日期已到，甲乙未能就价格达成一致意见。

下列表述哪个正确？

A. 合同未成立，因为双方价款未达成一致

B. 合同成立且已生效，因双方并未约定价款为合同的必要条款

C. 甲应当依照 2019 年 1 月 12 日乙公司营业地的市场价格支付价款

D. 甲应当依照 2019 年 3 月 1 日甲公司营业地的市场价格支付价款

思考一下，把你的答案写下来，看看附后的答案与你想的是否一致。

合同是平等主体的自然人、法人、其他组织之间设立、变更、终止民事权利和义务关系意思表示一致的协议。简单地说，就是你情我愿，然后把大家都同意的事情固定下来，说明白说清楚，达成一致的这个事项就是协议，在法律上就叫合同。

合同与协议是一样的，一般只是名称和叫法的不同，只要不违反法律和道德规范，当事人可以任意约定合同或协议的名称、内容和形式。

我们通常说的合同管理，包括合同签署的过程，也包括合同执行的过程。合同执行的过程，常常被大家忽视，尤其是签署合同和执行合同不是同一个人的情况下。很多时候，两者还不是同一个部门的人，甚至相互都不认识，这种情况就更为严重了。

合同明确了双方的权利和义务，也明确了出现纠纷时解决的路径，可见合同是达成合同目的的依据，是解决纠纷的武器。但在实践中，有时候会出现这样的情况，采购把合同签了，以为合同成立了，其实并没有成立。这是合同管理的头号风险，因为合同没成立，其他都是妄议。

（一）法律规定的五种无效情形

根据《中华人民共和国合同法》(简称《合同法》)第五十二条规定，有下列情形之一的，合同无效：(一)一方以欺诈、胁迫的手段订立合同，损害国家利益；(二)恶意串通，损害国家、集体或者第三人利益；(三)以合法的形式掩盖非法目的；(四)损害社会公共利益；(五)违反法律、行政法规的强制性规定。

(二) 两个免责条款无效

免责条款常被合同一方当事人写入合同或格式合同之中，为免除或限制一方或双方当事人责任而设立。

但请注意，《合同法》规定，下列免责条款无效：(一) 造成对方人身伤害的；(二) 因故意或者重大过失造成对方财产损失的。

在合同当中经常会有一些格式条款和免责条款，其实这些条款有很多的时候都是无效的。比如说，供应商在买方现场施工过程中发生事故，请问谁的责任？供应商说在为你们公司服务的过程中出的事故，那就是你们公司的责任。公司说不对，不是我们的责任，合同上面条款清清楚楚写明，如果因没有戴安全帽而受伤，责任自担。实际上，根据《合同法》提供格式条款的一方免除其责任、加重对方责任、排除对方主要权利的，该格式条款也无效。

（1）免除其责任，指提供格式条款的一方不合理、不正当地免除其依照法律应当负有的强制性法定义务。例如，以格式条款做出的下列免责应属无效："本店对所销售的新手机一律不承担三包责任""消费金额100元以下，谢绝出具发票""存款被人冒领，本行不承担责任"。

（2）加重对方责任，指格式条款含有对方当事人在通常情况下不应当承担的义务。例如，规定消费者承担超乎常理的违约金或损害赔偿（"偷一罚十"）。

（3）排除对方主要权利，指排除对方按照"合同的性质"通常应当享有的"主要"权利。例如，经营者在格式条款中规定，消费者对受领的具有严重瑕疵的标的物只能请求修理或更换，不能解除合同或请求减少价金，也不能请求损害赔偿；又如，对普通商品规定"商品离柜不换"的格式条款。

小师妹插嘴

什么是"格式合同"？我到银行办事，柜员递一个单子让我签字，我从来都没认真看过，这就是"格式合同"吧？

学霸掉书袋

是的，格式条款就是当事人为了重复使用而预先拟定，并在订立合同时未与对方协商的条款。

(三)合同有效,但可以通过撤销让合同无效

如果合同签订后后悔了,怎么办?

《合同法》第五十四条规定:当事人一方对下列合同可请求法院或仲裁机构变更或者撤销:(一)因重大误解订立的;(二)在订立合同时显失公平的。

一方以欺诈、胁迫的手段或者乘人之危,使对方在违背真实意思的情况下订立的合同,受损害方有权请求人民法院或者仲裁机构变更或者撤销。

(四)合同经需批准、登记方能生效

《合同法》第四十四条规定:依法成立的合同,自成立时生效。法律、行政法规规定应当办理批准、登记等手续生效的,依照其规定。

(五)这些人可能没有资格签合同,无效

合同主体即通常我们所说的甲方和乙方,合同所有主体都必须符合一定的资格,所谓适格。

遇到如下几种情况,就要注意了:

(1)限制民事行为能力人订立的合同:需经法定代理人追认后,合同才有效。但纯获利益的合同或与其年龄、智力、精神状况相适应而订立的合同,不必经法定代理人追认。

(2)无权代理签订的合同:没有代理权、超越代理权或代理权终止后以被代理人名义订立的合同,未经被代理人追认的,对被代理不发生法律效力,由行为人承担责任。

(3)无处分权人订立的合同:无处分权的人处分他人财产,经权利人追认或无处分权的人订立合同后取得处分权的,合同有效。

(六)无代理权,这是最容易出现的问题

我们所在的组织或公司叫作"本人",授权代表叫作"代理人"。"代理人"代表"本人"活动需要获得"本人"授权。但是,实践中有很多没有代理权或超越代理权的行为,要特别当心注意。

1. 无权代理

无权代理，是指代理人未被授权则无权签署合同。如果你知道他没有权利，需要去追认，也就是获得授权。那谁有权呢？只有法人代表。此处要注意法人、法人代表和法定代表人的区别。

在日常生活中，我们经常听到有的公司董事长或总经理被称作"法人"，有的被称作"法人代表"。之所以出现这样的"称呼"，主要原因是没有弄清楚法人、法人代表与法定代表人的含义。

法人，是具有民事权利能力和民事行为能力，依法独立享有民事权利和承担民事义务的组织。法人是法律意义上的人，可以是一个自然人，也可以是一个组织、一个公司。

法人代表，也可称为法人的授权代表，这个代表可以是甲，也可以是乙，不是固定的，而是取决于法人的授权，这个授权可以一事一授权，也可以是一揽子事项授权。

法定代表人，必须是法人组织的负责人，能够代表法人行使职权。《中华人民共和国民法通则》规定：依照法律或者法人组织章程规定，代表法人行使职权的负责人，是法人的法定代表人。法定代表人可以由厂长、经理担任，也可以由董事长、理事长担任。法定代表人在企业内部负责组织和领导生产经营活动；对外代表企业，全权处理一切民事活动。

由此可见，法人代表和法定代表人都可以代表组织或公司，但法人代表必须获得法人授权，具体就是法定代表人代表法人授权，可以通过授权委托书方式授权，也可以通过公司内部流程制度进行授权。

在实战中，往往要求对方出具"授权委托书"，由法定代表人签字或公司盖章。

2. 表见代理

表见代理，是指虽然行为人事实上无代理权，但相对人有理由认为行为人有代理权，其行为的法律后果由被代理人承担的代理。以下几种情况，容易构成表见代理：

- 企业对外声明授予某人代理权，而实际上并没有授权的；
- 知道他人以自己的名义从事经济活动而不做否认表示的；

- 将本企业的公章、合同专用章,以及盖章的业务介绍信和空白合同书交给他人的;
- 授权委托书中授权不明的;
- 代理权消灭后未及时收回授权委托书的;
- 代理权消灭后未及时通知第三人的。

(七) 合同主体不具有法定的资格

在一些技术性要求很强的行业,从业者必须具备相应的资质才可对外进行经营活动,比如建筑、医药等行业。如果企业与不具备相应资质的相对人签订合同,一旦发生纠纷,合同一般会被认定为无效。

合同主体为法人的职能部门、未办理营业执照的分支机构或直属机构,不具备独立法人资格,签订的合同可能会被认定无效。

在这里有必要区别一下子公司和分公司。按照《中华人民共和国公司法》(简称《合同法》)规定,分公司不具备法人资格,其民事责任由公司承担;子公司具有法人资格,独立承担民事责任。

为避免合同主体带来的法律风险,在签订合同之前应当对合同主体进行审查,通过营业执照调查其资质等方面风险,通过资信情况、商业信誉、历史履约等调查其履约能力,必要时,委托专业调查机构对其资信情况进行调查。

(八) 要约、承诺两个必要条件,可能少了一个

在实践当中经常有这样的情况,采购人员发订单给供应商,但供应商没有回复,过一段时间后交货了。这种情况下合同算成立吗?这里有两个重要概念:"要约"和"承诺"。

1. 要约

要约,为当事人一方向他方提出订立合同的要求或建议。要约可以向特定的人提出,也可不向特定的人提出。特定不限于一个,也可以是几个,但必须都是确定的。例如广告,因其不是向特定人发出,因此不是要约,而是要约邀请,但悬赏广告是要约。

要约人可以规定要约承诺期限，如报价单有效期、询价单有效期。出卖特定物的要约人，不得再向第三人提出同样的要约或者订立同样的合同。要约没有规定承诺期限的，可按通常合理的时间确定。要约必须具有订立合同的意图，但《合同法》规定，有关价目表的寄送、拍卖公告、招股说明书，一般不能作为要约。

2. 承诺

承诺，为当事人一方对他方提出的要约表示完全同意。同意要约的一方称为受要约人。受要约人对要约表示承诺，其合同即告成立。

凡对要约的内容做了实质性的变更或修改的，都不构成承诺，而只是一个新的要约。有关合同的标的、数量、质量、价款或报酬、履行期限、履行地点和方式、违约责任以及争议的解决方法的变更，均视为新的要约。

承诺应当以通知的方式做出，但根据交易习惯或要约，可以通过行为做出承诺。承诺的法律效力在于，承诺一经做出并送达要约人，合同即告成立，要约人不得加以拒绝。在国际贸易中，承诺也称"接受"或"收盘"。

实战中特别容易出现的合同风险是有要约没承诺。例如前面说的，买方发出了订单，供应商没有回签确认。但对方交货了，这里情况就复杂了，是以"实际行动做出了承诺"，这里还涉及要约是否可以撤销的问题。

在两种情况下，要约不得撤销：要约人确定了承诺期限，或者以其他形式明示要约不可撤销；受要约人有理由认为要约是不可撤销的，并已经为履行合同做了准备工作。比如，供应商已经按照买方要求备货，但后来买方要求取消合同，这种情况就是不允许的，因为合同已经成立，只能通过协商解决。

（九）电子合同，用传真方式所签的合同成立吗

电子合同是以电子的方式订立的合同，其主要是指在网络条件下，当事人通过数据电文、电子邮件等形式签订的明确双方权利和义务关系的一种电子协议。我国《合同法》规定，合同的订立需要有要约和承诺这两个过程，电子合同同样也需要具备这些条件。电子合同中的要约和承诺均可以用电子的形式完成，它输入相关的信息符合预先设定的程序，计算机就可以自动做出相应的意思表示。

（十）主合同、从合同要呼应

不以他种合同的存在为前提，不受其制约而能独立成立的合同，称为主合同。必须以他种合同的存在为前提方能成立的合同，称为从合同。例如，订单为从合同，框架合同为主合同，此时就要注意从合同与主合同的关联关系。我到一个非常有名的公司去做咨询，就发现它存在大量这样的风险。

现在来回答案例10-1的问题。

（1）合同成立并生效：甲与乙公司未约定合同的主要条款，但已就标的和数量达成一致。你可能会说，口头约定不算数，公司有规定，必须采用书面合同。但我要说，《合同法》第十条规定，"当事人订立合同，有书面形式、口头形式和其他形式"，所以采购方与供应商交流时双方都要慎重。当然第十条也规定，"法律、行政法规规定采用书面形式的，应当采用书面形式。当事人约定采用书面形式的，应当采用书面形式"。实践中，应积极提倡采用书面合同。

（2）对于欠缺的价格条款，应顺序依照下列规则确定：

- 协商确定。
- 按照合同解释或交易习惯确定。
- 依法应当执行政府定价或政府指导价的，按照履行合同时的政府定价或政府指导价履行。
- 不属于应执行政府定价或者政府指导价的，按照订立合同时履行地的市场价格履行。

（3）根据《合同法》第一百四十一条第二款，甲乙没有约定交付地点，货物又不需要运输，交付地点为甲订立合同时的营业地。

所以，答案为B和C。

小师妹插嘴
看来，我得多学习，答案有点出乎意料。

学霸掉书袋
学习力就是竞争力。

二、合同条款不严谨，执行易扯皮

合同签订了，但合同条款不严谨，无法达成订立合同的目的，出现问题往往双方扯皮，这在实战中屡见不鲜。

【案例10-2】

一家中国皮鞋厂同澳大利亚一家生产牛皮的公司签署了一份购买牛皮的协议。货物名称：牛皮。待交付后产生了纠纷，中方使用部门提出购买的是黄牛皮，而澳大利亚公司交付的是水牛皮。最后打起官司来，因为合同标的描述不清楚，结果就是"扯皮"。

有人可能会说，我们公司有法务，或者请律师。但实际上，律师在其中起的作用很有限。

举个例子，如果你买一套房子，买卖双方签合同，合同有两部分内容：一部分是有关部门拟好的、一个框架性的，是律师看过的，通常是印刷出来的；另一部分是双方商量的，是商务内容，往往是双方商量后手写上去的。你觉得出现问题要打官司的是印刷那部分出问题，还是手写那部分出问题？

合同条款是确定合同当事人权利和义务的根据，因此合同条款应当明确、肯定、完整，而且条款之间不能相互矛盾。否则，将影响合同的成立、生效和履行，以及订立合同目的的实现。

合同条款容易出现的风险有以下几个方面。

（一）标的条款不严谨，"买什么"没说明白

标的物是指当事人双方权利和义务指向的对象，标的条款是合同的一个必备条款。如果标的表述不清楚，交付就不清楚。

实战中，标的的表述由需求部门提出，然后交由采购部门与供应商谈判确定。有很多时候，需求部门限于各种原因，对需求、对买什么表述不清楚，那怎么办呢？

【案例10-3】

青岛小丽是一家公司采购经理，经常遇到采购申请单上"买什么"一

栏表述不清楚的情况，有的贴一个图片，有的只写一个名称，请需求部门确定，他们也搞不清楚，认为这是采购部门的事。

在"G16采购情景工作坊"课堂上，学员们给出了如下解决方案：

A. 使用规格说明书或工作说明书详细表述

B. 让供应商早期参与，与需求部门共同确认

C. 使用两段招标的方式，先发一个信息邀请书（RFI）或方案邀请书（RFP）获得相应技术方案，再正式发报价邀请书（RFQ）

D. 使用格式化、标准化的采购申请单，避免漏项

E. 请外部专业咨询顾问共同明确需求

小师妹插嘴

D方案好，以后我就这么干，把规格说明书也格式化，使用部门填写不完整，我就不接受。

学霸掉书袋

干得好，点赞。

（二）付款条款不严谨，不知不觉违约了

付款方式有很多种，如预付款（TT）、现金付款（COD）、期票、承兑汇票等，国际贸易中一般采用信用证（LC）付款。

关于付款条款需要重点关注以下几个风险。

（1）月结风险：通常写月结××天，如"月结30天"。月结是什么含义，一定要表述清楚，如供货方从3月15日开始供货，这一个月即4月15日的货款要到下一个月的时候才能结算，即到5月15日才能获得现金。如果表述不清楚，极易产生误解引起纠纷。我就遇到过一位采购经理对我讲，一个国外供应商非常强势，以前是月结，现在是不预付就不发货。我仔细一问，发现是采购方与国外供应商对月结的理解不同，供方认为是到货30天后付款。

（2）付款时间风险：是收到发票后，还是验收合格后，还是收到货物后，这些要规定清楚。如果是分期付款，一定要规定好分期的时间节点，

即什么情况下付哪一笔款项。

此外，还有预付款风险、定金风险。具体采用何种付款方式，一定要了解行业惯例，了解供应商资信，了解买方公司的现金流规划策略。

（三）包装条款不严谨，大意失荆州

包装条款一般包括包装种类、包装标准、包装材料、包装费用、包装标识和包装物的回收等内容。

【案例10-4】

一家中国公司从德国购买设备，合同上约定"包装按适合海运包装方式"。设备运抵中国烟台港口，吊运公司采用钢丝绳吊装，致使设备木质包装破损导致设备损坏。吊装公司认为包装不合理，德国公司认为中国吊装公司野蛮装卸。

包装条款约定不清，可能导致分不清责任，产生额外的运输风险。实践中，可以咨询有经验的包装工程师、物流工程师等，不仅要考虑储运条件，还要考虑装卸条件。

如果双方当事人在订立合同时，对包装方式没有约定或者约定不明确，可以根据《合同法》第六十一条的规定达成补充协议，不能达成补充协议的，可以按照合同有关条款或交易习惯确定。如果仍然不能确定，应当按以下原则处理：首先按照通用的包装方式进行包装，如国家标准、行业标准，或者其他公认的包装标准；其次，在没有通用方式的情况下，采取足以保护标的物的包装方式，即采取能够保证合同目的实现的方式进行包装。

（四）质量验收条款不严谨，分不清责任

质量条款，包括技术参数、检验时间、质量担保，还应当包含检验方法等。

【案例10-5】

CPSW公司全球采购经理G，从中国供应商购买阀门样品，发往瑞典，瑞典公司检验不合格。G派供应商质量工程师赶往供应商监督检验合格后，

再次发送瑞典的样品检验后还是不合格。多次电话沟通后发现，是检验方法的问题。

可见，订立质量条款时，一定要考虑周到。实践中可以邀请需求部门、工程部门、质量部门一起讨论，还可以邀请有经验的检验工程师同供应商一起商定。

三、管理合同执行中的变更与偏离

签订合同只是合同管理的一半，还需要建立一些机制保证合同的履行，管控执行过程中的风险。实践中，可以制定履行日程表、计划表，把任务分解并进行跟和催。

条款再严谨的合同，仍然可能得不到很好的执行，如卖方没有按期交付或交付的货物不合格、数量短缺，买方不按合同约定付款，卖方不付款就不发货，或者执行过程中出现一些变更，变更甲乙执行方、变更技术要求、变更履行地点等，甚至终止合同。可见，能否让合同执行到位、实现合同目的是采购人必须解决的问题。

（一）交付的风险

交付是合同履行最重要的一个标志，因为它是所有权和风险转移的节点。

《合同法》第一百三十三条规定：标的物的所有权自交付时起转移，但法律另有规定或当事人另有约定的除外。第一百四十二条规定：标的物毁损、灭失的风险，在标的物交付之前由出卖人承担，交付之后由买受人承担，但法律另有规定或者当事人另有约定的除外。简单记忆就是"交付转移风险"或"所有权人负担风险"。关于所有权保留，《合同法》第一百三十四条规定，当事人可以在买卖合同中约定买受人未履行支付价款或者其他义务的，标的物所有权属于出卖人。

这三条规定，让我们理解了什么叫交付。因为合同经常是这样约定的：交货期为30天，验收合格10天后付款。

对于交付的地点，《合同法》第一百四十一条规定：出卖人应当按照约定的地点交付标的物。当事人没有约定交付地点或者约定不明确，依照《合同法》第六十一条的规定仍不能确定的，适用下列规定：

（一）标的物需要运输的，出卖人应当将标的物交付给第一承运人以运交给买受人。

这句话的意思是，无论运输以及运输工具由买方负责还是卖方负责，卖方的交付义务都仅是交付给第一承运人。

（二）标的物不需要运输的，出卖人和买受人订立合同时知道标的物在某一地点的，出卖人应当在该地点交付标的物，不知道标的物在某一地点的，应当在出卖人订立合同时的营业地交付标的物。

可见，交付地点是买卖合同中的重要内容，必须约定明确，否则极易与日常的理解不一样，导致争议。例如，日常说的"送货上门"，最好约定明确交付地点。

【案例 10-6】

小王在某商场购买了一台彩电，开箱验货，付清了款项。根据商场送货上门的承诺，由商场经理安排车辆把彩电送回家。不料途中彩电被摔坏。为此，小王要求商场换货，但该商场经理认为小王在商场已经验货付款，双方的买卖合同已经成立，货物离开商场后损坏的风险应由小王承担，故拒绝换货。请问，小王能否要求商场换货？

商场有送货上门的承诺，就是对商品交付地点的事先约定，即货物送到消费者家中才算交付，所有权才发生转移，所以彩电途中受损的风险自然应由商场承担。

交付的形式，有现实交付和拟制交付。现实交付，是指出卖人将标的物置于买受人的实际控制之下，由买受人直接占用。拟制交付，是指出卖人将标的物占有权利转移给买受人，代替实物交付。拟制交付又分为占有改定、指示交付和简易交付。占有改定，是指由双方当事人约定，标的物所有权转移给买受人，但标的物仍由出卖人实际占有，买受人只是间接占有。指示交付，是指标的物由第三人占有时，出卖人将向第三人的请求权利让与买受人，以代替标的物的实际交付。简易交付，是指买卖合同订立以前，买受人已实际占有，以买卖合同生效时间作为标的物交付时间。

关于风险转移，《合同法》还有几项规定，需要采购人注意：

- 在途标的物的风险负担，出卖人交由承运人运输的在途货物，除非另有约定，否则毁损灭失的风险由买受人承担。
- 买受人不履行接收标的物义务的风险，出卖人将标的物置于交付地点，买受人违反约定没有收取的，风险自违反约定之日起由买受人承担。
- 未交付单证、资料时的风险，出卖人按照约定未交付单证、资料，不影响风险转移。
- 因标的物质量不符合要求致使不能实现合同目的的，买受人可以拒绝接受标的物或者解除合同，风险由出卖人承担。
- 标的物孳息的归属，标的物在交付之前产生的孳息归出卖人所有，交付之后归买受人所有。孳息指由原物产生的收益。比方说，交付之后，货物涨价了，收益归谁？此时明确的交付时间就显得非常重要。

注意，本节中多次提到"法律规定或另有约定以外"，可见双方事先约定明确多么重要，不可掉以轻心。

 小师妹插嘴

原来"交付"有这么多讲究呢。

 学霸掉书袋

是的，一般情况下，供应商考虑长期关系，平时一些小问题都"让着"我们。可"交付"确实是合同履行的重要节点，我也得注意。

（二）变更的风险

合同变更有两种，包括合同主体的变更与合同内容的变更。我国《合同法》中合同主体变更称为"合同权利义务的转让"。

合同在执行过程中,有两个变更风险需要采购人特别关注。

1. 双方权利义务、债权债务转让

《合同法》约定,债权人转让权利的,应当通知债务人,未经通知,该转让对债务人不发生效力。我国《合同法》采取了通知主义,即债权人转让债权不必征得债务人同意,但必须及时通知。

债务承担,债务人将合同的义务,全部或者部分转移给第三人的,应当经债权人同意。并存的债务承担,第三人加入债务人的行列,与债务人共同承担债务,对债权人的利益有利无害,因此,债务人转移部分合同债务给第三人的行为,无须经债权人同意。

2. 合同条款的变更

实战中,经常出现的是技术部门或需求部门与供应商直接沟通变更,由于这些变更事先没有进行很好的评估或者变更流程不规范,会带来所谓的质量问题、交付问题、价格问题。

因此,这些技术变更应该组织采购、质量、工程、研发、销售等相关部门事先对变更进行评审,以明确变更的必要性和时间节点。另外,发布变更的渠道要归口统一。

(三) 使用抗辩权,关键时候说"不"

【案例 10-7】

CPSW 采购总监与供应商签了合同,合同约定"款到发货"。履行期到了,供应商一直要求尽快付款,但王总预感对方有可能交不了货,所以迟迟没有付款,但王总又担心不向供应商付款构成自己违约。

注意,王总手里有一个权利,即不安抗辩权。合同在履行过程中,可能由于各种原因,对相对人有担忧,比方说,发现供应商质量有严重问题或现金流有严重问题,如果继续履行合同会给买方带来风险,此时买方就可以行使"抗辩权"。

行使抗辩权可以分成以下三种情况(《合同法》第六十六条、第六十七条、第六十八条)。

1. 同时履行抗辩权

当事人互负债务，没有先后履行顺序的，应当同时履行。一方在对方履行之前，有权拒绝其履行要求。一方在对方履行债务不符合约定时，有权拒绝其相应的履行要求。例如，供应商未按照约定履行合同义务，交付的标的物存在质量问题或数量上不足。

【案例 10-8】

甲向乙购买 1000 吨钢材，约定一手交钱，一手交货。某一天，乙交付了 700 吨钢材给甲，另外的 300 吨承诺 20 天后再交付，甲表示同意。但是，乙同时要求甲在当天付清 1000 吨钢材的价款，甲不同意。

此时，甲必须付清 700 吨的钢材款，对另外的 300 吨，可主张同时履行抗辩权，不予支付。

2. 先履行抗辩权

当事人互负债务，有先后履行顺序，先履行一方未履行的，后履行一方有权拒绝其履行要求。先履行一方履行债务不符合约定的，后履行一方有权拒绝其相应的履行要求。

【案例 10-9】

甲和乙订立一份电脑订购合同，约定甲在 8 月支付 10 万元预付款，再由乙在 9 月向甲提供电脑 20 台。合同订立以后，因为资金周转困难，甲没有按期支付货款。到了 9 月，甲要求乙提供电脑，乙拒绝提供，于是双方发生纠纷。

乙的行为就是行使了先履行抗辩权。

3. 不安抗辩权

应当先履行债务的当事人，有确切证据证明对方有下列情形之一的，可以终止履行：

（一）经营状况严重恶化；
（二）转移财产、抽逃资金，以逃避债务；

（三）丧失商业信誉；

（四）有丧失或者可能丧失履行债务能力的其他情形。

当时没有确切证据中止履行的，应当承担违约责任。注意，此处强调了证据，不能随便猜测，主观臆断。

不安抗辩权的行使，应当及时通知对方，对方提供适当担保后应当恢复履行。中止履行后，对方在合理期限内未恢复履行能力，并且未提供适当担保的，中止履行的一方可以解除合同。

小师妹插嘴

"不安抗辩权"这名字挺有意思的。

学霸掉书袋

法律真深奥，"抗辩权"还能搞出三种。不过，对我都有用。

（四）价格大幅波动，可引用"情势变更"更改合同

所谓情势变更，是指合同成立以后，因不可归责于双方当事人的原因发生重大变化，致使合同客观基础动摇或丧失，若继续维持合同显失公平，则允许变更合同或者解除合同。它可以是经济因素，如通货膨胀、货币贬值等，也可以是非经济因素，如战争导致的封锁、禁运等。

这里难以区分的是情势变更与正常的商业风险，法院在诉讼中，认定情势变更主张的成立十分审慎。

情势变更和不可抗力的区别是，不可抗力包含不能预见、不能避免、不能克服三层含义，而情势变更只是因不能预见的事由引起合同基础发生重大变化，这种不能预见事由不限于不可抗力，还包括意外事故和其他事由。

（五）合同没有约定或者约定不明确，怎么办

碰到此类情况不要慌，可以按照下面的规则填补合同漏洞。按照《合同法》第六十一条，首先协商签订补充协议；协商未成，按照有关条款和交易习惯；再不行，还有第六十二条和第六十三条。限于篇幅，这里不介绍，具体规

定可以见《合同法》。简单说就是：有约定按约定，无约定按法定。法律规定：有标准按标准，无标准按惯例，无惯例按合同目的，谁有过错谁担责。

 小师妹插嘴

我可得提前约定明白，让公司那几个自诩很厉害的工程师参与进来，免得他们做事后诸葛亮。

 学霸掉书袋

你牛！

四、违约管理，让对方不违约

签订合同时，大家都是笑脸，采购人员完成一个任务，销售人员完成一个业绩。如果出现违约，例如供方不交付、交付不合格，买方不付款，立马变成苦瓜脸，处理不好，还可能翻脸。大家可能会说，翻脸不怕，我有律师。可律师打官司要有依据、要有证据，依据就是合同，证据需要采购人员提供。此时，合同中约定的违约条款、签约地、履约地等条款就显得格外重要，要索赔成功，提供证据、保全证据成为关键。

（一）约定违约条款，让对方不违约

可以约定预付款、定金、订金、违约金、赔偿金、保证金和质保金等。

1. 约定损失赔偿额

损害赔偿仅具有补偿性。可以约定赔偿数额，也可以约定计算方法及免责条款，赔偿的范围既包括直接财产损失，也包括可得利益的损失，人们称之为"间接损失"。

 【知识链接 10-1】

《合同法》第一百一十三条规定：当事人一方不履行合同义务或者履行合同义务不符合约定，给对方造成损失的，损失赔偿额应当相当于因违约

所造成的损失，包括合同履行后可以获得的利益，但不得超过违反合同一方订立合同时预见到或者应当预见到的因违反合同可能造成的损失。

注意，只有当违约所造成的损失，是合同订立时可以预见的情况，这也体现了合同的"公平"原则。

2. 约定违约金

违约金，具有惩罚性，不能代替履行。当违约金与法定损害赔偿并存时，应当优先适用违约金的约定。

【知识链接 10-2】

《合同法》第一百一十四条规定：当事人可以约定一方违约时应当根据违约情况向对方支付一定数额的违约金，也可以约定因违约产生的损失赔偿额的计算方法。约定的违约金低于造成的损失的，当事人可以请求人民法院或者仲裁机构予以增加；约定的违约金过分高于造成的损失的，当事人可以请求人民法院或者仲裁机构予以适当减少。当事人就延迟履行约定违约金的，违约方支付违约金后，还应当履行债务。

 小师妹插嘴

"不能代替履行"啥意思？

 学霸掉书袋

就是这边要支付违约金，那边还要履行合同。

 小师妹插嘴

这事大了，订立违约金可得注意了。

 学霸掉书袋

也不要太担心，注意里边这个词"过分高于"，毕竟《合同法》是基于"公平正义"嘛。

3. 约定定金

定金责任只适用于不能履行约定债务的行为，或者其他根本违约行为。一般的轻微违约，不适用定金责任。定金具有惩罚性，定金合同的成立必须以定金的实际交付为条件。定金数额不得超过主合同标的额的 20%。

【知识链接 10-3】

《合同法》一百一十五条规定：当事人可以依照《中华人民共和国担保法》约定一方向对方给付定金作为债权的担保。债务人履行债务后，定金应当抵作价款或者收回。给付定金的一方不履行约定的债务的，无权要求返还定金；收受定金的一方不履行约定的债务的，应当双倍返还定金。

小师妹插嘴

违约金与定金我都写上，双保险。

学霸掉书袋

不能同时并用。《合同法》第一百一十六条规定：当事人既约定违约金，又约定定金的，一方违约时，对方可以选择适用违约金或者定金条款。

违约金与定金都具有惩罚性质，两者主要的区别是：违约金只需要事先约定具体数额，无须预先支付；定金合同属于实践性合同，以定金的交付为要件。违约金具有补偿和惩罚的双重功能；定金具有惩罚性，与实际的损失无关。订金、押金、压金都相当于预付款，与定金概念完全不同。

小师妹插嘴

"定金"和"订金"不一样啊，这可得注意，别不小心搞错了，我打字都不注意的，打错几个字有时还感觉有点酷呢。

（二）"或裁或审"约定不清，打官司拎不清

合同需要约定签约地、履行地、仲裁地，还要约定是选择仲裁还是诉

讼，这涉及哪里去仲裁，到哪里去诉讼。

1. 约定仲裁条款，要注意书面约定、仲裁事项和选定仲裁委员会这三条

合同出现争议，首先"友好协商"，协商不成，可请第三人进行调解，也可通过仲裁或诉讼解决。需要注意的是"或裁或审"原则，仲裁或诉讼只能用一个，选择仲裁就必须接受仲裁结果，不能再提起诉讼。选择仲裁时需要单独签署仲裁协议或仲裁条款，它是仲裁委员会受理案件的前提条件。仲裁协议中要明确规定仲裁事项和选定的仲裁委员会。

2. 诉讼地常常根据合同签约地和履行地确定

对于人民法院管辖权，一般为合同的履行地或签约地、住所地。如果合同没有实际履行，当事人双方住所地又不在合同约定的履行地，应由被告住所地人民法院管辖。

对于履行地，合同中有约定的，按约定；没有约定的，依交货方式确定。采用送货方式的，以送达地为履行地；采用自提方式的，以提货地为履行地。代办托运或按木材、煤炭送货办法送货的，以发运地为履行地。实际履行地与合同中约定的交货地点不一致的，以实际履行地点为合同履行地。这里再次提醒合同中"交付"的定义。

几种特别情况，可以了解一下：

- 租赁合同，以租赁物使用地为履行地。
- 加工承揽合同，以加工行为地为履行地。
- 不动产的合同，以不动产所在地为履行地。
- 动产买卖合同，一般以交货地点为合同履行地。
- 网络购物，以买受人住所地为履行地。
- 保险合同纠纷，如果保险标的物是运输工具或者运输中的货物，由被告住所地或者运输工具登记注册地、运输目的地、保险事故发生地的人民法院管辖。
- 因产品质量不合格造成他人财产、人身损害提起的诉讼，产品制造地、产品销售地、侵权行为地和被告住所地的人民法院都有管辖权。
- 铁路运输合同纠纷以及与铁路运输有关的侵权纠纷，由铁路运输法院管辖。

承诺生效的地点为合同成立的地点，定义为合同签订地。注意，现在人们移动办公，承诺地随时移动、采用数据电文形式订立的合同的，收件人主营业地为成立地、没有主营业地的，其常住地为合同成立地点。一般都采用合同书形式，所以签字或盖章地就是成立地。成立地点涉及法院管辖，所以最好在合同中直接明确约定履行地。

有没有看到，签合同时要考虑地点，要考虑对方的营业地、注册地。

以上内容这么多，记住一句话就够了：有约定，从约定；无约定，从法定；最好约定。

（三）发现违约后，采购人不得不知、不得不做的几件事

1. 谁主张谁举证，这是法律规定

违约发生后，我们需要提供证据，保全证据，为解决纠纷、打官司提供武器。

证据保全，是指由司法机关依法收存、固定证据资料以保持其真实性和证明力的措施。因情况紧急，在证据可能灭失或者以后难以取得的情况下，我们可以在提起诉讼或者申请仲裁前向证据所在地、被申请人住所地或者对案件有管辖权的法院申请保全证据。

财产保全，是指人民法院在利害关系人起诉前或者当事人起诉后，为保障将来的生效判决能够得到执行或者避免财产遭受损失，对当事人的财产或者争议的标的物，采取限制当事人处分的强制措施。情况紧急时，我们要在起诉前立即向人民法院申请财产保全。

2. 必须尽到几个义务，这也是法律规定

通知义务，即合同当事人应将自己履行义务的情况，以及出现法定或约定的事由时，及时通知另一方当事人。不可抗力，也需要及时通知对方，以减轻对方损失，并在合理期限内提供证明。

这里有一个词叫"附随义务"，有时它专门指法律无明文规定，当事人也无明确约定的义务，如必须履行通知、减损、协助、保密等与合同有关的义务，无论合同是否约定。订立合同前还有一个"先合同义务"，它主要包括合同当事人之间的互相保护、通知、保密、协作及诈欺禁止等义务。

《合同法》对义务也有些明确规定,见知识链接 10-4。

【知识链接 10-4】

《合同法》第四十三条规定:当事人在订立合同过程中知悉的商业秘密,无论合同是否成立,不得泄露或者不正当地使用。泄露或者不正当地使用该商业秘密给对方造成损失的,应当承担损害赔偿责任。

大家可能觉得,法律有那么多条款,我也记不住。其实不用全记住,记住合同的"诚实信用、公平原则"就够了,这是《合同法》的基础,不违反道德一般就不会违法。

思考题

1. 原材料价格猛涨,供应商拒绝发货,采购人如何维护自身权益?
2. 如何保证供应商保质保量交货?
3. 自己所在的公司中合同管理有哪些风险?
4. 国家政策调整可以算作不可抗力吗?

Chapter11

第十一章

采购合规风险管理

学习目标

1. 了解中美等国关于反商业贿赂的法律法规要求及其在采购环节的管控要点
2. 了解美国《出口管制条例》的相关要求及其在采购环节的管控要点
3. 了解知识产权保护在采购环节的管控要点
4. 了解ISO19600《合规管理体系——指南》的内容，理解什么是合规，以及合规管理体系的核心要素

业界对于合规的定义通常包括三个方面：遵守法律法规、遵守企业内部规章以及遵守道德规范。合规的外延特别广，"大合规"包括企业经营各方面的合规，而狭义的合规通常是指反贿赂方面的合规，因为合规起源于1977年的美国《反海外腐败法》。

笔者在写作的过程中，调研了来自世界500强跨国公司的合规专员，了解到在企业实践中对合规的管理有着不同的范围界定。有的合规专员描述，"我所在企业的合规管理主要聚焦在四大块：出口管制、反商业贿赂、产品责任、可持续发展"，而有的合规专员提出他们公司的合规业务并不涉及产品责任，还有的合规专员提出他们公司近期将知识产权保护纳入了合规的重点管控领域。由此可见，所处行业不同，公司经营范围不同、规模

大小不同，合规管理的范畴会有不同之处。

本章选取三个重点领域的合规，即反商业贿赂合规、美国出口管制合规和知识产权合规，详细阐述如何将合规管理要求融入采购的实际业务。在此，也想特别说明一下，为什么中国企业需要了解美国法律，因为中美两国是大国，中美彼此是非常大的贸易伙伴，之间的法律管辖需要了解，否则，可能就会触碰到相关法律。

一、反贿赂合规：别让采购变成行贿的工具

【引入案例】GSK 中国：一场根本没有召开过的会议

葛兰素史克（GSK）是世界第三大的制药公司。2013 年 7 月，GSK 中国被爆出为达到打开药品销售渠道、提高药品售价等目的，利用旅行社等渠道，向政府部门官员、医药行业协会和基金会、医院、医生等行贿。涉案的 GSK 中国高管涉嫌职务侵占、非国家工作人员受贿等经济犯罪。2014 年 9 月 19 日，长沙市中级人民法院对 GSK 中国公司以及其前中国区总经理等人进行审理，GSK 中国公司被判罚金 30 亿元，被告被判有期徒刑 3 年、缓刑 4 年，并处驱逐出境。

GSK 位于英国的总公司 19 日发表致歉声明，表示"完全认同中国司法机关依法认定的事实和证据，服从中国司法机关的依法判决，并向中国患者、医生、医院和中国政府、全体中国人民深刻道歉"。

这之后，英国及美国方面跟进了相关调查。2016 年 9 月，美国证券交易委员会因 GSK 在华行贿行为对其处以了 2000 万美元的罚款。

在中国行贿，为什么美国也要处罚

虽然 GSK 是一家英国公司，但因为股票在美国交易所挂牌上市，该公司的行为也受美国《反海外腐败法》管辖，据此美国执法机构对该公司也有司法权。美国此类法律具有域外管辖权，即便不是美国人，也不是美国公司，但如果使用了美元交易、美国金融体系或物流系统，也在法律管辖之内。

采购变成了行贿的工具

GSK 中国行贿案件的一大特点就是，借助供应商来实施行贿和受贿。通过与旅行社签订服务采购合同、与供应商进行串谋、获取合同付款来支持行贿，采购变成了行贿的工具。也许这是一场根本没有召开过的会议，也许会议规模并没有那么大，但是财务除了验证发票真伪，别无他法。

很多企业对服务类的采购验收往往会比较疏忽，而对于商业贿赂风险较高的行业和企业，尤其应该对服务采购有明确的验收标准，付款前进行严格的审核把关。

GSK 的案例，从采购预算的管控、供应引入前的尽职调查、招标管理、付款前的审核等环节来看，都有改善的空间。如何帮公司堵住其他环节的合规漏洞，值得采购人深入思考。

很多国家都有与反腐败相关的法律，除了美国的《反海外腐败法》，还有中国的《中华人民共和国反不正当竞争法》、英国的《反贿赂法》、加拿大的《反外国公职人员腐败法》以及巴西的《诚信公司法》等。虽然这些法律有一些差别，但都是在禁止同一件事情，那就是反腐败，并且大多数国家对怎样构成腐败的意见是一致的。只要违反其中任何一个国家的此类法律，则很有可能违反了其他各个国家的相关法律。

在过去 10 年美国司法部和证监会处理的商业贿赂案件中，多达 93% 是通过第三方行贿的，并且行贿的手段越来越具有隐蔽性。对于采购来说，不仅需要保证自身的廉洁，还要帮助公司堵住其他环节的漏洞，防止采购变成行贿的工具。

在风险不断提高的商业环境中，你随时可能遇到不正当经营的商业合作伙伴，如何避免与其合作可能面临的品牌负面影响、财务损失甚至是法律制裁的风险呢？

（一）合规尽职调查，了解你的交易对手

艾伦·墨菲在《给中国企管的反腐合规指引》⊖中指出：仅因为一家公司的股票在股票交易所上市交易，并不能意味着这家公司不是外国政府

⊖ 该书已由机械工业出版社出版。

的"有属机构"。许多上市交易的公司依然保有大量的国有股份，这非常普遍。

发达国家一般对公司有详尽的信息披露要求，但是在许多发展中国家这仍然是一个大而难的问题。虽然我们可能无法对这些问题得到确切的答案，但是我们必须开展详细的尽职调查来了解合作伙伴。

如果开展了充分的调查并且有完好的记录保存，那么不仅能帮助企业提前识别风险，还可以让企业在面临合规审计或调查时处于一个有利的位置。开展尽职调查的方式有多种：

1. 供应商自我声明

事先设计好一份问题清单，让供应商进行自我评估与声明。常见的问题包括：

- 公司是否合法注册？
- 公司所有权结构是什么？是否由政府官员持股？如果有，政府官员的主要职责是什么？
- 公司是否有明确的合规政策与制度？合规内容包括哪些方面？
- 公司行为准则是否明确了合规的要求？
- 公司的合规管理组织架构如何？
- 公司是否有与礼品、招待相关的指导与规定？
- 公司是否将反贿赂要求融入流程，并在系统中进行有效防控？
- 公司是否有机制确保不引入第三方的合规风险？
- 公司对员工是否开展合规培训？培训的内容是什么？频次是多少？
- 对于不合规行为是什么态度？不合规的后果是什么？
- 公司是否有内部监督机制，是否有专门的审计人员对合规执行情况进行审计？
- 公司是否有举报的渠道，并且对举报人进行保护，确保举报人不会遭到报复？

2. 借助搜索引擎

可以在公开网站上进行信息的查证，如诚信记录、国际制裁名单的比对。在国内，可以通过"中国裁判文书网"查询供应商是否有行贿犯罪的记录，通过信用查询平台可以查询到供应商的信用状况。表 11-1 列举了一些比较实用的网站。

表 11-1 信用查询网站

网站名称	网　　址	内　　容
中国裁判文书网	http://www.wenshu.com	行贿犯罪记录
国家企业信用信息公示系统	http://www.gsxt.gov.cn	工商登记信息、年度报告、行政处罚等
全国组织机构代码管理中心	http://www.nacao.org.cn	主体资质及信用信息的查询
信用中国	http://www.creditchina.gov.cn	信用信息
中国人民银行征信中心	http://www.pbccrc.org.cn	信用报告
中国裁判文书网	http://wenshu.court.gov.cn	开庭、判决信息
全国法院失信被执行人名单信息查询系统	http://shixin.court.gov.cn	失信被执行人的履行情况
企查查	https://www.qichacha.com	法人信息、经营范围

3. 委托第三方

可以委托第三方对供应商的诚信记录、过往涉及的法律诉讼、管理层的处罚记录等进行背景调查。第三方机构一般会基于国际反商业贿赂的合规性要求，对供应商进行合规筛查，并对潜在的商业利益冲突风险进行提示。

4. 现场审核

一般情况，如果公司的业务与官员的职责越相关，那么合规的风险也就越大。如果有必要，可以开展进一步的背景调查，去供应商的办公地点，看看是不是真的有公司在运营？经营的范围包括你需要的产品吗？是不是真的有能力履行合同？也许这家公司根本不存在，或者与业务描述的完全不一致。

最后，确保将尽职调查的记录完整保存。这不仅是公司反贿赂合规有效管控的举证，而且，作为采购方，如果日后面临相关的指控，还可以拿出来表明你已经尽力了解了你的合作伙伴，不存在腐败的动机。

(二) 在合同中约束

对供应商的合规要求要清晰准确地传达给供应商,最好在合同条款中进行约束,白纸黑字写下来。合同中不仅要明确供应商需要遵守的合规内容,同时还需要明确对供应商进行合规审核和调查的权利。

【案例 11-1】微软公司的供应商合规管理实践

供应商,作为第三方代表之一,在公司的业务中发挥着重要作用。然而,供应商的行为也可能让公司承担责任。因此,在供应商管理中,采购部门和相应业务责任人需要履行一些非常重要的职责。如图 11-1 所示,微软公司的供应商合规管理嵌入了采购业务的方方面面。

高风险识别	背景调查	签订条款	举报违规行为	违规处罚
·外包 ·第三方付款	·行贿记录 ·欺诈行为 ·股权结构 ·经营范围	·合规义务 ·审计权 ·求偿权 ·行为准则	·异常付款 ·贿赂举报	·取消合作 ·限制合作 ·索赔

图 11-1 微软公司的供应商合规管理实践

公司需要确保与其做生意的人具有良好的信誉和诚信记录。公司拥有一套可以对第三方代表进行审查,所谓"尽职调查"的程序。对供应商的尽职调查程序由公司总部的采购部门集中执行。如果与公司批准使用的供应商名单之外的一个新供应商合作,采购部门通常会对那些提供高风险类别服务的(如从事市场活动、客户服务外包、第三方付款等)新供应商进行独立的背景调查。通过这一过程,公司会看看其中是否存在任何可能引起关注的问题,任何表明可能存在腐败活动的警告信号。例如,供应商有行贿的历史记录和不良声誉,正在或者将要面临行贿、欺诈、腐败等诉讼指控,存在某种与政府工作人员的关联等。

因业务需要,公司使用的供应商都要进入公司的采购系统。成为公司系统中的供应商还需要经过一系列业务审核,并且需要签署公司制定的供应商行为准则,以明确供应商在代表公司行事时在遵守法律、商业行为规范以及报告可疑行为等方面的合规义务。采购部还会为业务需要提供优选供应商名单，并且建议从中选择开展业务。名单中的优选供应商是由采购部门经过遴选，与供应商签署正式供应商主协议，并且接受公司管理的供应商，对公司有提供服务的质量和限价的承诺。公司在供应商主协议中明确规定了适用于供应商的合规条款，包括供应商遵守公司所要求的政策规范、公司对供应商的合规审计权、对供应商重大违规行为公司单方解约权，以及对造成损失的求偿权等。

公司要求员工教育和监督供应商，以确保其在代表公司行事时符合公司的"反腐败政策"要求。公司积极鼓励对任何潜在违规行为的举报，对所有举报采取保密措施，并且严格禁止对善意举报的打击报复行为。如果在供应商活动中看到或听到任何可疑的行为或活动，员工有义务向公司举报。这些警告信号包括供应商是由政府指定或推荐的某一特定供应商，供应商拒绝对其关于公司"反腐败政策"的遵循情况进行验证，供应商提出异常的付款要求，例如现金支付、高于常规的费用、大量应急费用或费用必须经由其他方代为支付等。供应商的违规行为经公司发现并查证属实，公司会根据情况采取相应的惩罚措施，例如向供应商发送警告信，从供应商付款总金额中扣减涉及违规的金额和/或违约金，附期限或永久禁用供应商等。同样，如果供应商在与公司商业合作中，发现公司员工有任何涉嫌违法、违纪行为，也鼓励向公司举报。

作为对供应商的持续管理，公司每年会对批准使用的供应商进行年度审核并开展尽职调查程序，对于尽职调查中发现的警示信息会进一步分析和评估，并将其作为决定是否继续与该供应商保持业务关系的考虑标准之一。

公司相信，采取有针对性的重实效的管控措施，坚持对违规零容忍的态度，不仅对降低公司自身面临的违规风险有很大帮助，也会给同样有合规要求的供应商带来帮助，同时也会向相关的行业和社会大众传递正能量。

资料来源：摘自郭凌晨、王志乐编《合规Ⅳ：加强商业伙伴合规管理》。

二、出口管制合规：弄清来源，做好标识

2017年以来，美国政府加大了对出口管制的执法力度，美国财政部、商务部和国务院发布的各类黑名单已从数十页增至数百页乃至上千页。根

据美国商务部工业安全局（BIS）官网的数据，截至 2018 年 8 月 1 日，共有 101 家中国企业由于违反美国出口管制法而被列入 BIS 的出口管制黑名单。

被列入黑名单的公司或个人将可能遭受严厉的制裁措施。例如，无法获取美国银行和保险的服务，无法获取很多欧洲银行的服务，无法获得所有美国商品和技术，遭受巨额的罚款甚至刑事处罚。

不仅美国有出口管制的法规，许多国家如英国、日本都有相关的要求。2019 年，日本对韩国多种芯片制造材料实施出口限制。此外，我国也即将发布《不可靠实体清单》，以制裁严重损害中国企业正当权益的实体或个人。虽然各个国家都有相关的法规要求，但是美国的执法力度在全球当属最严厉的。了解美国的出口管制执法逻辑，有利于我们全面地开展出口管制合规工作。

（一）采购的重要工作：弄清物项是否具有美国元素

什么产品会受到美国《出口管理条例》（EAR）的管辖呢？如果没有认真研究过该项法律，很有可能会认为美国品牌的产品才会受到管辖。实际上，产品如果属于下面五种情况之一，都属于受 EAR 管辖的物项：

- 所有原产于美国的物项，无论其位于世界何地。
- 美国厂商在美国境外制造的产品。
- 使用美国技术或软件直接生产的产品。
- 处于美国境内的所有物项，包括在美国自由贸易区和从美国过境的物品。
- 含有美国成分的外国产品，而且美国产品、软件、技术价值超过一定比例要求的。

（二）解密 ECCN

出口管制分类编码（ECCN）是由美国商务部工业安全局给予物品、工具以及其他设备、材料、软件和技术的字母加数字组合的代码。美国 EAR 通过 ECCN 来实现产品的分类管理。

通过 ECCN 码可以查询到美国对产品或技术的相关监管条件，比如是否可以出口。如果能出口，可以出口到哪些国家，附加哪些限制条件；如果不能出口，出口限制的原因是什么。

美国 EAR 的第 774 条附件 1 "商品控制清单（CCL）"对其做了详细规定。第一位是数字，代表 CCL 的 10 个商品控制类别序号；第二位是字母，代表 5 个不同的产品组；第三、四位是数字，代表受管制的原因；第五位是数字，是同类产品的序号。第五位后面还会有小数点及字母或数字，以进一步对同类产品进行细分。

通过 ECCN 编码中的管控原因，再结合目的国信息，就可以判断该美国产品出口至该目的国是否需要许可。

采购及时准确地获取供应商的 ECCN 信息，对于确保公司产品的出口合规至关重要。如果没有识别出受管控的美国物料，或者维护了错误的管制信息，极有可能促成了不合规的业务，从而让组织面临很大的制裁风险。

（三）记录保存，并在合同中约束

根据美国《出口管理条例》规定，当采购的物项需要供应商提供出口许可或许可例外才能出口情形的，采购需要确保获取相关的许可证或者许可例外，如果在没有相关许可的情况下采购回来，便引入了不合规的因素。

这些信息和文件，需要完整无误地保存下来。此外，在合同中最好明示与所采购物项相关的出口管制信息，并且规定供应商的出口管制合规义务。

三、知识产权合规：不侵权，不被侵

在本书撰写的收尾阶段，我们才决定将知识产权合规作为独立的一节。为什么要将其提升到一个更高的层次呢？

我们先来看看商务部的一项调查：我国每年约有 70% 的出口企业遭遇到国外技术性贸易壁垒的限制，而这些技术壁垒大多数与知识产权有关。可见，知识产权保护成为中国企业全球化进程中的达摩克利斯之剑。

近几年，随着知识产权在国际竞争中的作用日益上升，越来越多的国家都已经制定和实施了知识产权战略。2019年6月19日，国家知识产权局网站发布了《2019年深入实施国家知识产权战略加快建设知识产权强国推进计划》，明确推进国家知识产权战略实施的5大重点任务和106项具体措施。

随着我国向知识产权强国的加速迈进，知识产权保护必将成为企业合规运营的重要组成部分。知识产权与采购有什么重要联系呢？让我们来看看下面的案例。

【案例11-3】

A公司的采购为了节约成本，在电子市场采购了一批盗版的制图软件。6个月后，公司遭受到了一项关于该软件的侵权指控。此时，电子市场的软件卖家早已不见踪影，公司不得不独自承担300万元的罚金。

B公司委外加工一批服装，订单数量10 000件。还没等到该款服装正式上市，在电商平台上便发现了一模一样的款式在售卖。后来通过调查才发现，供应商实际生产了12 000件，并将多余的服装低价卖给了其他买家。

我们可以看出，A公司是侵犯了别人的知识产权，而B公司的知识产权被别人所侵犯。知识产权与第三方密切相关，采购作为与第三方合作的重要窗口，一不小心就有可能为企业的知识产权管理埋下风险炸弹。**采购在其中的重要职责是：既要避免侵权，同时也要做好守门员，避免被侵权。**

（一）供应商的准入与选择

在进行供应商的准入与选择时，很多企业更多考虑的是质量、成本、交付等因素，而忽视对产品所涉及的知识产权权属的核实。这可能在一开始就植入了知识产权不合规的因素。

涉及知识产权的采购，除了要审核供应商的生产经营许可证、工商营业执照，还应要求供应商提供相关产品所涉及的知识产权的权属证明，如专利证书、商标注册证书、版权证书、著作权登记证书等。

权属如果不属于供应商，需要提供有效授权证明文件。例如，对于代理商，应当要求其提供知识产权声明或有效授权证明文件，以及供货渠道证明，以保证供货渠道正规合法，产品为品牌原厂制造及装配。

如果专利所有人存在变更或转让，还需要提供变更或转让的证明文件。例如，软件著作权如果是通过转让获取的，一般需要提供著作权转让合同。

（二）在合同中进行约束

将不确定性的因素写进合同，是对知识产权保护的有效保障。在合同中一般需要明确规定知识产权权属、许可证使用范围、侵权责任承担、保密要求、赔偿要求等。针对ODM、OEM等外包合同，尤其应该注意商标侵权以及商业秘密泄露的风险。

1. 通用类条款

（1）乙方应保证甲方在使用本采购合同项下的货物或服务时，免受第三方侵犯其知识产权、商标权或工业设计权的起诉。

（2）如果因乙方的知识产权问题造成第三方对甲方的侵权诉讼，乙方有义务协助甲方。如果因此给甲方造成损失，乙方应赔偿甲方所遭受的相关损失，包括但不限于国家权威机构的处罚、律师费、公关费、信誉损失等直接和间接的损失。

（3）乙方应保证提供货物的商标、专利等知识产权归乙方所有，对于非乙方所有知识产权的货物，乙方有义务提供给甲方正规渠道证明。

（4）乙方商标、专利许可甲方的使用范围仅限于合同范围内的产品，合同终止后，供方应授权需方从事制造所必需的知识产权、技术协助、技术文件和工具。

小师妹插嘴

如果购买了供应商的软件，那么软件的知识产权是否随之转移给了买受人呢？

学霸掉书袋

出卖具有知识产权的计算机软件等标的物的，除法律规定或者另有约定以外，该标的物的知识产权不属于买受人。

2.ODM 合同补充条款

（1）合同中货物涉及的××商标归甲方所有，乙方不得任意改变甲方注册商标的文字、图形或符号，并不得在本合同商品范围外使用甲方的注册商标。

（2）未经甲方授权，乙方不得以任何形式和理由将甲方注册商标许可第三方使用。

（3）合同终止后，乙方应立即停止使用甲方的××商标。

3.OEM 合同补充条款

（1）甲方提供的产品设计产权归甲方所有，乙方有绝对保密的义务。

（2）乙方应采取有效的措施，防止第三方接触与甲方产品有关的设计，乙方也不得研发类似结构、外形的产品。

4.保密条款

（1）除非得到对方的书面许可，甲乙双方均不得将本合同中的内容及其在本合同执行过程中获得的对方的商业信息向任何第三方泄露。

（2）保密义务应在本协议期满解除或终止后仍然有效。

 学霸掉书袋

对于与供应商联合开发类的项目，尤其需要提前协商好知识产权的归属，并在合同或协议中明确下来。

（三）加强知识产权保护意识

在实践中，很多企业的采购人员还没有形成知识产权保护的意识。既不知道需要保护的是什么，也不知道通过什么手段来保护。采购部门应当针对知识产权相关的法律法规要求对采购人员进行教育和培训。

除了培训，还需要建立知识产权保护的机制。例如，建立采购文档管理的机制，对文档的保密等级进行划分，并对文档的保存、传递与查询进行规范。对于违规的行为，还应该建立相应的处罚机制。

四、供应商合规名单动态管理

供应商的合规风险就意味着采购的风险,要将合规管理融入供应商的管理实践中,无论是反商业贿赂合规、出口管制合规、知识产权合规,还是其他方面的合规。合规风险具有动态性,一般通过两种方式来进行动态管理,即合规黑名单管理和合规等级管理。企业可以根据自身的实际情况,建立相适宜的供应商合规动态管理机制,并将合规情况与供应商的合作策略相结合。

(一) 供应商合规黑名单管理

一些企业采取零容忍的态度,持续监控供应商的合规风险事件,一旦出现严重合规问题,便将其纳入黑名单,禁止与其合作。合规风险高的行业,如医药、能源、通信等行业的贿赂风险较高,尤其应该严加管理。

【案例 11-4】深圳市政府采购的红名单、黑名单、灰名单管理机制

2017 年 6 月,深圳市出台了《深圳市政府采购供应商诚信管理暂行办法》和《深圳市政府采购供应商诚信管理暂行办法操作细则》。将履约评价优秀的中标供应商纳入"红名单",给予优质合同续期奖励;将违法供应商纳入"黑名单",在一定期限内禁止其参与政府采购活动;将违规供应商纳入"灰名单",在一定期限内对其参与投标给予诚信扣分处理。2018 年,将 50 家存在违法违规行为的供应商纳入供应商诚信档案"黑名单"或"灰名单"。

(二) 供应商合规等级管理

为了对供应商的合规表现进行动态管理,企业也可以根据自身的情况,进行不同等级的标准划分,将供应商的合规情况进行评级。通过等级管理来进一步差异化合作的策略,并持续跟进合规表现,根据表现来动态调整与供应商的合作关系。表 11-2 为供应商合规等级管理的示例。

表 11-2　供应商合规等级管理

序号	合规等级	商业合作关系
1	☆	不合作
2	☆☆	限期合作

（续）

序　号	合规等级	商业合作关系
3	☆☆☆	一定范围内合作
4	☆☆☆☆	正常合作
5	☆☆☆☆☆	战略合作

五、GB/T35770-2017/ISO19600：合规管理第一次有了国家标准

2018年7月1日，中国国家质量监督检验检疫总局和国家标准化管理委员会起草的ISO19600《合规管理体系——指南》（GB/T35770-2017/ISO19600:2014）正式生效。

在该管理体系的引言中提出：建立有效的合规管理体系并不能杜绝不合规的发生，但是能够降低不合规发生的风险。在很多国家或地区，当发生不合规时，组织和组织的管理者以组织已经建立并实施了有效的合规管理体系作为减轻甚至免于行政、刑事或民事责任的抗辩，这种抗辩有可能被行政执法机关或司法机关所接受。本标准的合规管理体系流程图与其他管理体系一致，以持续改进原则为基础（见图11-2）。

（一）合的什么规

"合规"是由英文单词"compliance"翻译而来，代表法律遵从。在回答如何合规之前，首先要弄清楚合的是什么规。

ISO19600《合规管理体系——指南》将合规规范定义为适用的法律法规及监管规定，以及相关标准、合同、有效治理原则或道德准则。

我国国资委发布的《中央企业合规管理指引（试行）》将合规规范定义为：法律法规、监管规定、行业准则和企业章程、规章制度以及国际条约、规则等。

企业所属行业不同，经营地理范围不同，所有权性质不同，所需要遵守的合规内容是存在差异的。例如，对于一家不涉及任何涉外业务的纯本土企业，可能仅需要遵守本国的规定，而对于一家高度全球化的跨国公司，则面临各个国家法律的监管。对于企业来讲，必须识别出适用于本企业的所有合规要求。

（二）如何合规

关于如何合规，不同学者提出了不同的说法，有 6 要素之说、13 要素之说，也有 18 要素之说等，但都离不开合规管理体系的总框架（见图 11-2）。综合国际标准和各家观点，我们认为，以下 12 个要素对于企业开展合规是必不可少的。

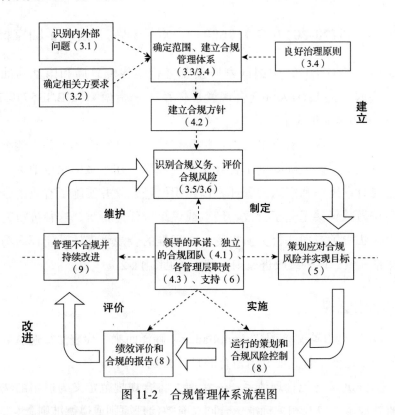

图 11-2　合规管理体系流程图

1. 合规文化

合规文化是企业合规管理的核心，企业只有真正形成了合规的文化，才能激发全员的使命感与责任感，促进全员主动合规。建立企业合规文化，要求合规从领导做起，建立企业合规的方针、组织、制度与流程，持续开展合规宣传与培训，确保全体员工树立合规意识。

2. 合规方针

企业合规方针是企业合规管理的纲领和指导思想，体现企业核心价值观。ISO19600《合规管理体系——指南》第4.1条规定，确保建立组织的合规方针和目标，并与该组织的价值观、目标和战略方向保持一致。管理者应将合规管理的要求转化为内部的行为准则、高压线、红线，作为指导业务行为的最高标准。

3. 领导承诺

想要确保合规管理的成功实施，领导必须做出表率，确保制定并实施合规方针、程序和过程，将合规要求融入组织的业务过程，以实现合规目标。此外，还要确保合规资源的可用可得，并传达合规管理体系的重要性。

4. 合规风险管理

ISO19600《合规管理体系——指南》第2.12条对合规风险进行了定义，合规风险是企业合规义务的不合规发生的可能性和后果。企业需要围绕合规风险，开展识别、分析、评估、应对、持续改进的全流程管理。

5. 合规组织保障

《中央企业合规管理指引（试行）》将合规组织分为：董事会、监事会、经理层、合规委员会、合规管理负责人、合规管理牵头部门、业务部门、检查、审计、法律、内控、风险管理、安全生产、质量环保等相关部门。

虽然不是所有的组织都会创建独立的合规团队，但是至少需要将合规的职能、职责要求分配给组织现有的岗位。

6. 合规流程保障

企业应将合规管理的要求融入流程与制度中，确保全业务合规，全场景合规。只有真正嵌入业务流程中，才能保证合规要求的落地，确保结果的一致性。

7. 合规系统保障

《中央企业合规管理指引（试行）》要求中央企业强化合规管理信息化建设，通过信息化手段优化管理流程，记录和保存相关信息。在大数据时代，应该采用先进的工具进行数据的统计、分析和应用，前瞻性地识别合规风险。

8. 合规管理评估与考核

企业合规管理评估，是企业合规组织对企业合规管理体系以及组织领域内合规管理的适当性、有效性和充分性，进行自我审查、评价、监督和持续改进。企业应对合规管理工作开展绩效考核工作，确保部门、员工的绩效指标体现了合规的要求。

9. 合规审计

企业合规审计通常是由审计或监察部门开展，对企业合规管理体系运行的适当性和有效性进行独立审计。这是企业合规的第三道防线，目的在于确保企业依法合规、安全、稳健地经营。

10. 合规培训

ISO19600《合规管理体系——指南》第 6.2.2 条规定：培训项目的目标是确保所有员工有能力以与组织合规文化和对合规的承诺一致的方式履行角色职责。设计合理并有效执行的培训能为员工提供有效的方式交流之前未识别的合规风险。

11. 违规管理与问责

对于违规的举报实际上是在帮助企业发现问题，企业应该鼓励举报违规行为，建立相应的举报途径，并对举报人提供保护。根据举报线索，及时开展调查，做到违规必究。

12. 合规沟通与报告

针对合规管理建立一整套的内外部沟通、上报和评审机制。设立适当的报告准则和义务、确定定期报告时间表，建立异常报告系统，以确保企业治理机构和管理层及时有效并持续充分地了解合规管理体系的绩效（见ISO19600《合规管理体系——指南》第 8.1.7 条）。

【案例 11-5】摩根士丹利：有效的合规管理体系能帮企业免于处罚

2012 年 4 月 25 日，全球金融机构摩根士丹利前任董事彼得斯就美国司法部提出的其密谋逃避摩根士丹利投资公司内部会计控制的一项刑事指控而认罪。美国证券交易委员会在同一天起诉，称彼得斯违反了美国《反海外腐败法》的反腐败和内部控制规定，并且帮助和教唆他人违反《投资顾问法》的反欺诈条款。

然而，美国司法部与美国证券交易委员会两大执法机构在对彼得斯进行处罚的同时，均宣布不会起诉摩根士丹利，关键的原因就是该公司构建并完善了合规管理体系：

- 公司内部设立了专门鉴别违规支付行为的软件。
- 公司健全的反腐规则和制度是公司500名员工所必须经受的培训程序。
- 公司设立了全天24小时免费的检举热线。
- 公司要求全体员工每年都要开展有关遵守道德规范的自查行为。
- 开展了有关《反海外腐败法》的专业训练。彼得斯在入职的第一天就接受《反海外腐败法》的培训，总共接受过32次合规培训，其中至少8次与《反海外腐败法》有关，并至少被推送35次关于摩根士丹利关于《反海外腐败法》政策的不同提醒通知。
- 公司设立了一个有效的审批系统，以防止不当支付。
- 公司持续评估合规程序，并且有改进的实例能够证明。

资料来源：陈立彤著《商业贿赂风险管理》。

上述案件由于符合"积极合规"的豁免条件，免除了被起诉的风险，避免公司陷入"组织犯罪"的不利境地。看完此案例，也就能理解为什么说"合规是企业的金色盾牌"。

思考题

1. 针对供应商的反贿赂合规，请设计一份尽职调查问卷。
2. 采购需要开展哪些具体工作来确保出口管制合规？
3. 某芯片设计公司，通过外包工厂来加工芯片，请为其设计一份知识产权保护的合同条款。
4. 企业建立合规管理体系的关键要素有哪些？

Chapter12

第十二章

采购可持续性管理

 学习目标

1. 了解什么是可持续采购
2. 了解为什么需要可持续采购
3. 掌握采购开展可持续管理的方法
4. 了解可持续相关的第三方专业审核机构
5. 了解可持续相关的法律法规、管理体系标准

关于可持续管理，最有代表性的一个理论是英国学者艾尔金顿提出的"三重底线"理论，即经济、社会和环境。业界也有其他一些不同的叫法，如"3P 原则"，即人（people）、地球（planet）、利润（profit）。

在本书写作的过程中，专家组对可持续的内涵和外延做了较长时间的争论，尤其是可持续与风险、合规之间的区别与联系。不同的专家持有不同的意见，可持续发展方面的专家认为"可持续管理包含合规管理"，而合规专家却认为"合规管理包含了可持续的范畴"。最后，我们认为，可持续管理与合规管理之间并非完全的包含关系，二者之间既有交叉也有区别。

国家政府、当地政府通常会颁布法律法规来保护劳工权益，防止破坏环境，因此，可持续意味着要遵循相关的合规要求，但是不仅仅如此，还有从企业战略、客户需求等角度出发，需要履行的社会责任。合规除了有

环境、劳工、反贿赂等可持续方面的法律法规，还有出口管制、合同等各领域的合规要求。

很多公司的可持续管理还处于初始阶段，仅有少数公司会将可持续发展因素加入它们的采购决策中。其实，不管你关注不关注，可持续发展都在那里，可持续风险一直存在。需要关注的是，可持续管理不仅能帮助企业减少损失，还能带来竞争优势。英国"可持续采购小组"（SPTF）在其极富影响力的报告《未来采购》中指出：可持续采购是组织以下列方式满足其对货物、服务、工程和公共事业需求的过程，即获得全生命周期的资金价值不仅对本组织，而且对社会和整个经济都有利，同时对环境损害最小。

一、与地球共生：未来需要可持续采购

很多采购不理解，只要让供应商把成本降下来，交付和质量提上去就好了，为什么还要管供应商员工的加班情况，有没有雇用童工，安全管理有没有做到位等别人家里的事呢？采购为什么要肩负起社会责任呢？

（一）日益稀缺的资源

人类发展带来对水、能源、土地等资源的巨大需求。近年来，经济学家、研究机构均对资源面临的巨大缺口做出了预测。

由联合国经济和社会事务部发布的《2017年可持续发展目标报告》指出：虽然极端贫困比率已下降至11%，但全球仍有7.67亿人每天的生活开支不足1.9美元；数百万的儿童仍无法获得接受优质教育及学习的机会；超过20亿人面临水资源短缺，90%的城市居民呼吸着被污染的空气。

畅销书《超级版图》的作者、美国经济学家帕拉格·康纳认为，到2030年，世界能源需求量将会增加1.7倍。麦肯锡全球研究院则认为，全世界的资源需求在增加，尤其是新兴国家更加富裕，对资源的需求会增加的更多。预计到2030年，世界对能源的需求量将增加70%，食品需求将翻番。

面对日益稀缺的资源，每一个地球公民都有责任保护资源，减少浪费。

采购作为原材料的采购方，更要肩负起可持续管理的责任，这是一种社会责任。《中国采购商学院 8D 行为准则》中第八条准则就是"做积极倡导社会责任的采购"，做一个"负责任"的采购。

（二）来自公众的压力

过去工业化的高速发展对土地、空气、水和能源产生了巨大的影响。随着人类生活条件的改善，人们的价值观、消费观都在潜移默化地发生变化。在物资匮乏的贫困时期，很少有人对环境的污染表示关心。随着生活变得日益富裕，人们开始追求生活质量，不再以浪费能源来求得生活上的舒适。

尤其是在西方社会，在过去几十年的时间里掀起了一系列的深入持久的劳工运动、环保运动、女权运动、社会责任投资和可持续发展等运动。

欧盟委员会雇用及社会事务所总部所支持的"公司社会责任网"（CSR Europe）进行的消费者态度调查表明，在 12 162 名受访的消费者中，44%的人回答他们愿意为社会责任和环保产品多付一些钱。在我国，40%的城市居民倾向于选择绿色商品。

现在，随着网络、社交媒体的普及，以及非政府组织（NGO）的壮大、公众社会责任意识的觉醒，公众对企业的要求越来越高，企业也越来越难以控制舆论。来自利益相关者的压力成为企业推进可持续管理的主要驱动因素。

（三）道德缺位带来恶劣影响

企业不负责任的行为往往给社会带来极其恶劣的影响。10 年前，知名品牌奶粉被检测出三聚氰胺，原本可以健康成长的儿童因食用该奶粉而患病；10 年后，某知名制药企业生产的疫苗，要么是因为运输时没有冷藏而失效，要么是指标根本不合格，完全没有效果，这些假疫苗已经流入了几十万孩子的身体。这些都是企业为了自身的经济利益，而牺牲了社会的利益和下一代发展的典型例子。这些恶性事件，不仅让企业蒙受品牌损失和经济损失，也让企业走向衰落和毁灭。

为了维持商业的可持续性，很多领先企业都用道德守则来规范它们的行为。例如，谷歌公司将"不作恶"作为经营理念之一，其创始人的一封信中写道："不要作恶。我们坚信，作为一个为世界做好事的公司，从长远来看，我们会得到更好的回馈，即使我们会放弃一些短期收益。"

（四）日益收紧的环保政策

2015年，联合国成员国通过了《变革我们的世界：2030年议程》，该议程提出：到2030年消除贫困，实现可持续发展。它被认为是全球可持续发展的一个里程碑，全球可持续发展由此进入2.0时代。各国针对联合国的2030年议程，制定了相匹配的国家战略。

中国共产党第十八次全国代表大会（简称"十八大"）以来，习近平总书记一直强调"绝不能以牺牲生态环境为代价换取经济的一时发展"，多次提出"既要金山银山，又要绿水青山""绿水青山就是金山银山"。

在第二届"一带一路"国际合作高峰论坛上，习近平明确提出可持续，就是"把支持联合国2030年可持续发展议程融入共建'一带一路'"。

2017年10月13日，国务院办公厅印发了《关于积极推进供应链创新与应用的指导意见》，明确将"绿色供应链"作为供应链创新的六大重点任务之一。以国务院名义出台的这项指导文件，对于我国供应链的绿色发展具有里程碑的意义。

2018年1月1日，《中华人民共和国环境保护税法》开始施行，规定征收环境保护税，不再征收排污费，这表明了我国政府对可持续发展的决心与态度。

可见，不管是中国"一带一路"走出去的战略需要，还是日益收紧的政策、更严厉的国家法律法规以及国际环保公约要求，都驱动着企业将可持续纳入其经营理念。

很多本土企业不断完善可持续发展的管理，如比亚迪（见图12-1）、中兴（见图12-2）等企业，每年都会发布《企业可持续发展报告》，它们将可持续发展的理念融入公司经营的方方面面。有兴趣的读者可以去这些企业的官网获取到报告。

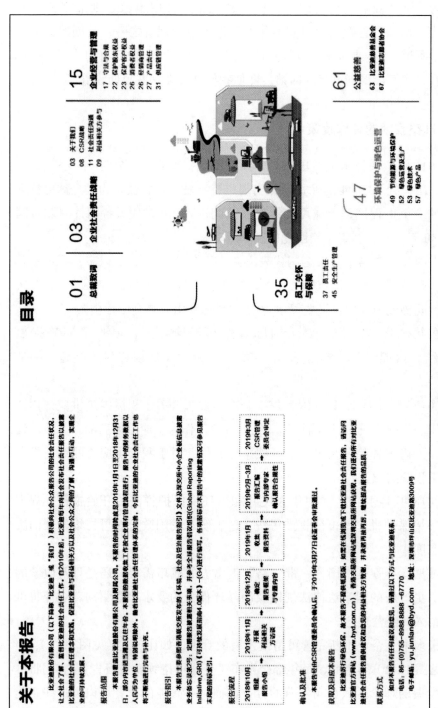

图 12-1　比亚迪的可持续发展白皮书

资料来源：来自比亚迪官网。

第十二章 采购可持续性管理 223

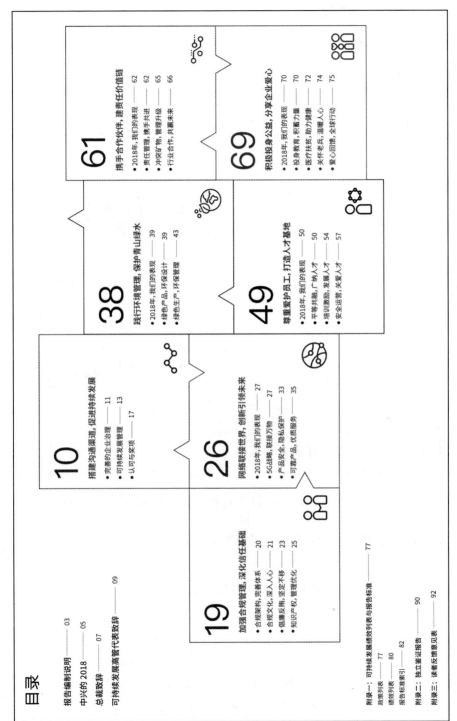

图12-2 中兴通讯的可持续发展白皮书

资料来源：来自中兴通讯官网。

（五）可持续带来价值增长

"Gartner 全球供应链 25 强榜单"提供了全球最有影响力的供应链排名，其评选的客观指标通常包括：三年加权平均资产收益率、年库存周转率、三年加权平均营收增长率。自 2016 年开始，Gartner 的评选中加入了新指标 CSR，并且占 10% 的权重。这意味着与企业社会责任、绿色环保等相关联的供应链管理方向越来越受到社会的关注和重视。

做可持续的采购，是在实现企业经营目标的同时，坚守道德底线，为社会的可持续发展做贡献。这不仅能产生很大的社会价值，同时也能帮助企业提升品牌价值，进一步带来经济价值。

进入博世（中国）的官网首页（www.bosch.com.cn），你第一眼看到的不是琳琅满目的产品推荐，而是图 12-3 所示的"改善气候变化"的主题宣传。成为业界首家碳中和的工业企业，将为博世带来独特的品牌优势。

世界经济论坛发布的资料表明，供应链中 85% 以上的碳足迹来自原材料采购、生产制造以及其他相关活动。未来，采购可能会进入碳

图 12-3 博世的碳中和项目
资料来源：博世（中国）官网。

足迹管理、碳成本管理、碳交流中心、水足迹和生态足迹等一系列可持续管理的新领域。从采购源头来推行可持续管理，将会释放出巨大的价值。

【案例 12-1】联合利华：可持续发展驱动业务增长

"联合利华可持续行动计划"是我们业务增长战略的核心。我们的企业愿景是在实现业务增长的同时，减少我们的环境印迹，并提升积极的社会影响。自 2010 年全球发布以来，"联合利华可持续行动计划"已经成为实现我们愿景的蓝图。

"联合利华可持续行动计划"设定了三大目标：到 2020 年，我们将帮助超过 10 亿人改善健康水平与提升幸福感；到 2030 年，减半我们产品在整个价值链上的环境印迹；到 2020 年，改善千百万人的生计。

可持续采购是"联合利华可持续行动计划"的核心要素，我们持续完

善采购方针，确保产生最大化的积极影响。为此，我们的棕榈油采购从拥有"GreenPalm 认证"标签的原料进展到采购"经认证且可追溯"的切实产自可持续种植的原料。

"联合利华可持续行动计划"的第三个目标"改善千百万人的生计"已经取得了稳步进展。2016 年，67% 的采购开销用于符合我们"负责任采购政策"强制标准的供应商。与此同时，我们帮助了 92 万女性参与到旨在发展其技能、改善其安全状况或拓展其职业机会的项目之中。

在 2016 年，联合利华可持续生活品牌的成长速度比一般品牌快 50%，占到了公司整体增长的 60%。事实证明，可持续发展继续驱动着我们的业务增长，增强了我们的竞争力，它塑造品牌、激发创新、优化供应链、降低成本和风险，并且不断建立信任。可持续发展正为联合利华乃至整个社会创造价值。

资料来源：《联合利华可持续行动计划 2016 年进展总结》。

二、可持续管理的领导力与成熟度模型

采购负责链接内外部供应网络，管理着端到端的价值链，这使得采购在可持续管理方面处于一个非常好的地位，来体现其领导力。具体可以从以下六个方面切入。

（一）与产品开发部门协作

早期介入产品设计，与产品开发结成紧密的内部合作伙伴关系，将可持续的理念从一开始便植入产品设计。例如，选用更绿色环保的零部件、减少材料的使用、减少碳足迹，或者采用从"摇篮到摇篮"的设计，要求所有被使用和生产的原料是能够进行有机分解或者作为技术养分的无毒材料。

（二）新供应商认证

在选择合作伙伴时，就要考虑到可持续的因素，通过制定相关的门槛要求，对供应商开展背景调查或者验厂。没有通过可持续发展认证的供应商，不能成为合格供应商。通过开展合乎道德的寻源，不引入对环境或社会造成极大伤害的合作伙伴。

(三) 供应商的绩效管理

供应商的绩效指标不仅是 Q (质量)、C (成本)、D (交付),还应将可持续也纳入供应商绩效的组成部分,及时开展可持续管理测评,并且测定的结果要在商务结果中进行应用。例如,根据绩效表现来决定未来生意的分配,在其他方面绩效表现同等的条件下,优先给予可持续发展管理好的供应商合作机会,而对于触犯底线的供应商,应及时终止合作关系。

(四) 定期的风险识别与审核

对重点供应商定期开展风险评估,对高风险的供应商进行专项审核,针对审核发现的问题推进改进,实现闭环。这也是一些领先企业的常见做法,它们每年会制订重点合作伙伴的审核计划,通过审核来发现问题并实施持续改进,例如索尼公司开展的"绿色伙伴"活动。

(五) 帮助供应商建立起可持续发展的能力

供应商是企业资源的延伸,优秀的采购组织会承担起帮扶供应商、培养供应商的职能,在可持续方面也不例外。与供应商分享自己的最佳实践,引导供应商将可持续发展也纳入他们的业务战略。例如,耐克、沃达丰这些国际一流品牌都承担着这样的职责,作为"牧羊人",帮助其合作伙伴持续提升能力。

(六) 影响整条价值链

企业不仅对一级供应商进行管理,对关键的二、三级供应商也可以直接或间接地开展可持续方面的管理,将相关要求往下游延伸,带动整条产业朝着与地球共生的方向前进。

【案例 12-2】索尼的绿色伙伴认证制度

由于部分原材料存在有害物质的风险较高,索尼集团于 2002 年启动了"绿色伙伴"环境质量认证项目,并于 2006 年引入中国,对供应商产品质量进行认证。针对此认证制度,索尼(中国)设计了风险评估表和绿色伙伴监查表，并与其他八家大型同行企业联合，形成共同标准，相互承认，而且只有通过认证后才可以进行采购，并且只向通过认证的"绿色伙伴"进行采购。

为了帮助供应商更快成为"绿色伙伴"，索尼（中国）还提供无偿指导，并由绿色伙伴监查员通过书面确认和现场监查的方式进行审查认证。现场发现不符合"绿色伙伴"标准的，供应商必须在要求的时间内进行改善。改善后若通过索尼环境审议委员会的审议，即可成为索尼（中国）的"绿色伙伴"。如果改善无法达到要求，或者成为"绿色伙伴"后无法通过持续跟踪的更新监查时，索尼（中国）将停止引入或终止与其合作。

自该项目引入中国后，索尼在中国已经拥有50多名合格的绿色伙伴监查员，发展了超过1000家"绿色伙伴"供应商。"绿色伙伴"从生产和采购阶段开始实施源头管理，贯穿整个生产线，直至产品仓储和出库，确保索尼推向市场的产品都是符合环境标准的产品。

索尼集团制定的绿色采购标准，对整个产业的可持续发展做出了积极的贡献。"绿色伙伴"产品符合国际上最严格、最先进的环保要求，不仅有利于推动这些企业开展国际业务，也带动了本土企业环保标准的提高。

资料来源：索尼官网。

也许有的采购会有疑问，上面是大企业的做法，规模较小的企业是否有必要这么做呢？对此，美国供应管理协会（ISM）开发出了"供应链CSR管理成熟度模型"（见表12-1），企业可以结合自身战略发展需要，选择相匹配的CSR策略，并且不断精进。

表12-1 供应链CSR管理成熟度模型

类别	基础级	熟练级	领先级	卓越级
业务行为	熟知受管辖的法律、法规和内部政策。对商业交易的透明度和所有交易的完整性有基本的了解和实践	精通和运用超越法律要求的反腐败/反贿赂概念，部署策略以防止不道德的商业行为。促进内部和供应商交易中的透明度和财务完整性	制定政策，运用商业道德行为的最佳实践。熟练识别反腐败道德、财务完整性和透明度的差异。积极主动地预防和纠正所有不道德行为	推动制定和促进道德商业行为的政策、流程和最佳做法。捍卫道德操守、财务诚信和透明为采购和供应链管理带来的增值作用

(续)

类别	基础级	熟练级	领先级	卓越级
供应基地的多元化与包容性	了解供应商多样性原则，积极参与旨在为不同供应商提供平等采购机会的业务流程	了解供应商多样性目标、宗旨和原则。促进供应商的参与，反映公司多样化的客户基础和商业社区	就与供应商多样性有关的采购和供应链管理的各个方面提供政策指导和咨询。制定和监督支持多样性和包容性目标的战略	对与工作范围有关的平等和多样性需求以及支持政策有战略性的理解，理解这些需求和政策对采购以及整个供应链的影响。进行影响评估，促进基于多样性和包容性原则的工作场所
全球公民	意识到普遍的人权框架及其在工作场所的应用。展现各项目对人权和劳工权利问题的考虑	在整个价值链中应用关于奴隶制、人口贩运、薪酬和工作条件相关的法律、条例和政策。在供应商合同中加以约束	积极查明并纠正整个价值链中所有侵犯人权和劳工权利的行为，对供应商进行问责管理	捍卫人权和劳工权利在整个价值链中对内部和外部利益相关者的价值。确保公司在所有基于供应义务和交互中保护人权和劳工权利
健康安全	理解职业健康安全政策和程序及其如何适用于环境	确保安全工作条件和环境，并为制定安全政策提供投入，了解安全事项发生时的处理方法	与环境、健康和安全专家合作，确定最佳做法。确保整个组织的健康和对安全程序的教育和遵守	在内部和整个供应链中维护健康劳动力和安全工作环境的价值
可持续性与环境	意识到企业社会责任在供应链活动中的重要性。在所有供应链项目中提出问题并确保加以考虑，能够决定何时请求咨询	有能力将环境问题视为全生命周期成本的一部分，通过规格复杂度的降低和/或供应商评估模型来落实资源节约和可持续发展的要求	将社会和环境问题整合到多方面的规格设计和供应商模型中。指导他人在供应链活动中的政策和方向	充分理解和内外部承诺有关的社会和环境的责任、政策和程序，有能力设计可持续的管理方案以实现商业利益

资料来源：ISM Mastery Model.

【案例 12-3】宜家：正在全力打造一个更可持续的未来

不管是现在还是未来，宜家都希望对人类和地球产生积极的影响。我们研发节能省水的产品，帮助人们减少浪费。我们还变废为宝，将某些废弃物用作部分产品的原材料。

但是，我们还采取重大举措，确保产品的原材料取之有道，减少对环境的影响。因此，我们已将所有照明产品系列全部换成高效节能的LED灯，所使用的棉花也全部来自更可持续的来源。

我们还致力于使用100%可再生能源，力求使可再生能源生产量与消耗量持平。简而言之，我们致力于更加负责任地利用地球资源。不过，我们的目标尚未完全实现，才刚刚起步。

在地球可承受的范围内利用资源

现在，棉花和木材是我们的两大原材料，在很多产品中都有使用。确保以可持续的方式对这两种材料进行取材、使用非常重要，并能对地球产生重大影响。

就棉花而言，我们已经完成了一个重大目标。自2015年起，宜家产品所使用的棉花全部来自更可持续的来源。这种棉花或者可回收利用，或者在生产中使用的水、化肥和杀虫剂较少，同时还能提高棉农收益。

宜家产品所使用的棉花全部来自更可持续的来源。我们的目标是，到2020年，我们的木材也全部来自更可持续的来源。

我们的供应商：打造出色企业的关键

我们深知，我们的业务会对人类和地球产生影响。那么，在成为一家良好企业的同时，我们该如何做好业务？

我们希望每个人都对宜家销售的产品抱有好感。因此，选择供应商时不能只关注质量合格、价格合理。同时，我们还希望确保达到环境标准，并使所有相关人员都得到公平对待。对我们而言，这是创造更美好日常生活的自然延伸，因此，涉及价值链不同环节的供应商和服务提供商，包括商场、分拨中心和设施管理的服务提供商，以及食品、运输和家居用品及配件供应商。

为实现目标，我们已制定供应商行为准则，名为"IWAY"（"宜家采购产品、材料和服务的方式"的简称）。IWAY基于公认的人权、环境保护和工人安全国际文件与公约，遵循宜家的价值观和法律法规。

自2000年推出以来，IWAY覆盖了我们的所有工作。世界各地的家居用品、配件、货物运输和食品供应商均通过了IWAY审核。从数字来看，数十万人为我们的直接家居用品供应商及其他价值链服务提供商工作。我们供应商自己的供应商——我们的下级供应商，同时也雇用了数百万人。

保护工人

我们的愿景"为大众创造更加美好的日常生活"，涵盖员工、顾客、供应商及他们所在的当地社区，而且并不局限于与宜家直接合作的供应商的员工。

此愿景同样适用于外来务工人员，他们背井离乡希望找到工作并改善生活质量。在许多情况下，可用就业机会通常伴随着向工人收取招聘费用，在最糟糕的时候，这可导致抵债性用工。

在宜家，我们设立了明确的工人招聘和雇用标准。我们要求供应商负担所有招聘费用及其他相关成本，平等地对待外来务工人员，提供透明的雇用条款以及良好的工作和生活环境。在任何情况下，我们都绝不容忍任何强迫劳动和人口贩卖行为。

积极的角度

与供应商合作不只是确保所有生产和运营以负责任的方式开展。通过确保供应商与我们的愿景保持一致，我们为未来的合作和发展奠定了坚实的基础。当我们可以携手合作并怀有相同的目标时，我们之间就不仅是买家和供应商的关系，更多是寻求发展的合作伙伴。

我们致力于在方方面面都遵循IWAY。宜家会提供培训与支持，帮助供应商和服务提供商达到新要求和规定，并持续将IWAY融入日常业务流程中。这一努力似乎已经见效，例如，宜家与家居用品供应商合作的平均时间目前为11年。

资料来源：宜家家居官网。

宜家对供应商的社会责任管理非常严苛，与其合作的供应商必须严格遵守当地的劳动法规。尽管宜家在可持续方面的努力意味着放弃一部分短期利益，例如，供应商会流失、成本会上升、寻源会变得更加困难，甚至很多品类30%的供应商不愿意与公司合作。但事实证明，可持续发展极大地帮助宜家提升了品牌价值与竞争力。当一些企业还在为国内日趋严格的环保政策感到惶恐不安时，宜家这样的企业却完全不用担心，因为它们早已做足了功课，成功地将危机转变成了机遇。

三、影响整条供应链：管好一级，管住关键二级

早在 20 世纪 90 年代初，CSR 验厂便开始流行了，很多公司都以 SA8000 为参考，并结合企业自身的具体要求，开展验厂工作。当时，很多被审核的工厂被曝弄虚作假，并且有贿赂审核员的不良行为。随后，非政府组织通过反省和改进，经过十几年的努力，透明度得到了很大程度的提高。

如今，越来越多的跨国公司要求在采购合同中加入 CSR 的条款，并亲自或者委托第三方审核机构到供应商工厂进行 CSR 审核，审核的结论将直接影响到供应商能否获得订单。

企业的品牌影响力越大、全球化程度越高、经营规模越大，对 CSR 的门槛要求也就越高。例如，像戴尔、飞利浦这些国际知名品牌，供应商的引入一般需要一年半左右的时间，需要对供应商进行详细的包括 CSR 在内的各种认证，公司也专门配备有相关资质的审核专员。有一些企业虽然在 CSR 方面没有那么高的门槛，但是也力求在透明的基础上，对 CSR 的管理进行持续改善。

在 CSR 审核方面，每个行业引用的标准会有差异，电子行业有 EICC（现名为"RBA"），玩具行业有 ICTI，但是这些标准 60% 都有相通之处。通常来讲，CSR 的范畴包括：劳工权益（labor）、健康与安全（health&safety）、环境保护（environmental）、商业道德（bussiness ethic）、管理体系（management system）几个方面。

1. 劳工权益

劳动用工方面要符合当地的法律法规要求，一般需要检查有没有雇用童工，员工每周加班的工时有没有超时等。之所以要进行劳工方面的审查，除了出于人权方面的考虑，还有经济因素。加班表面上是热火朝天地在生产，实际上很有可能带来一些额外或无形的成本，如劳动力成本的上升、水电的消耗、质量的放松等。

2. 健康与安全

健康主要是减少职业伤害，保证员工职业健康的管理工作。一般需要检查工作场所的环境，是否定期安排员工体检等。安全主要是预防工伤和

其他职业伤害、消防安全管理等，一般需要检查办公场所的安全隐患，还有特殊工种的上岗许可，如叉车作业许可证、高空作业许可证等。企业可以参考 OHSAS18000《职业健康安全管理体系》来开展健康与安全方面的工作。

3. 环境保护

环境保护主要是指对水、声音、空气、土壤的环境保护管理工作。一般通过检查是否具有专业机构的认证证书或报告来判断是否合规，如是否具有 EIA（环境评价报告），EPCA（环保竣工验收报告），ISO14001（环境保护管理体系认证）等相关资质。

4. 商业道德

在与第三方进行商业合作时，要遵循诚信的原则，包括廉洁经营、无不正当利益、知识产权保护、公平交易等。组织应努力反对一切形式的腐败，包括敲诈和贿赂。

5. 管理体系

企业要建立社会责任的管理体系，确保对社会责任工作进行 PDCA 的管理。一般需要审查是否建立了相关管理体系文件，并且核实相关的记录，印证文件是否得到了正确的履行。

这五个方面涉及多项管理体系标准和法律法规要求，如表 12-2 所示。

表 12-2　CSR 相关管理标准及法律法规

标　　准	发　布　者	侧　重　点
SA8000《社会责任标准》	社会责任国际组织	劳工
ISO14000《环境管理体系》	国际标准化组织（ISO）	环境
OHSAS18001《职业健康安全管理体系》	英国标准协会（BSI）等组织	健康与安全
ISO45001《职业健康安全管理体系》	国际标准化组织	健康与安全
《有害物质限制指令》(RoHS) 《电子电器设备报废指令》(WEEE) 《化学品注册审核及授权指令》(REACH)	欧盟	环境
《中华人民共和国环境保护法》	中国	环境
《中华人民共和国劳动法》	中国	劳工
《中华人民共和国消防法》	中国	安全
《中华人民共和国职业病防治法》	中国	健康

可以看出，CSR 管理是一个庞大的体系，如果想要全面地管理，需要花费大量的时间和资源。企业在具体实施时，可以根据自身的资源情况，分步开展。例如，某跨国企业将供应商 CSR 的验厂工作分两个层次开展：第一个层次是基础评估，所涉及的条款较少，审核过程一般较快；第二个层次是深度评估，主要是针对少数几家战略合作伙伴，每年选择 10 家左右，详细地开展评估，最终形成一个详细的报告，而报告的结果直接影响未来生意的分配。

在欧美，比较流行的是依据行为准则（Cde of Conduct，COC）来开展验厂，其标准的来源主要是当地法律法规的要求和国际通用的准则。

【知识链接 12-1】行为准则（COC）

1. 检查是否有员工使用虚假身份证，借用他人身份证，或者身份证过期。

2. 确定验厂人员，将不宜参加验厂的人员挑出来，将合格人员整理成册。

3. 检查员工登记表的填表日期、入厂日期、审批日期是否有休息日或法定假日，填写的内容是否正确和完整，改善存在的问题。

4. 检查厂牌上的入厂时间是否与人事档案的一致，以人事档案为准更改厂牌日期。

5. 检查旧员工是否有签劳动合同，如果合同过期需重新签劳动合同，一式两份，并到劳动局盖章。新增员工也需签订劳动合同，由员工签名到劳动局盖章（合同底薪为最低工资）。

6. 检查劳动合同的填写内容是否正确，改善存在的问题。

7. 请假单上的请假时间应与考勤表上显示的请假时间一致。请假单的填写时间不可以是星期六、星期天或法定假日。检查备验人员的请假单是否正确，不正确的重写，没写的补写。每月可以同意一部分人请假，请假类别为事假。

8. 将离职人员分散到各个月里，注意员工的入厂日期，不要出现还未入厂就离职的现象，并补员工辞职单，辞职人员的工资单独打印。

9. 清查车间、宿舍和食堂，不参验人员验厂当天必须全部离厂。

10. 处理所有备验人员的考勤。检查入厂时间、请假单、离职单与考勤表是否相符（周六为加班，晚上、周日、法定假日不上班或少加班）。

11. 根据顾问提供的工资方案检查或重新计算工资。

12. 离职人员工资：自动离职的员工工资可与其他员工合并在一起，辞职的员工工资必须单独计算，并将其辞工单、考勤表、工资和人事档案放在一起。

13. 检查工资表工时统计是否正确，计算方法是否正确。

14. 验厂前将上两个月的工资条发给员工。

15. 制定验厂相关生产文件、程序文件、报表方案。

16. 与各部门负责人开会，讲解清查文件要注意的事项，以及增补生产记录、报表，并分配任务。

17. 各部门检查、整理、重做或补做相关报表。

18. 检查所需验厂记录是否与考勤相符，不一致的要改。

19. 指导工厂按规范表单做记录。

20. 验厂前再次检查车间所有时间和人员名单记录，将未准备文件打包收藏。

21. 制订培训方案及制作培训材料。

22. 传授培训技巧，对全厂员工进行分部门培训，演示培训方法。

23. 各部门进行本车间的员工再培训工作。

24. 检查培训效果，抽员工问话。

25. 验厂当天的策划及应对方法。

26. 营业执照、排污许可证、卫生许可证年检。

27. 所有的电工证、焊工证、叉车行车证、司炉工操作证、保安员资格证、安全主任或安全员证、消防员证、急救员证、电梯操作员证、电梯检验合格证。

28. 社保发票、达标证明。

29. 环保验收合格证书、废气、噪声、空气、污水的检测报告。

30. 消防验收合格证书、建筑结构安全合格证、竣工验收证明、锅炉、空压机、液氩罐的年检报告。

31. 食堂卫生许可证、厨工健康证。

32. 消防演习、消防培训、急救培训、化学品使用培训、防护用品使用培训，有书面报告并有图片证明。

33. 厂规厂纪、员工手册等体系文件。

34. 化学物品使用手册（MSDS）。

35. 急救程序。

36. 其他资料。

37. 对工厂安全、健康、卫生做全面评审。

38. 检查或补装应急灯、出口标识牌、温湿度计，楼层承重、吊车、电动葫芦或行车横梁承重标识。

39. 检查消防栓，并在消防栓下画线。

40. 检查、绘制消防逃生图，漏贴的地方应及时补上。

41. 配电箱无盖的需加盖和加警示语。

42. 购置灭火器，并按要求摆放在相应地点，失效的灭火器应及时充气。

43. 购置药箱、药品，贴药品清单，确保每个车间和食堂都配置药箱。

44. 化学品清单，化学品容器上张贴化学品安全技术说明书（MSDS）。

45. 检查通道是否堵塞，通往消防器材和电制箱的路是否有堵塞。

四、第三方审核：平台化成为趋势

很多企业出于自身审核能力的问题，或者出于提升效率的考虑，会引入第三方专业机构进行 CSR 相关的审核。下面列举一些第三方的专业审核机构。

（一）社会劳工整合项目（SLCP）

SLCP 的目标是为社会劳工数据收集创建一个整合评估框架，消除审核疲劳。通过取代现有的专有工具，避免重复并减少社会审核的数量。使以前被用于合规性审核的资源重新用于改善社会劳工工作条件，同时增加社会劳工数据的可比性。

（二）Sedex Advance 平台

Sedex 是一个全球性的非营利性会员制组织，致力于在全球供应链中推进道德和负责任的商业实践，帮助企业在负责任的商业中去繁存简，携手共进。它提供企业社会责任的数据分享平台 Sedex Advance，会员遍布 150 多个国家，达 40 000 多名，很多公司使用 Sedex 管理其劳动权利、健康与安全、环境和商业道德方面的表现。加入 Sedex 的会员可以将审核报告上传到 Sedex Advance 平台，同时分享给多个客户查看，以减少重复的工作。

（三）HIGG Index

HIGG Index 由美国可持续服装联盟（SAC）开发，是全球超过 8000 家制造商和 150 个品牌使用可持续发展报告的标准工具。它排除了重复自我评估的需要，并有助于找出改善绩效的机会。HIGG Index 关于服装鞋帽、配饰品的可持续管理审计标准已升级到 3.0 版，标准针对不同的级别有不同的要求：

- 级别 1：仅仅是对数据和资料进行收集。例如，检查是否建立了环境管理体系。
- 级别 2：具备清晰的可持续发展的战略和目标。例如，从战略体系中可以看出对水资源减少的目标以及策略。
- 级别 3：卓越级，各方面成为业界可持续管理的楷模。

（四）ITS、SGS、TUV、BV

ITS、SGS、TUV、BV 是全球最知名的四大第三方认证审核机构，可为企业提供包括社会责任、质量管理、环境管理以及供应链安全等一站式完善的审核和培训方案。

（五）Elevate

Elevate 是第三方审核的后起之秀，集审核、顾问、培训于一体。对整个价值链的解决方案采取全面的方法，提供评估、咨询、项目管理和分析。

未来，企业 CSR 审核的平台化将成为一种发展趋势，你的审核结果可以分享给别人，别人的审核结果也可以为你所用。随着供应链的透明度越来越高，这种平台化的价值会越来越大，通过平台可以有效利用专业资源，减少审核时间与资源投入，为企业更高效地实施可持续发展战略提供极大便利。

不过，第三方认证的证书也有其缺点，有可能没有真实地反映供应链的透明度。例如，审核项中一般对加班的标准很高，很多公司可能会为了拿到证书而作假。

在东南亚国家，比审计更为流行的是加入"工作改善计划"（Better Work Program），国际劳工组织与国际金融公司合作开展的项目），该项目侧重于发展中国家拥有大量弱势工人的劳动密集型产业，如农业综合企业、服装、建筑和轻工业。审核不要求100%满足国际劳工组织的条款要求，而是需要对高风险领域进行针对性的整改。正如该计划的名字"Better Work"一样，工作改善致力于促进更好的工作环境。通过向工厂提供技术援助来提升竞争力，并改善工人与管理层的合作与对话。越来越多的品牌正在取代工厂自己在内部的审计，工厂也对品牌所产生的报告给予信任，以便为工厂的商业决策提供信息。

五、SA8000：全球首个企业社会责任国际标准

SA8000是全球第一个企业道德规范的国际标准，其全称是"SA8000社会责任标准"。SA8000的目的在于提供一个基于联合国人权宣言、国际劳工组织和其他国际人权惯例、劳动定额标准以及国家法律的标准，授权并保护所有在公司控制和影响范围内的生产或服务人员，包括公司自己及其供应商、分包商，分包方雇用的员工和家庭工人。该标准具有普遍适用性，不受地域、产业类别和公司规模限制。作为该标准的积极倡导者和完善者，美国和许多欧洲国家强烈要求在全球范围内推行该标准。

SA8000标准关于社会责任的规定主要包括以下九个方面。

（1）**童工**。为确保儿童和青少年的健康成长，严禁企业使用童工。一般年龄在15周岁以下为童工，一些发展中国家可以降低至14周岁。

（2）**强迫或强制性劳动**。禁止任何形式的强迫性劳动，不得以任何理由要求员工缴纳各种"押金"或者上交身份证件。

（3）**健康与安全**。公司应具备避免各种工业与特定危害的知识，定期对相关岗位工人进行卫生和安全方面的培训，并定期对卫生和安全状况进行系统的检测；为员工提供安全健康的工作环境，采取足够的措施，避免工伤事件发生；为所有员工提供安全卫生的生活环境，包括清洁设施、饮

用水、卫生的食品存储设备等。

（4）**结社自由和集体谈判权**。员工有权组建工会维护己方的权利；面对企业采取不利于员工的行为，员工有集体谈判的权利。企业应尊重员工这方面的自由权利。

（5）**歧视**。禁止企业有任何形式歧视员工的行为，包括种族、宗教、残疾、性别等方面；禁止性骚扰。

（6）**惩戒性措施**。严禁对员工实施体罚、胁迫以及言语侮辱。

（7）**工作时间**。企业应严格按照法律和行业规定安排工作时间，保障员工的正常休息。每周工作不得超过48小时，每工作7天至少休假1天。在员工自愿的情况下可以加班，并且每周不得超过12小时，企业应支付比正常工作更多的工资。

（8）**报酬**。企业支付给员工的报酬必须能够满足员工的基本生活需求，并且不得低于法律或行业规定的最低标准；不得因各种理由（如纪律惩罚）减少员工报酬。

（9）**管理体系**。高级管理层应根据SA8000标准制定一套有关社会责任的可行的管理体系和实施方案，并采取措施确保其执行，而且定期审查执行结果；委派专职代表负责方案的执行检查和沟通；建立能够证明所选择的供应商与分包商是符合本标准规定的程序，并进行维护；应向所有利益相关者定期提供数据和资料，以供其确定公司是否符合本标准规定。

【拓展阅读】《联合国全球契约10项原则》

联合国全球契约是一项战略政策计划，包含在人权、劳工、环境和反腐败等方面被普遍接受的10项原则，在全球130多个国家拥有超过1万个组织参与方和利益相关方，是全球最大的自愿性组织责任计划。具体内容包括：

人权

原则1：企业应在其影响范围内支持并尊重对国际公认的各项人权。

原则2：杜绝参与人权践踏。

劳工

原则3：企业应维护结社自由，以及对集体谈判权的切实承认。

原则4：消除一切形式的强迫和强制性劳动。

原则5：切实废除童工。

原则 6：消除就业和职业方面的歧视。

环境

原则 7：企业应采用预防性方法应对环境挑战。

原则 8：在环保方面主动承担更大的责任。

原则 9：鼓励开发和推广无害环境的技术。

反腐败

原则 10：企业应反对一切形式的腐败，包括敲诈勒索和贿赂。

【知识连接 12-2】与社会责任相关的中国法律规定摘录

童工

（1）《中华人民共和国劳动法》第十五条：禁止用人单位招用未满十六周岁的未成年人。

（2）《禁止使用童工规定》第六条（节录）：劳动保障行政部门并应当责令用人单位限期将童工送回原居住地交其父母或者其他监护人，所需交通和食宿费用全部由用人单位承担。

非志愿劳工

（1）《中华人民共和国劳动合同法》第三条：订立劳动合同，应当遵循合法、公平、平等自愿、协商一致、诚实信用的原则。依法订立的劳动合同具有约束力，用人单位与劳动者应当履行劳动合同约定的义务。

（2）《中华人民共和国劳动合同法》第九条：用人单位招用劳动者，不得扣押劳动者的居民身份证和其他证件，不得要求劳动者提供担保或者以其他名义向劳动者收取财物。

（3）《中华人民共和国劳动合同法》第三十一条：用人单位应当严格执行劳动定额标准，不得强迫或者变相强迫劳动者加班。用人单位安排加班的，应当按照国家有关规定向劳动者支付加班费。

胁迫与骚扰

根据《中华人民共和国劳动法》第九十六条的有关规定，被禁止的行为包括：（一）以暴力、威胁或者非法限制人身自由的手段强迫劳动；（二）侮辱、体罚、殴打、非法搜查和拘禁劳动者。

不歧视

《中华人民共和国劳动法》第十二条：劳动者就业，不因民族、种族、性别、宗教信仰不同而受歧视。

最低工资

（1）《中华人民共和国劳动法》第四十八条：国家实行最低工资保障制度。用人单位支付劳动者的工资不得低于当地最低工资标准。

（2）《中华人民共和国劳动合同法》第二十条：劳动者在试用期的工资不得低于本单位相同岗位最低档工资或者劳动合同约定工资的百分之八十，并不得低于用人单位所在地的最低工资标准。

加班工资

《中华人民共和国劳动法》第四十四条：有下列情形之一的，用人单位应当按照下列标准支付高于劳动者正常工作时间工资的工资报酬：

安排劳动者延长工作时间的，支付不低于工资的150%的工资报酬。

休息日安排劳动者工作又不能安排补休的，支付不低于工资的200%的工资报酬。

法定休假日安排劳动者工作的，支付不低于工资的300%的工资报酬。

健康安全

（1）《中华人民共和国消防法》第二十一条：禁止在具有火灾、爆炸危险的场所吸烟、使用明火。因特殊情况需要使用明火作业的，应当按照规定事先办理审批手续。作业人员应当遵守消防安全规定，并采取相应的消防安全措施。进行电焊、气焊等具有火灾危险的作业的人员和自动消防系统的操作人员，必须持证上岗，并严格遵守消防安全操作规程。

（2）《危险化学品安全管理条例》第二十四条：危险化学品应当储存在专用仓库、专用场地或者专用储存室（以下统称专用仓库）内，并由专人负责管理；剧毒化学品以及储存数量构成重大危险源的其他危险化学品，应当在专用仓库内单独存放，并实行双人收发、双人保管制度。危险化学品的储存方式、方法以及储存数量应当符合国家标准或者国家有关规定。

（3）《中华人民共和国职业病防治法》第二十四条：产生职业病危害的用人单位，应当在醒目位置设置公告栏，公布有关职业病防治的规章制度、操作规程、职业病危害事故应急救援措施和工作场所职业病危害因素检测结果。对产生严重职业病危害的作业岗位，应当在其醒目位置，设置警示标识和中文警示说明。警示说明应当载明产生职业病危害的种类、后果、预防以及应急救治措施等内容。

思考题

1. 分析你所在组织的战略定位，是否有可持续方面的战略要求。如果有，思考采购可以为此开展哪些方面的工作？如果没有，思考是否存在风险？
2. 可持续管理涉及的管理体系、法律法规主要有哪些？
3. 结合客户要求、管理体系要求、法律法规要求、行业要求等，尝试制作一份针对供应商的可持续管理检查表，并制订一份年度审核计划。

Chapter 13 第十三章

供应链安全管理

学习目标

1. 了解供应链安全管理的范围
2. 了解供应链安全管理的主要策略与方法
3. 了解 ISO28000 供应链安全管理体系

在本书的最后一章,我们回归到供应链安全的主题。过去,国家之间的利益争夺主要体现在对领土的争夺,保护国土安全是国家的重要使命;如今,愈演愈烈的中美贸易战,本质上是一场供应链的战争。在全球化高度发展的时代,当国家之间的竞争已经演变成供应链与供应链的竞争时,供应链的安全上升到空前的高度。

很多国家将全球供应链安全置于国家战略层面,尤其是在美国,其海关与边境保护局在《2020年愿景和战略》中29次提到全球供应链,将加强全球供应链安全列为主要目标。

供应链的安全涉及方方面面的工作,而供应链本质上是对"三个流"的管理,即实物流、信息流、资金流,想要确保供应链的安全,必须确保这三个流的安全。这意味着有关"三个流"的任何风吹草动,都有可能给供应链带来威胁。

在实物流方面,一方面人类的需求是无限的,而地球的资源是有限的,未来采购对资源的抢夺会愈演愈烈,加上贸易保护主义、地缘政治、法律法规等各方面的因素，你可能无法获得你想要购买的原材料。另一方面，极端天气、自然灾害影响着供应链的正常运营，企业的生产、配送等活动可能因为地震、火灾、风暴等自然灾害的影响而中断。此外，恐怖主义的阴影还没有散去，这些都给物流与产品安全带来挑战。

在信息流方面，供应链数字化转型成为热点，那些不具备数字化能力的企业将会被时代所淘汰。然而，在一个数字化的新时代，企业会面临更加严重的威胁。供应链 IT 系统可能因为外部攻击而瞬间瘫痪，工作变得无法运转；或者在生产过程中，产品信息被篡改，最后给客户带来了严重的损失。随着数字化、人工智能等技术的发展，网络威胁的影响在不断升级。除此之外，数据与隐私保护成为另外一个重要的话题。在欧盟，"史上最严"的数据保护条例已经生效。随着与战略伙伴之间信息的高度互通，你是否保护了合作伙伴的隐私？

在资金流方面，采购对企业资金流的贡献毋庸置疑，因此成本是采购永恒的话题。然而，不仅是企业自身的资金流安全，来自第三方的资金流断裂也影响着供应链的正常运转。近年来，经常听到这样的新闻，某公司由于现金流断裂而倒闭。夸张点说，供应链上某个重要成员倒闭对整个供应链来说是一场灾难。作为采购，要时刻关注核心合作伙伴的财务风险，关心供应商的动向。为保障供应链的整体安全性，一些新的金融模式（如供应链金融、供应链融资）应运而生。

一、实物流安全：保证从起点到终点的安全

供应链要以合适的数量、合适的成本、合适的时间将合适的产品交付给合适的客户。要想确保这五个"合适"，实现精准交付，必须确保产品的物流安全。从原材料的起点开始，到中间仓储，再到末端的交付，任何一个环节出现问题，都有可能产生蝴蝶效应给整条供应链带来不小的波动。

增强物流的抗风险能力，通常有两类方法。一种是加强保护。例如，增加安保措施，增加监控来保证仓储的安全。另一种，是增强自己的韧性、弹性以及抵抗脆弱的能力。例如，保持适当的冗余、发展替代能力等。当受到风险事件的冲击后，才有能力不受到影响，甚至可以从中受益。

（一）冗余策略

冗余似乎是一种浪费，如果不发生意外，好像并没有什么用处。但是，意外有可能会发生。正如人体里面有两个肾脏，并不能说另外一个器官是多余的。面对供应链的中断、危机，冗余策略虽然是最昂贵，但往往也是最有效的一种策略。

冗余策略通常包括多余的库存、备份的产能、备选的供应商。这类策略可以防止许多不同类型的干扰，包括合并、收购、破产、领导层换届、自然灾害等，能对风险进行有效缓解。

1. 库存

建立备用库存，库存策略可以灵活调整，以备不时之需。当供应商发生中断事件时，备用库存可以保证中短期的持续供应。新联合电动机公司通过存储一定的产品来应对 2002 年美国西海岸的罢工；道康宁公司通过增加库存，抵御了伊拉克战争带来的运输能力持续下降的风险；联合利华通过 10% 的库存来提高风险应对能力。

此外，除了可以抵抗风险、保证供应，备用库存还有可能带来收益，如果你有额外的石油储备，你在油荒时便可以获取高额利润。

2. 产能备份

对工厂的产能进行备份，以便某个工厂出现停产后，能够切换到其他工厂。联邦快递每天晚上有两架空飞机放空飞行，另外还有十几架备用飞机在机场随时待命，一旦出现意外，这些飞机就会随时被派上用场。通用汽车为了提高供应的柔性，按照统一的设计、统一的流程和技术，在阿根廷、中国、波兰、泰国、巴西等地建造了工厂，这些工厂之间可以迅速地进行生产切换，其中任何一家工厂发生危机，并不会给公司带来很大的冲击。

3. 备选供应商

建立备选供应商资源池，以便在供应中断发生后可以激活这些备选源。此外，有研究表明，在多个国家安排多个供应商还可以使企业能够有效地管理外汇汇率波动的运作风险。例如，1997 年，当印度尼西亚卢比贬值超过 50% 时，许多印度尼西亚供应商都无力支付进口的部件或原料的费用，从而不能为其美国顾客供货。然而，中国香港最大的耐用品（如纺织品、玩具）贸易公司拥有 4000 多个供应商网络，迅速把一些生产从印度尼西亚转移到亚洲其他国家的供应商那里，同时为印度尼西亚那些受到影响的供应商提供了信用贷款等财务支持，以确保其美国客户能够收到他们计划的订货。

（二）发展替代能力

什么样的人最能抵御风险呢？正如职场一样，那些博学、有多种技能的人可能会在不确定性中更好地生存下来。对于采购人来说，也应该时刻思考，如果脱离了公司，脱离了目前的岗位，我还能做些什么。在越来越充满不确定性的时代，没有什么比一种随机的智慧对我们的生存更加重要。

我们再回到供应链，替代能力可以大大减少我们对某个领域的过度依赖。如果我们的需求是高度定制化的，或者只有唯一来源可以满足，则无疑增加了供应的风险。通常情况下，我们可以利用两种手段来化解这种风险：一种是通过标准化的设计来简化对供应商的要求和对生产、发货的要求，从而提高供应链的弹性；另一种是通过自制的手段来减少对外部供应的依赖。

（1）标准化设计。当丰田公司在其主要供应商爱信公司火灾后检查 P 型闸使用情况时发现，小小的汽车刹车部件有着太多的型号，100 多种小部件大大削弱了火灾后复原的能力。丰田重新设计了产品线，将此类刹车器型号种类减少到了 12 种。

（2）自制。2019 年 5 月，华为被列入美国商务部工业和安全局（BIS）的管制"实体名单"，华为海思总裁深夜发文《多年备胎，一朝转正！》。原来早在 20 年前，华为就做出了极限生存的假设，预计有一天，所有美国的先进芯片和技术将不可获得，而华为仍将继续为客户提供服务。

（三）加强安全保护

在货物通过全球供应链运输时，需要加强其完整性保护并促进安全高效的流动，减少其在破坏面前的脆弱性。在这一过程中，企业需要及早了解端到端供应链中的各种威胁，并加强实体基础设施、交通工具的安全，以减少货物被盗、延迟以及被篡改的风险。

【案例 13-1】生产线上 3000 片芯片离奇失踪

2018 年 2 月以来，淮安某企业生产线上共计 3000 片 iPhone X 手机芯片离奇被盗，被盗的 3000 片 iPhone X 手机芯片价值 25 万元，如果被盗芯片不能及时追回，不但会造成相关商业机密泄露，还会给企业造成至少 1000 万美元的损失。民警通过实地调查，将自己代入嫌疑人的角色中，寻找可以躲避安检带出芯片的方法。在企业员工的配合下，经过一整天的"体验"，终于找到了安检系统的漏洞：在厂区的电子废料出口处，带出电子废料的员工可以免于安检。根据这一发现，民警很快锁定该企业某员工有重大作案嫌疑。面对大量证据，该员工最终交代出他们窃取的芯片被其藏匿在亲戚家中。警方在其亲戚家中成功找到被盗芯片。至此，3000 片 iPhone X 手机芯片被盗案成功告破。

资料来源：中国江苏网。

上述案例由于安检系统的漏洞，造成了高价值物料被盗的风险事件，好在通过民警的帮助，被盗的物料很快被追索回来。如果产品流向了最终市场，会造成比这大得多的影响。来看看下面这个案例，同样是芯片被盗，后果有什么不同呢？

【案例 13-2】

2003 年 1 月，在英国伦敦的希斯罗机场附近，一辆货车仅仅是因为片刻没有人看管，其中装有的大约价值 1000 万美元的英特尔芯片被盗。据英国警方称，当时这辆货车正停在希斯罗机场附近的商业区，没有人看管。警方侦察人员询问了货车的失主并且察看了闭路电视的录像，没有逮捕任何人。

可见，伦敦机场被盗的芯片并没有被追回。试想，如果芯片被改装，伪造成更高性能的芯片卖给消费者，那么这可能带来比经济损失更为严重的后果。

面对20世纪90年代以来日益猖獗的芯片失窃,英特尔开始实施一系列防范措施,包括绘制供应链地图来评估不同区域盗窃风险的等级,开发出一套评估供应商安全措施的标准,并在合同中写进,要求对每个承运的司机进行背景调查。

出于产品安全的考虑,某500强公司甚至改变了供应商的交货模式:由供应商送货,改成了去供应商现场提货。

【知识链接】C-TPAT 海关商贸反恐联盟

"9·11"事件后,政府和全球供应链的专家们担心全球商业仍然容易受到潜在的、非常严重的破坏,而最薄弱的安全漏洞发生在装货地点或者前往港口的路上。

除恐怖袭击外,货物盗窃及其他相关罪行所带来的经济损失也不容忽视,平均每年全球货物被盗的直接成本高达300亿美元,如果再加上调查费、保险费,及其他间接成本,损失的金额可再增加一倍。在此背景下,美国国土安全部海关边境保护局(CBP)倡议成立了一项自愿性计划(C-TPAT)。

一些客户可能会出于安全的考虑,将运输安全等条款作为采购要求的一部分。例如,通过采购订单、安全承诺、安全认证等方式将安全责任加于制造商身上。因此,加强安全也可以帮助企业赢得订单。

虽然加入 C-TPAT 意味着要在安全系统设计上投入一定的成本,例如应用 RFID、卫星定位等货物追踪技术来提升供应链等可视性,但是从长远来看,可以增强企业出口美国市场的竞争力。同时,通过提升资产的透明度和可追溯性,也能让企业自身的供应链更加安全和稳健。

1. 什么是 C-TPAT

C-TPAT(Customs-Trade Partnership Against Terrorism),即海关商贸反恐联盟,该联盟希望能与进口商、物流业及制造厂商合作建立供应链安全管理系统,以确保供应链从起点到终点的运输安全,从而阻止恐怖分子的渗入。

2. 加入 C-TPAT 有什么好处

经过安全认证的优惠待遇包括:

- 减少与安全相关的查验;

- 较少随机符合性检测检查;
- 在边境可进入货物快速通道;
- 货物抵港后享受优先检查权;
- 具有减轻某些惩罚的资格;
- 成为有资格进行自我评估的进口商。

3. 安全建议包括哪些方面

安全建议包括:
- 程序安全;
- 信息处理;
- 实体安全;
- 存取监控;
- 人员安全;
- 教育训练;
- 申报舱单程序;
- 运输安全。

4. 反恐验厂

在反恐验厂方面,被美国海关所认可的认证是全球安全认证(GSV)。GSV验厂内容涉及工厂的保安、仓库、包装、装货和出货等环节。GSV体系的使命是与全球的供应商和进口商合作,促进全球安全认证体系的开发,帮助所有成员加强安全保障和风险控制,提升供应链效率,并降低成本。

二、信息流安全:实现可信赖的供应链

供应链讲"三流":实物流、信息流、资金流。在这三个流中,哪个最重要呢?你是否发现,只要把信息流问题解决了,供应链管理的一半问题就解决了。

想想我们工作中遇到的问题,很多表面上看似实物流或资金流的问题,可实际上却是信息流的问题。

很多所谓的质量问题,其实都是信息流问题。例如,送错了货、数量不对、单据与合同不符,这个缺几个,那个多几个,各种设计变更或工程

变更（DCN 或 ECN），信息反映的不准确、不及时、不相符、不真实，或者由于多头传递不一致，或由于层层传递失真，或由于当事人马虎，或由于本位主义导致的信息孤岛、故意拖延/误报瞒报信息等，甚至夸大信息导致牛鞭效应等。

很多所谓的付款问题也是如此，也是信息流问题。送料单、发票与订单不符，时间不对，单据丢失，死板的财务付款时间等。

所以，可以得出这样的结论：供应链管理，更多的是信息流管理，也是成本最低、见效最快的管理手段。这个问题解决了，供应链管理的一半问题就解决了。以前重视实物流，未来企业会更加重视信息流。

那么，企业应该如何有效控制供应链信息流的风险呢？

（一）将数据视为资产，用数据替代库存

数字化时代，数据成为企业新的生产要素。如何提升数据的质量与利用价值？如何正确无误地传递数据信息？如何通过共享数据来降低库存风险？如何提升信息流动的效率？这些都成为企业亟待解决的问题。

1. 建立数据管理机制解决信息质量风险

很多企业在数字化转型的过程中，遇到的一个很大障碍就是数据问题。数据不准确，虽然拥有强大的自动化或智能分析的功能，但是运算出的结果却是不可信的。计算机界把这种现象称为"垃圾进，垃圾出"（Garbage in, Garbage out），意思是用胡乱选择的垃圾数据作为样本，产生的研究结果自然也没有任何意义。

数据不准：从需求到交付，整条供应链都存在数据不准的问题。例如，研发环节的物料清单（BOM）数据不准，零部件数量、图纸、版本等信息错误；还有采购环节的单位、规格参数、最小起订量、最小包装量、采购提前期、交期、供应商信息不准等。这些输入信息不准，计划也就不准确。

数据价值低：关键的数据没有被记录，或者难以被加工利用。例如，物料的规格说明书，如果仅仅上传一份 Word 文档，关键的参数信息没有标识出来，后面的检索工作就会变得非常困难。

数据标准不统一：采购的数据命名不统一、定义不统一、结构不统一、标准不统一，在信息打通时便无法做到精准对接。例如，同一个物品，在一个系统叫 A，在另一个系统叫 B，如果不统一语言，系统集成后会存在信息重复、冗余的问题。标准化问题还包括数据录入、变更流程的标准化，只有流程标准化，才有可能实现系统的精准对接。

企业应该建立数据管理的政策、流程与标准，并对数据的质量进行监控，提高数据资产的价值。一些注重数据质量的企业往往设有专门的团队，负责数据架构的设计、数据标准的制定以及主数据的管理，并且将数据质量也纳入了员工的绩效考核。例如，在一家大型的跨国公司，为了保障采购人员对主数据维护的准确性，制定了《采购数据质量扣分机制》，对采购金额、采购周期、原材料单位等信息的准确性进行监控，一旦维护上出现问题，会计入考核扣分项。

2. 用 IT 系统解决信息传递风险

随着公司规模的增长、经营范围的扩大，供应的网络也会变得越来越复杂。当工厂越来越多，料号成倍增长，供应商管理的难度也在增加。很多工作靠手工根本无法完成，也极容易出错，需要有 IT 系统来保障，信息技术可以降低传递失真和传递成本。例如：

- 企业资源计划系统（ERP），现在已经发展为一个重要的现代化企业管理理论。其管理的关键是"现实工作信息化"，即将现实中的工作内容与工作方式，用信息化的手段来实现。它通过对实物流、信息流、资金流的统一管理来实现对整个供应链的有效管理。
- 电子招标系统在提高招标过程透明度的同时，也提高了招标的效率。供应商的选择、招投标文件的管理、竞标过程等，均通过电子化手段进行，保证了招标人与投标人之间沟通的效率和准确性，同时也缩短了招标周期。
- 采用基于互联网的电子数据交换技术实现与供应商的交互，包括订单录入、处理、跟踪、结算等业务处理的无纸化。
- 应用仓库管理系统（WMS）和运输管理系统（TMS）来提高运输与仓储效率。

3. 人是信息流动的介质，也是信息流动的最大障碍

人是信息流动的最大障碍，所以会产生企业沟、部门墙。在实践中，下面这些情形经常出现：

- 由于本位主义，给自己"留一手"。例如，销售夸大预测，采购对供应商夸大需求。
- 由于权力意识，信息流被中断或停止了。例如，审批流程，这里有巨大的改进空间。
- 由于太过聪明，传递信息时，加入了自己的理解，复制走样。
- 由于预算没有花完，需求部门提出多余的需求。
- 由于商业利益，员工之间、部门之间、公司之间不愿意分享信息。例如，供应商不愿意让买方看到库存，采购为了给降成本留空间，没有与财务和销售分享真实成本等。

我们需要树立全局观，多一些协同，多一些供应链思维。未来办公室的效率问题是一片蓝海，还有巨大的挖掘空间。试着简化一下我们的审批流程，可能对供应链效率的提升起到立竿见影的效果。

4. 共享信息解决库存风险

在传统的采购模式下，信息的共享存在很大的障碍，有的是不知道共享什么，有的是不愿意共享，有的是没有技术能力共享。供需信息的脱节，造成了"牛鞭效应"。

可以利用 JIT、CPFR、VMI、SMI 等供应链管理技术，实现供应链伙伴之间的协同，利用信息代替库存，可以降低供应链的物流总成本，从而提高供应链的竞争力。例如，网络品牌商向供应链开放销售和库存数据，远在东莞的代工厂可以根据市场需求建立动态的排产、生产模型，实现分批次快速生产，在把握销售机会的同时最大限度地减少库存。再如，某汽车零部件供应商，随时可以知道采购方的工厂里每天要生产什么东西，要用到它的什么产品，当前库存有多少，还差多少，然后进行自动补货。

【案例 13-3】菜鸟网络利用开放数据平台加快库存周转

菜鸟网络是基于互联网思考、互联网技术以及对未来的判断而建立的

创新型互联网科技企业。其致力于建立一个开放、共享、社会化的物流基础设施平台,在未来中国的任何一个地区可实现24小时内送货必达。菜鸟由天网、地网、人网三部分构成,其中天网是开放数据平台,地网是未来商业的物理基础设施,人网(菜鸟驿站)是最后一公里的基础设施。

1. "货物不动数据动"降低社会物流成本

在缺乏数据协同的情况下,生产、销售、消费信息不对称是造成物流成本高、物流效率低的根本原因。在信息不对称条件下,货物无序流动,过度运输情况严重。例如,一个杭州的买家想要买一件北京卖家的商品,而制造厂在广州,那么,商品必然先从广州流向北京,再从北京运到杭州的消费者手中,绕了一大圈。很多消费者在查看物流信息的时候,总会发现自己的包裹在全国各处转圈,实际上,这也是信息不对称的结果,大量的资源就这样被浪费了。

一旦物流、电商、消费者、制造业被接入统一的物流数据平台,商品的流向就有了清晰的指导,并可以直接投送到消费者手中,大幅缩短了平均运输距离,节省了物流成本,物流各环节也将更加协同。让货物尽量少动,或者做到"货物不动数据动",这是天网数据平台的主要目标之一。

2. 物流数据化有助于建立电商与物流联动机制

数据平台可以对接物流企业和电商,建立起一套协同联动机制,其中以菜鸟网络"双十一"天网预警雷达最为闻名。以往在"双十一"期间,电商订单爆炸式增长,经常导致物流爆仓,其原因有两个:一方面,物流快递企业的大部分包裹来自电商;另一方面,电商订单在理论上可以呈指数级增长,但物流有承受极限,稍有意外,爆仓便成定局。在2014年"双十一"期间,一天之内天猫产生了2.78亿个包裹,约占全年包裹总量的2%。在"双十一"之前,申通、中通、百世、汇通等物流企业均预计"双十一"当天的快件量会达到平时的两倍,然而现实还是远远超过了它们的预期。

天网雷达预警通过自身的电子商务数据优势进行订单预测,指导物流企业提前配置资源;反过来,天网数据平台又根据物流企业反馈的物流压力数据引导电商商家的促销策略,从源头上减少爆仓风险。据了解,菜鸟网络"双十一"天网预警雷达关于订单量、订单分布的预测准确率达95%以上,促进了物流与电商的协同发展。

3. 智能分仓与库存前置提高时效并加快周转率

如果物流数据平台与物理基础设施建设完善，智能分仓与库存前置也将成为可能。要在消费者下单之前将商品提前以成本最低的方式运到离消费者最近的电商仓储中，而且，从商品入仓到消费者下单，再到商品拣货出仓，这期间的时间越短越好，因为时间越短，意味着物流持有成本越低，库存周转也越快。这需要极强的预测能力，商家什么时候发货、分别发多少货到什么地方、运输方式和运输时间的估算，都需要紧密结合。菜鸟网络的天网基于阿里巴巴丰富的数据积累，有完成这项任务的潜力，对于消费者而言，这将大幅提高物流时效，提升消费者体验。对于商家而言，智能分仓、库存前置于持有成本最佳平衡点的确定，也有助于提高完美订单达成率，提升库存周转效率。

资料来源：阿里研究院。

5. 低效也是一种风险：ECRS 帮助流程提效

供应周期是供应链最核心的绩效指标之一。谁的供应链能以最快的速度满足客户的需求，谁就获取了竞争优势。从某种程度上来讲，"看不见"的隐形供应链是最高效的。供应链的环节越少、周期越短，供需之间越能精准高效地对接。

企业可以引入"低接触"的管理理念帮助供应链效率的提升，即尽可能减少不必要的环节和步骤。可以成立一个跨职能的流程变革小组，端到端地分析供应链流程问题，持续优化改进，具体的流程优化可以利用 ECRS 的方法。

- **取消（eliminate）**：取消不必要的过程和步骤。例如，层层审批增加了流程的周期，可以适当授权，取消不必要的采购审批环节。
- **合并（combine）**：合并重复的过程和步骤，或者将原本串行的工作改为并行。例如，将采购工作提前到产品研发阶段，提前获知要买什么，后面救火的工作就减少了。
- **重排（re-organize）**：重新排列过程或步骤的顺序。例如，将供应商验厂和供应商产品的验证顺序进行重排，可以减少一些无效的验厂工作。

- **简化（simplify）**：复杂的操作简单化、自动化。例如，对供应商资料的收集工作进行简化。

（二）供应链的网络安全保护

过去的20多年，全球互联网高速发展，人们在享受信息互联互通带来的极大便利和好处时，也承受着来自"网络"的威胁。因为不小心下载了某个恶意软件，电脑就瘫痪了，甚至所有的隐私信息都被公开了。"网络"也已经成为一种常见的犯罪手段。2019年7月29日，美国第一资本银行（Capital One）发布声明称，数据库遭黑客攻击，约1.06亿银行卡用户及申请人信息泄露。

网络安全风险不仅是对个人、企业和社会的威胁，还有可能因网络战造成国家层面的威胁。

很多国家都通过立法来保障网络的安全。2010年3月，美国参议院商务科学和运输委员会全票通过了《网络安全法案》。2019年5月13日，我国国家市场监督管理总局、国家标准化管理委员会召开新闻发布会，《网络安全等级保护制度2.0标准》（简称"等保2.0"）正式发布，包括网络安全等级保护的基本要求、测评要求、安全设计技术要求三个部分，并将于2019年12月1日起正式实施。

在网络安全方面，供应链的安全一直是一个重点领域。工厂成为黑客的主要袭击对象之一。2017年由恶意软件WannaCry发起的攻击，将受影响的公司计算机上的数据锁上数天。这次袭击打乱了雷诺和日产的正常运营，两家汽车制造商都宣布在几个工厂停产。全球供应链的日益复杂，再加上贸易保护主义的因素，国际社会对供应链产生了越来越多的不信任。

2010年6月，美国国家标准与技术研究院（NIST）发布了《供应链安全风险管理指南》；2019年5月，来自全球30多个国家的政府官员以及来自欧盟、北大西洋公约组织和工业界的代表，参加了在捷克共和国首都召开的"布拉格5G安全大会"，会议提出："所有利益相关方的共同责任是推动供应链安全。通信基础设施的运营商往往依赖于源自其他供应商的技术。主要的安全风险来自提供ICT设备的日益全球化的供应链的跨境复杂性。应根据相关信息将这些风险视为风险评估的一部分，并应设法防止有害设备的渗透以及恶意代码和功能的使用。"

可见，供应链信息流的安全不仅是为了确保产品和服务及时到达，还需要防止产品被恶意篡改或被恶意利用。作为采购与供应链人员，应该捕捉到一个重要信号：供应链网络安全已成为国际政府监管的重点对象，网络安全保护是实现可信赖的供应链的必要举措。

小师妹插嘴

网络安全不是应该由公司的安全部门来管吗？

学霸掉书袋

采购在其中的作用可大着呢。公司一般不会自己生产有安全漏洞的产品，一些安全隐患往往是第三方带来的，如果我们在与供应商的合作过程中没有进行有效的安全管理，这会造成很大的安全隐患。例如，我们给生产部门买了一套办公软件，而这个软件里面含有病毒，这就有可能会造成生产的停线。

1. 管理供应商的网络安全风险

采购的关键作用在于管理好第三方的网络安全风险，以免给公司带来风险隐患。不过复杂的网络安全保护技术并不是采购的专长，一般需要借助专业的网络安全实验室和网络安全技术专家的力量，来对采购环节的网络安全进行管理。

- **在供应商准入阶段**：设置网络安全的审核要求，可以安排网络安全审核专家对供应商进行安全审核，审查供应商是否建立了网络安全的管理体系，是否对产品采取了有效的安全措施等。审核的结果直接影响能否准入。
- **在供应商产品准入阶段**：可以安排产品验证部门或专门的网络安全实验室，来对供应商产品进行安全测试与认证，验证的结果直接影响产品能否准入。
- **在合同阶段**：与供应商签订网络安全协议，明确供应商网络安全保护方面的责任与义务。
- **供应商管理阶段**：对供应商的网络安全风险进行持续监控，对相关风险事件进行应急响应。

2. 供应商网络安全审核的关键问题清单

- 供应商是否有网络安全管理的战略和计划？
- 供应商是否建立了网络安全的组织与团队？
- 供应商如何确保网络安全融入了全业务流程？
- 供应商是否曾受到网络安全的攻击？他们从中学到了什么，如何改进的？
- 供应商是否及时识别和监控他们的运营符合国家的网络安全法律法规要求？如何确保内部流程与法律相一致？
- 供应商如何对自己的供应商进行网络安全管理？有什么具体的管理要求？
- 供应商在与第三方签订合同或者协议时，是否考虑了网络安全的要求？
- 供应商是否对全员进行了网络安全的培训，以确保相关人员具备了相应的知识与技能？
- 供应商通过什么策略可以确保产品在其生命周期内的安全得到保护？
- 供应商如何管理第三方软件和开源软件的网络安全，确保合法且不含恶意软件和后门，并且所有安全漏洞都得到了解决？
- 供应商是否有网络安全实验室，能够对产品网络安全性能进行独立测试，并有能力确保安全缺陷被及时修复？
- 供应商如何确保部件在生产、运输的过程中不被篡改，确保客户收到安全的产品？
- 供应商是否建立了安全事件的响应机制，确保重大事件得到及时升级解决，并能与客户及时沟通？
- 供应商是否定期对内部进行网络安全的审计，并建立了一整套的报告机制？
- 供应商是否有数据备份/灾难恢复的系统？多久备份一次数据，多久测试一次系统？
- 是否通过网络安全相关认证，如 ISO27001、ISO28001 等。

在审核时，需要结合与网络安全相关的法律法规及国际标准，如表 13-1 所示。

表 13-1　与网络安全相关的法律法规及国际标准

标　　准	发 布 日 期
ISO27001《信息安全管理体系》	最新版本是 2013 年
ISO15408《国际安全标准》	1999 年 12 月
ISO28001《供应链安全管理体系》	最新版本是 2007 年
《中华人民共和国网络安全法》	2016 年 11 月 7 日
《网络安全等级保护条例(征求意见稿)》	2018 年 6 月 27 日
《信息安全技术网络安全等级保护基本要求》 《信息安全技术网络安全等级保护测评要求》 《信息安全技术网络安全等级保护安全设计技术要求》	2019 年 5 月 13 日
《通用数据保护条例》(GDPR)	2018 年 5 月 25 日

【案例 13-4】微软供应链安全管理白皮书：实现可信赖的供应链

对微软来说，保护技术供应链并不是个新话题。由于保护知识产权的重要性，管理源代码、关键系统和运营设施的访问权限始终是重中之重。我们花大力气来保护这些资产，其中包括在软件开发期间控制对该软件的访问权限、扫描版本中的恶意软件，以及将数字签名应用于产品中的二进制文件，以便用户能够确认他们收到的软件确实来自微软，并且没有被修改。我们还尽力通过我们的安全开发生命周期 (SDL) 来减少无意漏洞，使攻击者很难将有意漏洞伪装为无意漏洞引入。上述所有努力以及身份证明和防伪措施在降低软件完整性风险和为所有用户提供更安全的计算体验方面起着重要作用。

微软通过一个由四部分组成的战略来应对供应链风险，其中包括持续开发和使用：①身份和访问管理控制；②安全开发生命周期；③软件完整性策略和过程；④防伪措施。这四个战略组成部分相互依赖，并使用产品工程流程为所有用户提供更加安全可靠的计算体验。

资料来源：微软白皮书，《网络供应链风险管理：实现透明和信任的全球构想》。

三、资金流安全：保证企业血液的正常循环

过去几十年的经验使我相信，从街头小贩到乡村鞋店，直至《财富》500 强公司，它们经营背后的原理和原则是完全相同的。成功的公司从来不会忽视那些公司最基本的要素。每个人都可以学习有关现金净流入、利

润率、周转率、资产收益率、业务增长和顾客等方面的基本知识，并且可以培养自己的商业智慧。

——拉姆·查兰

资金流是企业的血液流，对于每一个采购人来说，其实都可以像CEO一样思考，我能为企业血液的健康运转做何贡献？降低采购的成本、争取更长的付款期、减少库存无疑能给企业的现金流带来最直接的好处，这些也是采购常用的绩效指标。不过，采购容易忽视的一个问题就是供应商的资金流安全。采购除了需要支撑内部的财务指标，还需要关注供应商的财务风险。

我们可能投入了几百万美元来研发一个新产品，可是新产品上市以后，供应商突然破产了，短时间内根本找不到替代的物料，公司前期的投入全部打了水漂，同时还面临着客户的巨额索赔。还有，我们原本购买了供应商产品的保修服务，供应商突然倒闭，无法提供后续的维保，但是我们卖给最终客户产品的保修还要继续，企业不得不为此额外付费。

实际上，在企业宣布破产之前，通常是有一些征兆的。例如，供应商的交货开始出现大范围的延迟、现金流连续出现负数等情况。对于采购来讲，需要经常留意供应商的财务健康状况，千万不能等其破产后才后知后觉。甚至有的时候，当供应商遇到资金困难时，还需要出手相助。

（一）关注供应商的财务风险

评估财务风险，首先可以看财务三张表，即资产负债表、利润表、现金流量表。根据这三张表可以看出供应商能力，这些能力可以分成三个方面。

1. 偿债能力

偿债能力是指企业偿还到期债务（包含本金及利息）的能力。能否及时偿还到期债务，是反映企业财务状况好坏的重要标志。通过对偿债能力的分析，可以考察企业持续经营的能力和风险，有助于对企业的未来收益进行预测。企业偿债能力包括短期偿债能力和长期偿债能力两个方面。这里最重要的是短期偿债能力，因为若短期偿债能力有问题，马上就会遇到危机。

通过评估供应商债务的偿还能力，可以看到它对其供应商的付款能力、短期借债能力等，这需要两个指标：流动比率和速动比率。

流动比率＝流动资产合计／流动负债（一般来说，这个指标在2左右比较好）

速动比率＝速动资产合计／流动负债（一般来说，应该大于1）

2. 盈利能力

盈利能力是指企业获取利润的能力，也称为企业的资金或资本增值能力，通常表现为一定时期内企业受益数额的多少及其水平的高低。盈利能力的指标主要包括投资回报率、资产回报率、利润率。实务中，上市公司经常采用每股收益、每股股利、市盈率、每股净资产等指标评估其获利能力。

投资回报率＝利润／权益

资产回报率＝利润／资产

利润率＝利润／收入

这三个指标，当然都是越高越好，越高证明这家公司盈利能力越强。

小师妹插嘴

这些"率"很高是不是供应商赚我的钱多呀？

学霸掉书袋

你可以这么认为，但你想一下，如果供应商赚钱能力很差，这个供应商的运营会持续吗？可能会很快经营不下去的，那时你怎么办？

3. 运营能力

运营能力是指运作一个公司的能力，就是在一定的外部市场环境下，内部干得怎么样？它常常成为考核工厂经理的重要指标。一般使用下面四个指标：

应付账款周转率＝销售成本／应付账款

应收账款周转率＝销售收入／应收账款

库存周转率＝销售成本／平均库存

现金周转率＝销售收入／现金

评估这些能力的数据都可以从供应商提供的财务报表中提取，用这些数据进行计算即可得出相应的指标，从而评估供应商的财务能力。

在进行财务风险评估时，需要连续评估几年的数据，这样可以对数据的真实性进行相互印证，并通过数据的变化趋势来捕捉一些危险信号。例如，现金流量在连续的统计期间为负值、收入连续下滑等。

除了看财务报表，还要时刻关注供应商的动态，如债务的纠纷，资金的冻结等，这些都有可能意味着供应商资金流出现了严重的问题。

 小师妹插嘴

跟供应商签订的账期不是越长越好吗？

 学霸掉书袋

企业的应付账款是企业现金流规划的重要部分，账期定多长时间，需要考虑到企业的现金流情况。一般来讲，如果现金流充足，不需要签订过长的账期，因为账期过长可能带来成本上升。更为严重的影响是，对于有的供应商，抗风险能力弱，根本没有那么强的实力来承受很长的账期。如果遇到了坏账损失，很有可能就会面临资金流断裂的风险。

（二）供应链金融帮助供应商解决资金问题

供应链作为一个有机整体，上下游中小企业的融资瓶颈会给核心企业造成供应或销售的不稳定。对于大型核心企业来说，切入供应链金融业务，一是可以提升整个产业链的效率和竞争力，增强上下游中小企业与核心企业的合作紧密度，有利于构建稳健、共享的供应链利益共同体；二是可以为核心企业贡献新的利润增长点。供应链金融业务成为很多企业经营转型和业务多元化的重要布局。数据显示，UPS和通用电气的供应链金融业务占总收入的比例分别达到了17%和30%。

那么，核心企业应该如何参与供应链金融呢？相信这也是很多大型核心企业的CEO、CFO、CPO甚至CMO一直都在关心和思考的问题。一般核心企业参与供应链金融主要有两种方式：一是自建供应链金融平台；二是与第三方合作共建。供应链金融系统到底选择哪一种方式，取决于企业的战略决策、业务规模以及金融人才储备等。一般来说，对于 500 强那样的超大型核心企业，自建供应链金融平台还是比较有必要的，可以充分利用核心企业的规模和资源优势，对于构建稳定的产业链利益共同体也非常有帮助。对于一般的核心企业，选择与保理公司或者其他第三方平台共建供应链金融体系，从系统构建成本角度来说，可能会更合适。

如果核心企业自建供应链金融平台，可以先设立保理、小额贷款、融资租赁、互联网金融平台以及私募基金公司等。由于这类金融公司的经营范围及业务流程均有所不同，核心企业可以根据业务和融资方式来选择设立。在资金来源方面，一般先由核心企业的自有资金进行放款，然后再由保理、小额贷款、融资租赁公司与银行、信托或证券公司合作，进行收益权转让或者资产证券化，也可以通过互联网金融平台或私募基金公司直接面向合格投资者募集资金。

【案例 13-5】富士康布局供应链金融

富士康科技集团将由纯制造型企业转型为六流公司——信息流、技术流、资金流为"三虚"，人员流、物料流、过程流为"三实"。这是富士康董事长郭台铭对富士康多元化战略的解读。在全球智能手机增长放缓的大背景下，富士康面临着转型压力。近年来，多元化布局下的富士康一直在深耕供应链金融，其旗下富金通金服已成为富士康科技集团转型布局的先锋，利用其在手机、计算机等电子产品加工供应链体系中的优势，撬动新的利润增长点。

富金通金服背靠富士康集团做供应链金融能实现有效的风控。富金通金服非常了解这些供应链上游中小企业的生产实际情况以及订单情况，从而能够有效地控制风险。此外，更重要的是，富金通金服依靠行业多年的信息与资源优势，能从产业链大局出发，深入理解某个产业链的未来发展趋势，并以此来进行风险管理。比如，它能分辨出哪些产业链具有成长性，哪些可能会被淘汰。那些具有较好成长性的产业，值得富金通金服提供贷款去开发与量产，而那些未来几年即将被淘汰的产业，如果还为其提供资金支持进行大规模生产，未来无疑风险会比较大。因为基于产业链的金融服务，富士康集团可以进一步强化公司与产业链上众多企业的联系，构建稳健共享的供应链利益共同体。

四、ISO28000：一个可以认证的供应链安全管理标准

ISO28000:2007《供应链安全管理体系》是专门针对供应链的安全管理体系，它可用于各行各业来审核供应链安全风险，并实施控制和减轻风险的安排来管理供应链潜在的安全威胁和影响。ISO28000 是一个可以认证的标准，一些领先的组织依据这个标准建立了供应链安全的管理体系，并且获得了 ISO 颁发的资质。

采购作为供应链的重要一环，不仅要考虑到自身的安全管理因素，还要考虑到供应链上其他合作伙伴的情况。不过，ISO28000 也提出，供应链安全威胁识别、风险评估和风险管理过程的复杂性，在很大程度上取决于组织规模、组织内的工作环境特点和供应链安全风险的特性、复杂性和重大程度等因素。迫使有限风险的小组织承受复杂的供应链安全威胁识别、风险评估和风险管理实践不是 ISO28000 的目的。

（一）标准对"安全"和"威胁"的定义

安全是指阻止了有意、未经授权而对供应链造成损害和破坏行为的状态。

威胁是指对相关方、设施、运行、供应链、社会、经济或业务的持续性和完整性有敌意的行为或潜在破坏的活动。

（二）供应链安全威胁识别的七个方面

（1）客观失效的威胁与风险，如功能失效、附带损坏、恶意伤害、恐怖分子或犯罪行为。

（2）作业的威胁和风险，包括安全控制、人为因素和其他影响组织绩效、条件或安全性的活动。

（3）自然环境事件（风暴、洪水等）致使安全措施和设备失效。

（4）超出组织控制的因素，如外部供应等设备和服务失效。

（5）相关方的威胁和风险，如未能满足法规要求或对名誉、品牌的影响。

（6）安全设备的设计和安装，包括更新、维护保养等。

（7）信息、数据管理和沟通。

（三）安全管理模式

如图 13-1 所示，该安全管理模式是以计划—执行—检查—处理（改进）为基础的管理体系，这意味着已经熟悉 PDCA 管理方法的组织在管理供应链安全风险和威胁时可以运用相似的方法。

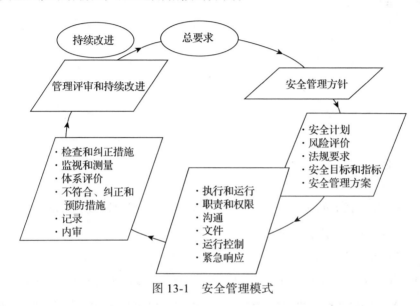

图 13-1　安全管理模式

思考题

1. 供应链的"三个流"，即实物流、信息流、资金流，分别存在哪些安全风险？
2. 供应链安全管理有哪些策略？
3. ISO28000 中提出对哪七个方面进行供应链安全威胁识别？
4. 尝试分析你所在组织所面临的供应链安全威胁，并拟订一个安全管理提案。

参考文献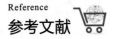

[1] COSO. Executive Summary of Enterprise Risk Management Integrated Frameworks[R].2004.

[2] Michel Crouhy. Risk Management[M]. New York: Mc Graw-Hill, 2000.

[3] SCEllis,RMHenry,JShockley.Buyer perceptions of supply discruption risk: A behavioral view and empirical assessment[J]. Journal of Operations Management, 2010.

[4] 宫迅伟，等．采购 2025[M]．北京：机械工业出版社，2019.

[5] 宫迅伟．如何专业做采购 [M]．北京：机械工业出版社，2015.

[6] 英国皇家采购与供应学会（CIPS）．供应链风险管理 [M]．北京中交协人力资源培训中心，译．北京：机械工业出版社，2014.

[7] 吴小明．政府采购法律法规、实务操作与案例解析 [M]．北京：经济科学出版社，2018.

[8] 白如银．招标投标法律解读与风险 [M]．北京：中国法制出版社，2019.

[9] 高立法．企业全面风险管理实务 [M]．4 版．北京：经济管理出版社，2016.

[10] 郭青红．企业合规管理体系实务指南 [M]．北京：人民法院出版社，2019.

[11] 郭凌晨，王志乐．合规 IV：加强商业伙伴合规管理 [M]．北京：中国经济出版社，2015.

[12] 王志乐．合规：企业的首要责任 [M]．北京：中国经济出版社，2010．

[13] 王志乐．建立有效的合规管理体系 [M]．北京：中国经济出版社，2016．

[14] 艾伦·墨菲．给中国企管的反腐合规指引 [M]．周颖，译．北京：机械工业出版社，2015．

[15] 安德鲁·钱伯斯，格雷厄姆·兰德．运营审计手册 [M]．2版．刘霄仑，朱晓辉，译．电子工业出版社，2012．

[16] 陈立彤．商业贿赂风险管理 [M]．北京：中国经济出版社，2018．

[17] 卡洛斯·梅纳，罗姆科·范·霍克，马丁·克里斯托弗．战略采购和供应链管理 [M]．张凤，樊丽娟，译．北京：人民邮电出版社，2016．

[18] 拉姆·查兰．CEO 说：人人都应该像企业家一样思考 [M]．徐中，译．北京：机械工业出版社，2016．

[19] 米歇尔·渥克．灰犀牛：如何应对大概率危机 [M]．王丽云，译．北京：中信出版社，2017．

[20] 尼古拉斯·塔勒布．黑天鹅：如何应对不可预知的未来 [M]．万丹，刘宁，译．北京：中信出版社，2011．

[21] 尼古拉斯·塔勒布．反脆弱 [M]．雨珂，译．北京：中信出版社，2019．

[22] 克里斯蒂·舒，等．棋盘博弈采购法 [M]．李瑞，王春华，译．北京：清华大学出版社，2017．

[23] 帕拉格·康纳．超级版图 [M]．崔传刚，周大昕，译．北京：中信出版集团，2016．

[24] 阿里研究院．互联网＋：从 IT 到 DT[M]．北京：机械工业出版社，2015．

如何专业做采购

书号	书名	作者	定价
978-7-111-49413-3	采购与供应链管理：一个实践者的角度（第2版）	刘宝红	59.00
978-7-111-48216-1	采购成本控制与供应商管理（第2版）	周云	59.00
978-7-111-51574-6	如何专业做采购	宫迅伟	49.00
978-7-111-54743-3	麦肯锡采购指南	【德】彼得·斯皮勒　尼古拉斯·赖内克　【美】德鲁·昂格曼　【西】亨里克·特谢拉	35.00
978-7-111-58520-6	中国好采购	宫迅伟 主编	49.00

"日本经营之圣"稻盛和夫经营实录
（共6卷）
跨越世纪的演讲实录，见证经营之圣的成功之路

书号	书名	作者
9787111570790	赌在技术开发上	【日】稻盛和夫
9787111570165	利他的经营哲学	【日】稻盛和夫
9787111570813	企业成长战略	【日】稻盛和夫
9787111593256	卓越企业的经营手法	【日】稻盛和夫
9787111591849	企业家精神	【日】稻盛和夫
9787111592389	企业经营的真谛	【日】稻盛和夫

最新版
"日本经营之圣"稻盛和夫经营学系列
任正非、张瑞敏、孙正义、俞敏洪、陈春花、杨国安 联袂推荐

序号	书号	书名	作者
1	9787111635574	干法	【日】稻盛和夫
2	9787111590095	干法（口袋版）	【日】稻盛和夫
3	9787111599531	干法（图解版）	【日】稻盛和夫
4	9787111498247	干法（精装）	【日】稻盛和夫
5	9787111470250	领导者的资质	【日】稻盛和夫
6	9787111634386	领导者的资质（口袋版）	【日】稻盛和夫
7	9787111502197	阿米巴经营（实战篇）	【日】森田直行
8	9787111489146	调动员工积极性的七个关键	【日】稻盛和夫
9	9787111546382	敬天爱人：从零开始的挑战	【日】稻盛和夫
10	9787111542964	匠人匠心：愚直的坚持	【日】稻盛和夫 山中伸弥
11	9787111572121	稻盛和夫谈经营：创造高收益与商业拓展	【日】稻盛和夫
12	9787111572138	稻盛和夫谈经营：人才培养与企业传承	【日】稻盛和夫
13	9787111590934	稻盛和夫经营学	【日】稻盛和夫
14	9787111631576	稻盛和夫经营学（口袋版）	【日】稻盛和夫
15	9787111596363	稻盛和夫哲学精要	【日】稻盛和夫
16	9787111593034	稻盛哲学为什么激励人：擅用脑科学，带出好团队	【日】岩崎一郎
17	9787111510215	拯救人类的哲学	【日】稻盛和夫 梅原猛
18	9787111642619	六项精进实践	【日】村田忠嗣
19	9787111616856	经营十二条实践	【日】村田忠嗣
20	9787111679622	会计七原则实践	【日】村田忠嗣
21	9787111666547	信任员工：用爱经营，构筑信赖的伙伴关系	【日】宫田博文
22	9787111639992	与万物共生：低碳社会的发展观	【日】稻盛和夫
23	9787111660767	与自然和谐：低碳社会的环境观	【日】稻盛和夫
24	9787111705710	稻盛和夫如是说	【日】稻盛和夫